Grundrechtsnetze

Europäische Hochschulschriften
Publications Universitaires Européennes
European University Studies

Reihe II
Rechtswissenschaft

Série II Series II
Droit
Law

Bd./Vol. 3891

PETER LANG
Frankfurt am Main · Berlin · Bern · Bruxelles · New York · Oxford · Wien

Gregor Kutzschbach

Grundrechtsnetze

Netzbetrieb und Netzzugang als Grundrechtsfrage

Zu den verfassungsrechtlichen Rahmenbedingungen der Regulierung des Netzzugangs im Telekommunikationsmarkt

PETER LANG
Europäischer Verlag der Wissenschaften

Bibliografische Information Der Deutschen Bibliothek
Die Deutsche Bibliothek verzeichnet diese Publikation in der Deutschen Nationalbibliografie; detaillierte bibliografische Daten sind im Internet über <http://dnb.ddb.de> abrufbar.

Zugl.: Berlin, Humboldt-Univ., Diss., 2003

ISSN 0531-7312
ISBN 3-631-51929-X

www.peterlang.de

VORWORT

Der Telekommunikationssektor unterlag in den letzten Jahren einem steten Wandel, der nach wie vor nicht abgeschlossen ist. Beginnend mit der Privatisierung der Telekom und der Öffnung der Telekommunikationsmärkte Ende der 80er Jahre wurde auch das deutsche Telekommunikationsrecht grundlegend überarbeitet: vom alten Fernmeldeanlagengesetz, das das staatliche Monopol im Telekommunikationsbereich festschrieb, hin zum Telekommunikationsgesetz mit dem Ziel der Öffnung der Telekommunikationsmärkte für den Wettbewerb. Aktuell wird das Telekommunikationsgesetz, europarechtlichen Vorgaben entsprechend, erneut novelliert.

Mittlerweile ist das staatliche Telekommunikationsmonopol dem Wettbewerb gewichen. Voraussetzung für diese Entwicklung waren die Fortentwicklung der Telekommunikationstechnik, die technische Konvergenz der Medien, aber auch ein entsprechender Paradigmenwechsel in den Wirtschaftswissenschaften bei der Betrachtung von Netzmärkten sowie ein neuer Rechtsrahmen, der durch entsprechende Regulierungsmaßnahmen die bestehenden Monopolmärkte für den Wettbewerb öffnete.

Diese Entwicklung wirft aber auch neue grundrechtliche Probleme auf: Durch die Liberalisierung der Telekommunikationsmärkte sind gänzlich neue Bereiche der Grundrechtsbetätigung entstanden. Zugleich hat sich mit der Marktregulierung ein neues staatliches Eingriffssystem entwickelt. Kennzeichnend für liberalisierte Netzmärkte ist dabei, dass die einzelnen Grundrechtsträger in ihrer Grundrechtsbetätigung in vielfachen Beziehungen und Abhängigkeiten sowohl untereinander als auch zum bzw. vom Netz stehen.

Die vorliegende Arbeit unternimmt daher mit der Entwicklung eines Modells der *Grundrechtsnetze* den Versuch, aufbauend auf den ökonomischen Netztheorien der Vernetzung von Grundrechtspositionen eine modifizierte Grundrechtsdogmatik entgegenzusetzen. Während sich die überkommene Grundrechtsprüfung überwiegend im Zweipersonenverhältnis Bürger – Staat bewegt, kann durch die Untersuchung des Gesamtsystems „Netz" im Modell der Grundrechtsnetze den Verflechtungen von Grundrechtspositionen besser entsprochen werden. Die Untersuchung von Grundrechtsnetzen kann sich dabei gerade auf die in den Wirtschaftswissenschaften entwickelten Erkenntnisse zu Besonderheiten von vernetzen Infrastrukturen stützen und so die Wirkungen staatlicher Regulierungsmaßnahmen auf die Grundrechte der Betroffenen – sei es in Form des Eingriffs oder der Begünstigung der Grundrechtsbetätigung – genauer beschreiben. Damit kann das Modell der Grundrechtsnetze der verfassungsrechtlichen Prüfung von Grundrechtseingriffen durch Regulierungsmaßnahmen dienen. Aber auch die Frage nach Existenz oder Umfang einer aus den Grundrechten ableitbaren staatlichen Infrastruktur- oder Regulierungsverantwortung kann unter Zuhilfenahme des Grundrechtsnetz-Modells beantwortet werden.

Die Arbeit wurde im Sommersemester 2003 von der Juristischen Fakultät der Humboldt-Universität zu Berlin als Dissertation angenommen. Bis November 2003 veröffentlichte Literatur konnte, ebenso wie der Entwurf einer Novelle des Telekommunikationsgesetzes vom 15.10.2003, noch in den Fußnoten berücksichtigt werden.

Mein Dank gilt an erster Stelle meinem Doktorvater, Herrn Prof. Dr. Michael Kloepfer, für die Betreuung der Arbeit; außerdem Herrn Prof. Dr. Hans-Peter Schwintowski für die Erstellung des Zweitgutachtens. Danken möchte ich außerdem meinen ehemaligen Kolleginnen und Kollegen am Lehrstuhl von Prof. Kloepfer für viele fruchtbare Diskussionen und Anregungen.

Berlin, im Dezember 2003 Gregor Kutzschbach

INHALTSVERZEICHNIS

A. Vorüberlegungen

Die Märkte für Telekommunikationsdienstleistungen haben in den letzten zwei Jahrzehnten sowohl in Deutschland als auch weltweit entscheidende Änderungen erfahren. Aus ganz überwiegend monopolistisch geprägten Infrastrukturen sind mittlerweile am Wettbewerb ausgerichtete Märkte entstanden. Die ehemaligen Monopolisten sehen sich nunmehr einer Vielzahl von Konkurrenten gegenüber. Soweit Telekommunikationsdienstleistungen (wie auch in Deutschland) früher durch staatliche Einrichtungen erbracht wurden, sind diese mittlerweile in privatrechtliche Organisationsformen überführt und wurde die staatliche Beteiligung an diesen Unternehmen nach und nach abgebaut. Mit etwas zeitlicher Verzögerung wird diese Entwicklung auch auf dem Markt für leitungsgebundene Energien (Strom und Gas) sowie im Bereich der Eisenbahn – wenn auch teilweise mit spezifischen Unterschieden – nachgebildet.[1]

Die erste Phase des Umstrukturierungsprozesses ist auf dem Gebiet der Telekommunikation mittlerweile weitestgehend abgeschlossen. Ebenso ist die Liberalisierung der Märkte für leitungsgebundene Energien weit vorangeschritten. Auch auf dem letzten der drei wichtigsten Infrastrukturmärkte, dem Schienenverkehr, hat die Liberalisierung inzwischen begonnen. Es scheint sich abzuzeichnen, dass die mit den telekommunikationsrechtlichen Reformen verbundenen Hoffnungen – durch mehr Wettbewerb ein größeres und besseres Angebot an Telekommunikationsdienstleitungen zu deutlich geringeren Verbraucherpreisen zu erreichen – aufgegangen sind. Daher ist der jetzige Zeitpunkt günstig, die verfassungsrechtliche und vor allem grundrechtliche Bedeutung von Infrastrukturnetzen und netzgebundenen Märkten vor dem Hintergrund der Liberalisierung der Telekom-

---

[1] Zum Vergleich von Telekommunikations- und Eisenbahnsektor *Brosius-Gersdorf*, DÖV 2002, 275 ff.

munikationsmärkte aufzuarbeiten. Dies nicht nur im Sinne einer retrospektiven Belegung oder Widerlegung der getroffenen Regelungen, sondern auch im Hinblick auf andere netzgebundene Märkte und hier noch zu treffende Entscheidungen.

Denn auch die Entwicklung der rechtlichen Regulierung auf den Telekommunikationsmärkten ist noch nicht zum Stillstand gekommen. So haben das Europäische Parlament und der Rat mit Wirkung zum 07.03.2002 mehrere Richtlinien[2] erlassen, um aufbauend auf die bisherigen Erfahrungen und insbesondere in Anbetracht der zunehmenden technischen Verschmelzung der unterschiedlichen Telekommunikationssysteme (Telefon und Mehrwertdienste, Internet und Rundfunk), bekannt geworden unter dem Stichwort der Konvergenz der Medien[3], die Regulierung der Telekommunikationsmärkte quasi in einer zweiten Stufe weiter zu entwickeln. In Deutschland steht nicht nur die Umsetzung dieser Richtlinien an. Auch im Rahmen der bestehenden Regulierungsaufgaben im Telekommunikationssektor wird über den Umfang der zu treffenden Maßnahmen nachgedacht, sei es bezüglich der Einführung von call-by-call im Ortsnetz oder der Regulierung auch der Märkte für Mobiltelefonie.

Schließlich kann die Untersuchung von Infrastrukturnetzen und der Grundrechtsrelevanz der Beziehungen innerhalb der Netze sowie ihrer Regulierung die Möglichkeit eröffnen, Grundrechte und ihre Bedeutung im modernen Verfassungsstaat von einer neuen Seite zu begreifen, zu verstehen und auszulegen und so den heutigen Verhältnis-

---

[2] Richtlinie 2002/21/EG des Europäischen Parlaments und des Rates vom 07.03.2002 über einen gemeinsamen Rechtsrahmen für elektronische Kommunikationsnetze und –dienste (Rahmenrichtlinie), ABl. 2002, L 108/33; Richtlinie 2002/19/EG des Europäischen Parlaments und des Rates vom 07.02.2002 über den Zugang zu elektronischen Kommunikationsnetzen und zugehörigen Einrichtungen sowie deren Zusammenschaltung (Zugangsrichtlinie), ABl. 2002, L 108/7; Richtlinie 2002/20/EG des Europäischen Parlaments und des Rates vom 07.03.2002 über die Genehmigung elektronischer Kommunikationsnetze und –dienste (Genehmigungsrichtlinie), ABl. 2002, L 108/21; Richtlinie 2002/22/EG des Europäischen Parlaments und des Rates vom 07.03.2002 über den Universaldienst und Nutzerrechte bei elektronischen Kommunikationsnetzen und –diensten (Universaldienstrichtlinie), ABl. 2002, L 108/51.

[3] Hierzu unten Seite 21 ff.

sen im Verfassungsstaat und den komplexer gewordenen Rechtsbeziehungen anzupassen. Insbesondere die Frage des Grundrechtsschutzes und der Grundrechtspflichtigkeit der Betreiber von Infrastrukturnetzen wird zwar schon seit längerem kontrovers diskutiert, die Debatte kann jedoch noch lange nicht als abgeschlossen angesehen werden.[4]

B. Gang der Untersuchung

I. Hintergründe

Ausgangspunkt der Überlegungen sind die auch der Liberalisierungspolitik zugrundeliegenden ökonomischen Untersuchungen von Netzmärkten und Netzeffekten:[5] Infrastrukturnetze wurden früher überwiegend als natürliche Monopole verstanden, die einen funktionierenden Wettbewerb verhinderten. Denn Netze weisen spezifische Größenvorteile auf mit der Folge, dass der durchschnittliche Aufwand für die Bereitstellung und den Betrieb der Infrastrukturen mit der Größe des Netzes und dem Grad der Verknüpfung sinkt. Dadurch ist es möglichen Konkurrenten etablierter Telekommunikationsanbieter nahezu unmöglich, mit einem eigenen Netz deren Marktanteile streitig zu machen. Die etablierten Netzbetreiber können ihre Leitungen nicht nur zu geringeren Kosten erbringen. Sie können wegen der Größe ihres Netzes ihren Kunden auch einen größeren Nutzen bieten.

Dementsprechend wurden Telekommunikationsdienstleistungen durch staatliche oder staatlich kontrollierte Monopolunternehmen erbracht. Nicht nur aufgrund der Technikentwicklung hat sich aber die Erkenntnis durchgesetzt, dass auch in solchen Netzmärkten Wettbewerb möglich ist, wenn entsprechende Rahmenbedingungen geschaffen werden.

---

[4] Vgl. auch *Pielow*, RdE 2000, 45 ff.

[5] Unten Seite 26 ff.

Im Zuge (auch) dieses wirtschaftswissenschaftlichen Paradigmenwechsels[6] erfolgte in zahlreichen Staaten die Liberalisierung der Telekommunikationsmärkte. Beispielhaft soll in der vorliegenden Arbeit die Liberalisierung in den USA[7], innerhalb der EU[8], sowie in Großbritannien[9] und Deutschland[10] dargestellt werden.

Ein wichtiger Baustein der Regulierung von Netzmärkten ist die Schaffung von Netzzugangsrechten für Wettbewerber, sei es in Form von Zusammenschaltungspflichten oder in Form von Durchleitungsrechten. Denn aufgrund der Besonderheiten vernetzter Strukturen können solche verknüpften Infrastrukturen der Allgemeinheit mehr Leistungen anbieten als dies auch in der Summe mit den getrennt existierenden Netze möglich wäre. Andererseits wäre es aufgrund der zur Monopolbildung neigenden Netzstrukturen für den einzelnen etablierten Netzbetreiber betriebswirtschaftlich sinnvoller, der Konkurrenz den Zugang zu seinen Einrichtungen zu verwehren, auch wenn er seinen Kunden dadurch nur ein geringeres Angebot machen könnte.

II. Grundrechtsnetze

Derartige Regelungen greifen in die Grundrechte der Netzbetreiber ein, die Konkurrenten, mit denen sie gewöhnlich im Wettbewerb stehen, ihre Einrichtungen zur Verfügung stellen müssen. Die verfassungsrechtliche Rechtfertigung solcher Zusammenschaltungs- und Durchleitungsregelungen ist in der Literatur bereits vielfach diskutiert worden.

Im Mittelpunkt dieser Arbeit soll zwar auch die Frage der verfassungsrechtlichen Rechtfertigung der durch die Netzzugangsregelungen

---

[6] *C. v. Weizsäcker*, WuW 1997, 572.

[7] Seite 47 ff.

[8] Seite 60 ff.

[9] Seite 56 ff.

[10] Seite 89 ff.

im TKG erfolgenden Grundrechtseingriffe stehen. Aufgrund der ökonomischen Besonderheiten vernetzter Strukturen stellt sich aber die Frage, ob diesen durch die herkömmliche Grundrechtsdogmatik genügend Rechnung getragen werden kann, oder ob nicht die Grundrechtsbeziehungen in Netzen dogmatisch treffender beurteilt werden können, wenn man auch diese als *Grundrechtsnetze* begreift.[11] Der Gedanke des Grundrechtsnetzes erhebt das Netz aus grundrechtlicher Sicht in eine besondere Funktion, da erst durch das Netz der vielfache Grundrechtsgebrauch durch Netzbetreiber und Nutzer möglich wird, und sich der jeweils individuelle Nutzen oder Schaden progressiv oder degressiv mit der Größe und Komplexität des Netzes verändert. Die sachgerechte Gewichtung der widerstreitenden, verfassungsrechtlich geschützten Interessen im Netz ist daher vielleicht nur möglich, wenn man das Netz als Ganzes betrachtet und sich nicht auf die isolierte Untersuchung des Eingriffs im Zwei-Personen-Verhältnis des einzelnen Bürgers gegenüber dem Staat beschränkt.

Sofern das zu schaffende Modell des Grundrechtsnetzes trägt, kann dieses auch bei der Lösung anderer Grundrechtsfragen dienen, die mit Netzen im Zusammenhang stehen. Gerade in Bezug auf Infrastrukturnetze wie etwa den Telekommunikationsnetzen oder Energieversorgungsnetzen wird die Frage der staatlichen Verantwortung für solche Infrastrukturen diskutiert. Dabei unterscheiden sich sowohl die Begrifflichkeit als auch die dogmatische Herleitung und der Umfang dieser staatlichen Verantwortung bei den einzelnen Befürwortern teils sehr stark. Zumindest soweit man den Ansatz einer staatlichen Infrastrukturverantwortung in den Grundrechten sucht, kann auch hier das Modell des Grundrechtsnetzes das Verständnis der grundrechtsbasierten staatlichen Netzverantwortung verbessern helfen.[12]

---

[11] Hierzu ab Seite 148 ff.

[12] Hierzu Seite 172 ff.

A. Netze

I. Allgemeines

Der Begriff des Netzes wird in verschiedenen Sachgebieten für unterschiedliche Erscheinungen gebraucht, die sich dadurch auszeichnen, dass sie netzartig verknüpfte Strukturen enthalten oder darstellen. Von besonderer Bedeutung sind dabei vernetzte Infrastrukturen[13], zu denen auch die hier behandelten Telekommunikationsnetze zu zählen sind:

In der Nachrichtentechnik versteht man unter Netzen die Gesamtheit aller Einrichtungen, die für die Kommunikation zwischen räumlich getrennten Partnern notwendig sind. Im Zuge der Technikentwicklung, insbesondere der Digitalisierung, verschwinden dabei die Unterschiede zwischen reinen Telekommunikationsnetzen und reinen Datenverarbeitungsnetzen mehr und mehr. Die Abgrenzung Datenverarbeitung / Telekommunikation kann beispielsweise im ISDN nur noch anhand der Nutzung und des nutzungsabhängig verwendeten Endgerätes erfolgen.[14]

Ähnlich wie in der Nachrichtentechnik sind auch Ver- und Entsorgungsnetze definiert als die Gesamtheit der Verteilungsleitungen und Einrichtungen eines Versorgungssystems für Gas, Wasser, Dampf, Öl, Elektrizität oder die Kanalisation.

Zu nennen sind in diesem Zusammenhang schließlich die Verkehrsinfrastrukturen, also insbesondere Straßen-, Wasserstraßen- und

---

[13] Näher zum Infrastrukturbegriff Seite 24 ff.

[14] Näher unten Seite 21.

Schienennetze, aber auch die Gesamtheit der öffentlichen Flughäfen und Einrichtungen der Flugsicherung.

Gemeinsam ist diesen unterschiedlichen Arten von Netzen, dass hier mehrere Knotenpunkte (*k*) durch Verbindungslinien (*l*) miteinander verknüpft werden (im Fall der Flugverkehrsnetze in Form der einzelnen Luftkorridore). Dabei wird regelmäßig erst von einem Netz zu sprechen sein, wenn mehr als zwei Knotenpunkte miteinander verknüpft sind ($k>2$). Die Anzahl der Verbindungslinien beträgt dabei mindestens k-1, maximal $\sum_{n=1}^{k-1} n$.[15] Unterschieden werden können die einzelnen Netze primär anhand der Beschaffenheit der Verbindungslinien und Knoten, sekundär anhand der jeweiligen Nutzung. Wie das Beispiel der Telekommunikationsnetze zeigt, können Netze mit unterschiedlicher Beschaffenheit der Verbindungslinien der gleichen Nutzanwendung dienen (Festnetztelefonie / Mobiltelefonie), andererseits kann ein und dasselbe Netz ganz unterschiedlich benutzt werden (ISDN als Telefon- und Datennetz).

Je nach Verteilungsstruktur lassen sich außerdem drei Netzarten unterscheiden: Verteiler-, Sammelverteiler- und Vermittlungsnetze:[16] In einem *Verteilernetz* werden Güter von einem Punkt quasi sternförmig zu mehreren Empfängern verteilt, ein Rückkanal ist nicht vorhanden. In dieser Reinform sind Verteilnetze nur selten anzutreffen. Allerdings können Unterstrukturen von anderen Netzen diese Form haben. Eine Erweiterung hiervon sind *Sammelverteilernetze*, bei denen die Güter von unterschiedlichen Quellen stammen, um an einem Ver-

---

[15] $\sum_{n=1}^{k-1} n$ ist die Summe aller Werte *n*, wobei *n* alle Zahlen von 1 bis *k*-1 (also die Anzahl der Knoten weniger 1) durchläuft. Bei vier Knoten ergäbe dieses 1 + 2 + 3 = 6 mögliche Verbindungen.

[16] Vgl. zu dieser Systematik *Klodt/Laaser/Lorz/Maurer*, Wettbewerb und Regulierung in der Telekommunikation (1995), S. 41; *Haas*, „Essential Facilities Doctrine“ und offene Netze (2000), S. 23.

mittlungsknoten gesammelt und von dort über ein Verteilernetz verteilt zu werden.

Für die Telekommunikation von Bedeutung sind vor allem *Vermittlungsnetze*. Hier sind – direkt oder über Vermittlungsknoten – alle Teilnehmer untereinander verbunden und erfolgt der Transport der Güter in beiden Richtungen. Eine Spezialform hiervon sind die sog. *geodätischen Netze*. Hier wird die Vermittlungsfunktion nicht von zentralen Vermittlungsstellen, sondern von jedem angeschlossenen Endteilnehmer selbst übernommen. Realisiert werden solche Netze bereits bei lokalen Computernetzen (LANs).[17]

II. Telekommunikationsnetze

1. Telekommunikationsnetze gemäß § 3 Nr. 21 TKG

Telekommunikationsnetze sind mittlerweile in § 3 Nr. 21 TKG legaldefiniert.[18] Danach ist ein Telekommunikationsnetz die Gesamtheit der technischen Einrichtungen (Übertragungswege, Vermittlungseinrichtungen und sonstige Einrichtungen), die zur Erbringung von Telekommunikationsdienstleistungen oder zu nichtgewerblichen Telekommunikationszwecken dienen. Auch hier zeigt sich, dass ein Netz die Gesamtheit von Verbindungslinien (Übtragungswegen) und Knotenpunkten (Vermittlungseinrichtungen) darstellt. Definiert ist das Telekommunikationsnetz in Unterscheidung zu anderen Netzen daher durch die Nutzung zu Telekommunikationszwecken, unabhängig davon, ob diese Nutzung gewerblicher oder nichtgewerblicher Art ist. Telekommunikation ist dabei der technische Vorgang des Aussendens, Übermittelns oder Empfangens von Nachrichten jeglicher Art in der Form von Zeichen, Sprache, Bildern oder Tönen mittels Telekommunikationsanlagen (vgl. § 3 Nr. 16 TKG). Telekommunikati-

[17] Hierzu *Sondhof/Theurer*, WuW 1996, 177, 181 f.

[18] Hierzu unten Seite 101. Siehe auch die Kommentierung von *Schütz*, in: Büchner u.a. (Hg.), Beck'scher TKG-Kommentar (2000), § 3 Rn. 24 ff.

onsanlagen sind nach der Begrifflichkeit des TKG schließlich technische Einrichtungen oder Systeme, die als Nachrichten identifizierbare elektromagnetische oder optische Signale senden, übertragen, vermitteln, empfangen, steuern oder kontrollieren können (§ 3 Nr. 17 TKG).

Allgemein lässt sich ein Telekommunikationsnetz beschreiben als technische Einrichtung der Übermittlung von Nachrichten in der Form von Zeichen, Sprache, Daten, Bildern oder Tönen, die zumindest nach dem aktuellen Stand der Technik als elektromagnetische oder optische Signale ausgesendet werden. Dabei besteht das Netz aus Netzknoten, Verbindungen zwischen den Knoten und Netzzugangsschnittstellen, an die Endeinrichtungen angeschlossen werden können. Die von einer Endeinrichtung gesendeten Informationen können über das Netz zu einer anderen Endeinrichtung transportiert werden.[19]

2. *Abgrenzung Telekommunikation / Massenmedien und Konvergenz der Medien*

Betrachtet man alleine die Definition des § 3 Nr. 21 TKG, erscheint diese sehr weit. Nachrichtenübertragung mittels elektromagnetischer oder optischer Systeme in jeglicher Art findet insbesondere auch im Rundfunk statt. Sendeanlagen des Rundfunks werden nach dem allgemeinen Sprachgebrauch nicht als Telekommunikationseinrichtungen verstanden, jedenfalls sollen sie nicht unter den Anwendungsbereich des TKG fallen. Eine technische Abgrenzung ist mittlerweile ausgeschlossen. In Folge der technischen Entwicklung, insbesondere der Digitalisierung, können die bislang unterschiedlichen Übertragungswege für Rundfunk und Telekommunikation mittlerweile gemeinsam bzw. wechselseitig genutzt werden. So wird das Breitbandkabelnetz durch Schaffung der Rückkanalfähigkeit mittlerweile – ebenso wie auch die Satellitentechnik – sowohl für die Verbreitung von Rundfunk als auch für die Datenübertragung genutzt. Andererseits

[19] *Stürmer*, Netzzugang und Eigentumsrechte in der Telekommunikation (1997), S. 30; *Haas*, „Essential Facilities Doctrine" und offene Netze (2000), S. 29.

können Rundfunksendungen – wenn bislang auch nur mit eingeschränkter Qualität – inzwischen über die klassischen Telekommunikationsnetze verbreitet werden. Desgleichen werden auch Publikationsformen, wie sie von anderen Massenmedien wie Film oder Presse bekannt sind, zunehmend auch über elektronische Kommunikationsnetze verbreitet. So können Filme im Internet betrachtet werden und Zeitungen online publiziert werden. Diese Entwicklung wird unter dem Begriff der Konvergenz der Medien[20] diskutiert und zeigt auf, dass die Grenzen zwischen Massenmedien und Telekommunikation in technischer Hinsicht nicht mehr klar zu ziehen sind. Diesem Umstand tragen auch die im Jahr 2002 neu verabschiedeten EG-Richtlinien Rechnung, indem sie ein einheitliches Regelungsgerüst für alle Kommunikationsformen einschließlich der Verbreitung von Rundfunksendungen schaffen.[21]

Andererseits ist eine völlige Gleichstellung von Telekommunikation und Massenmedien ebenfalls problematisch. Dies beginnt schon bei verfassungsrechtlichen Fragen, können sich doch die Anbieter von Rundfunksendungen oder Online-Publikationen auf die Freiheit der Massenmedien gemäß Art. 5 Abs. 1 S. 2 Hs. 2 GG berufen, während der Telekommunikationsteilnehmer ggf. nur seine allgemeine Handlungsfreiheit gemäß Art. 2 Abs. 1 GG ausübt.[22] Zum Schutzbereich der Rundfunkfreiheit gehören dabei alle wesensmäßig damit zusammenhängenden Tätigkeiten,[23] also letztlich auch der technische Vorgang des Sendens über Kommunikationsnetze.

Eine Abgrenzung muss daher funktional anhand der Zielrichtung der Kommunikation erfolgen. Allein auf die Kommunikationsrichtung

---

[20] Hierzu ausführlich in *Europäische Kommission*, Die Konvergenz der Branchen Telekommunikation, Medien und Informationstechnologie und ihre ordnungspolitischen Auswirkungen – Ergebnisse der öffentlichen Konsultation zum Grünbuch, KOM (1999) 108; *Bullinger*, Deregulierung des Rundfunks als Folge technischer Konvergenz? (2001); *Hoff*, Technische Konvergenz (2001); *Knothe*, Konvergenz der Medien (1999); *Holznagel*, NJW 2002, 2351 ff.; *Gounalakis*, NJW 2002, Beilage zu Heft 23, S. 20 ff.

[21] Unten Seite 70 ff.

[22] Näher zu grundrechtlichen Fragen unten Seite 136 ff.

[23] *Wendt*, in: v. Münch/Kunig (Hg.), GG Bd. 1 (2000), Art. 5 Rn. 45; BVerfGE 91, 125, 134.

kann dabei nicht abgestellt werden. Zwar zeichnen sich klassische Rundfunksendungen dadurch aus, dass die Kommunikation nur in einer Richtung – vom Rundfunksender zum Rundfunkempfänger erfolgt. Aber eine einseitige Telekommunikation ist ebenso möglich, z.B. beim Senden von Nachrichten in Abwesenheit des Empfängers (Fax, Email etc.): Und auch bei Rundfunksendungen ist ein gewisses Maß an Gegenkommunikation, beispielsweise bei Broadcasting on Demand[24], denkbar. Auch eine Abgrenzung Massenkommunikation / Individualkommunikation ist per se nicht möglich, wie das Beispiel von Telefonkonferenzen oder Chatrooms zeigt.

Die Abgrenzung kann also nur anhand des Kommunikationsziels erfolgen. Der Anbieter von Rundfunksendungen will grundsätzlich Informationen an eine unbestimmte oder zumindest schwer überschaubare (Abonnement-Fernsehen) Anzahl von Empfängern übermitteln, die er nicht individualisierbar anspricht. Telekommunikation ist dagegen gekennzeichnet durch die Übermittlung von Informationen an einen durch genaue Adressierung gekennzeichneten, abgrenzbaren Teilnehmerkreis. Auch hier bleiben aber Abgrenzungsschwierigkeiten bestehen. Während herkömmliches Abonnement-Fernsehen ohne Schwierigkeiten dem Rundfunk zugeordnet werden kann, da der Kreis der Empfänger nicht individuell adressiert wird, sondern sich durch die Verwendung einer entsprechenden technischen Einrichtung auf Empfängerseite den Zugang zum Angebot verschaffen kann, ist dies bei Broadcasting-on-Demand-Diensten schwieriger. Hierbei kann der Kunde zu jeder beliebigen Zeit aus einem Angebot einen Film wählen, so dass man diese Dienstleistung beispielsweise auch als elektronische Variante des Versands von Filmen per Post betrachten könnte, also als individualisiertes Angebot. Letztlich tritt dieser individualisierte Bestandteil der Informationsübermittlung aber gegenüber dem generell gehaltenen Angebot in den Hintergrund, so dass man auch diese Dienstleistungsform noch als Rundfunk ansehen muss.

Nach dieser Definition ist daher auch das Angebot von Webseiten Rundfunk. Zwar hat jeder Internetnutzer eine eigene IP-Adresse. Die-

[24] Also der Ausstrahlung von Rundfunksendungen „auf Bestellung", deren Zeitpunkt der Kunde bestimmen kann.

se dient jedoch nur der technischen Abwicklung des Datenverkehrs über das dezentrale Internet. Wer jedoch eine Webseite zur ständigen Verfügbarkeit auf einen Internet-Server stellt, will dadurch letztlich eine für ihn unbestimmte Anzahl von Interessenten mit seinem Informationsangebot erreichen. Diese Überlegung zeigt auch, dass die Unterteilung in Presse, Rundfunk und Filmfreiheit in Art. 5 Abs. 1 GG letztlich rein aufzählender Natur ist, es sich aber bei teleologischer Auslegung dieses Grundrechts um ein einheitliches Grundrecht der Meinungs- und Informationsverbreitung über Massenmedien handelt.[25] Denn ein nicht in gedruckter Form vorliegender, sondern nur im Internet abrufbarer Zeitungsartikel unterscheidet sich bezüglich seiner grundrechtlichen Schutzbedürftigkeit in keiner Weise von einem herkömmlichen Presseprodukt.

III. Infrastrukturen

Die hier zu behandelnden Telekommunikationsnetze werden in der wirtschaftswissenschaftlichen und rechtswissenschaftlichen Diskussion gerade auch in ihrer Eigenschaft als Infrastrukturnetze behandelt. Zu den Infrastrukturnetzen werden in der Regel außerdem sonstige Versorgungsnetze (Energie, Wasser, Kanalisation), die Verkehrsnetze (Straßen-, Wasserstraßen- und Eisenbahnnetz) sowie z.T. die Post gezählt. Diese Infrastrukturnetze weisen die Gemeinsamkeit auf, dass sie zumindest in der Vergangenheit in den meisten Staaten entweder als Staatsmonopol, als staatlich geschütztes Privatmonopol oder zumindest in der Form eines staatlich besonders regulierten Wettbewerbs geführt wurden. Teilweise werden jedoch auch rein privatwirtschaftliche Infrastrukturnetze wie beispielsweise computergestützte Flugbuchungssysteme und die zentralen Buchungssysteme der Banken genannt.

So bestehen auf rechtlicher Ebene Sonderregelungen wie der Fördergrundsatz des Art. 154 EGV[26], die Gewährleistungsaufträge der Art.

---

[25] Näher unten Seite 133.

[26] Aus- und Aufbau transeuropäischer Netze in den Bereichen Verkehrs-, Telekommunikations- und Energieinfrastruktur.

87e Abs. 4[27], 87f Abs. 1 GG[28], sowie unterschiedliche öffentlich-rechtliche Spezialgesetze wie z.B. das Telekommunikationsgesetz (TKG), das Allgemeine Eisenbahngesetz (AEG), das Energiewirtschaftsgesetz (EnWG) etc. Außerdem wird aufgrund der besonderen ökonomischen Gegebenheiten innerhalb von Infrastrukturnetzen teilweise ein besonderes Bedürfnis staatlicher Verantwortungsübernahme gesehen. Schon *Adam Smith*, der Begründer der modernen Nationalökonomie, hat neben der Landesverteidigung und der Justiz die dritte Aufgabe des Staates darin gesehen, „öffentliche Anlagen und Einrichtungen aufzubauen und zu unterhalten", insbesondere solche zur „Erleichterung von Handel und Verkehr".[29]

Infrastrukturnetze sind netzgebundene Infrastrukturen. Eine einheitliche Definition für Infrastrukturen existiert jedoch nicht. Als klassische Infrastrukturnetze sind jedenfalls neben der Telekommunikation die Energie- und Wasserversorgung sowie das Verkehrssystem anerkannt, die sich auch durch ökonomische Besonderheiten auszeichnen.[30] Zu den technischen Merkmalen werden hierbei die technologische Unteilbarkeit wesentlicher Systemelemente[31], daraus resultierend die hohe Fähigkeit zur Erbringung von Verbundleistungen[32] sowie die Standortgebundenheit der Leistungen[33], lange Planungs- und Ausreifungszeit der Investitionen und eine lange Lebensdauer der Systeme[34] genannt.

---

[27] Gewährleistung des Schienenverkehrs.

[28] Gewährleistung von Post- und Telekommunikationsdienstleistungen.

[29] *A. Smith*, Wohlstand der Nationen (1789), S. 612 ff.

[30] Vgl. *Joachimsen*, Theorie der Infrastruktur (1966), S. 100; *Thomson*, Grundlagen der Verkehrspolitik (1978), S. 49 ff.; *Hermes*, Staatliche Infrastrukturverantwortung (1998), S. 309 ff.; *Bloech*, in: Handwörterbuch der öffentlichen Betriebswirtschaft (1989), Sp. 637, 638.

[31] *Joachimsen*, Theorie der Infrastruktur (1966), S. 105.

[32] *Aberle*, in: Staatslexikon, Bd. 3 (1987), Sp. 78, 79.

[33] *Joachimsen*, Theorie der Infrastruktur (1966), S. 105; *Frey*, Infrastruktur (1970), S. 30 f.

[34] *Aberle*, in: Staatslexikon, Bd. 3 (1987), Sp. 78, 79; *Frey*, Infrastruktur (1970), S. 26.

B. Netze in der Ökonomie

Von besonderer Bedeutung für das Verständnis der rechtlichen Behandlung dieser Infrastrukturnetze sind die in den Wirtschaftswissenschaften hierzu entwickelten Theorien. Deren Ergebnisse und insbesondere deren Fortentwicklung waren mit die entscheidenden Gründe für den Beginn des Liberalisierungsprozesses auf den Netzmärkten. Die Besonderheiten, die Netze gegenüber anderen Märkten aufweisen, sind möglicherweise auch Anknüpfungspunkt nicht nur für eine abweichenden rechtlichen Ordnungsrahmen, sondern auch für eine abweichende verfassungsrechtliche Beurteilung staatlicher Eingriffe in Netze. Daher soll diese wirtschaftswissenschaftliche Entwicklung im Folgenden näher dargestellt werden.

In der Ökonomie werden Netze (jedenfalls teilweise) definiert als raumübergreifende, komplex verzweigte Transport- und Logistiksysteme für Güter, Personen oder Information. Als Güter kommen dabei Stückgüter, Massengüter oder Gas und Strom in Betracht.[35] Solchermaßen als Netze definierte Strukturen werden eigens dafür geschaffen, die Distanzüberwindung als Aspekt der Raumdimension des Wirtschaftens zu rationalisieren.

Sie weisen nach dieser ökonomischen Sicht gemeinsame Eigenschaften auf: Zunächst bestehen Größenvorteile im relevanten Bereich, d.h. die Kosten für den Transport von Gütern über Netze wachsen langsamer als proportional zur Menge der zu transportierenden Güter. Daraus folgen Bündelungsvorteile verzweigter Netzstrukturen für den Transport über große Distanzen, da sich durch die Bündelung diese Größenvorteile besser nutzen lassen. Daraus folgt wiederum das Gesetz der Distanzkostendegression, d.h. die Transportkosten pro Entfernungseinheit sinken mit der Zunahme der Entfernung, die über das Netz überwunden wird. So lässt sich die Abhängigkeit der Kosten eines Telefongesprächs (*k*) von der Distanz zwischen den beiden Partnern (*d*) in einer logarithmischen Funktion darstellen ($k = \log_a d$, $a>1$). Weiterhin ergeben sich bei allen Netzen Produktivitätsvorteile aus dem Zusammenschalten von Einzelnetzen. So wird beim Zusam-

[35] *C. von Weizsäcker*, Wettbewerb in Netzen, WuW 1997, 572.

menschalten von Stromnetzen mit unterschiedlichen zeitabhängigen Nachfragespitzen die Gesamtnachfrage geglättet, weshalb die Reservekapazitäten der Individualnetzbetreiber geringer dimensioniert werden können.

I. Entwicklung der ökonomischen und technischen Grundlagen

Die Entwicklung der Telekommunikationsmärkte[36] war zumindest vordergründig das Werk politisch motivierter Steuerungsprozesse. Die Hauptmerkmale dieser Entwicklung sind zum einen die Privatisierung ehemals staatlicher oder staatseigener Telekommunikationsunternehmen und zum anderen die Schaffung von Telekommunikationsmärkten durch rechtliche Regulierung. Hintergrund für diese in den unterschiedlichen Staaten relativ ähnlich verlaufende intendierte Umsteuerung in der Telekommunikationspolitik ist ein Paradigmenwechsel in der ökonomischen Theorie[37], der einhergeht mit der Entwicklung der Telekommunikationstechnik, welche die Öffnung der Telekommunikationsmärkte für mehr Wettbewerb teilweise erst ermöglicht oder doch zumindest erleichtert hat.

Früher wurden Netze vornehmlich als natürliche Monopole[38] betrachtet, in denen Wettbewerb nicht möglich ist, weshalb diese zumindest in Europa überwiegend in staatlicher Regie betrieben wurden. Von dieser Sicht rücken neuere ökonomische Untersuchung zusehends ab, da zumindest in weiten Teilbereichen Wettbewerb ermöglicht werden kann, zum einen als Wettbewerb im Netz durch Trennung von Dienstleistungsanbietern und reinem Netzbetrieb, als auch in Form eines Wettbewerbs um das Netz.[39]

---

[36] Unten Seite 47 ff.

[37] *C. v. Weizsäcker*, WuW 1997, 572.

[38] Hierzu unten Seite 32 ff.

[39] Hierzu unten Seite 35 ff.

II. Ökonomische Zusammenhänge in Telekommunikationsnetzen

Die Erstellung und Aufrechterhaltung von Netzwerken erzeugt Kosten und Nutzen. Netzwerke lohnen sich wirtschaftlich, wenn der Nutzen die Kosten letztlich überwiegt. Daher ist entscheidend für die Frage, ob ein Netzwerk aufgebaut werden sollte, ob es sich aus der individuellen Sicht der betroffenen Akteure als vorteilhaft darstellt. Entscheidungen über Netze und ihre rechtlich-institutionelle Ausgestaltung sind daher so zu treffen, dass die Kosten-Nutzen-Kalküle der Individuen, die Netzdienstleistungen nachfragen, zum Zuge kommen.[40] Diese Entscheidung kann dabei grundsätzlich dem Markt überlassen werden, da funktionierende Märkte am besten geeignet sind, die Bedürfnisse der Individuen effizient zu befriedigen. Allerdings ergeben sich bei Netzen Besonderheiten auf Kosten- und Nutzenseite, die bei der wirtschaftlichen und rechtlichen Beurteilung von Bedeutung sein könnten.

1. Kostenseite: Größenvorteile bei der Herstellung der Netzinfrastruktur

Der Aufbau von Telekommunikationsnetzen schafft Bündelungsvorteile, die auch bei der Herstellung von Netzinfrastruktur zu erheblichen Größenvorteilen führen.[41] Bezüglich der Festnetze sind dabei in den Wirtschaftswissenschaften verschiedene Merkmale herausgearbeitet worden:

Das Volumen einer Leitung wächst bei der Vergrößerung ihres Durchmessers rascher als der Leitungsumfang. Daher sind die Mehrkosten für das Ausheben von Kabelschächten durch die Verlegung kapazitätsstärkerer Leitungen zu vernachlässigen. Ein einzelner Anbieter kann daher die gleiche Leitungskapazität zu geringeren Kosten

---

[40] *Blankart/Knieps*, in: Jahrbuch für neue politische Ökonomie 1992, S. 73 f.

[41] *Blankart/Knieps*, in: Jahrbuch für neue politische Ökonomie 1992, S. 73, 74 ff.; *Klodt/Laaser/Lorz/Maurer*, Wettbewerb und Regulierung in der Telekommunikation (1995), S. 49 ff.; *C. v. Weizsäcker*, WuW 1997, 572, 573.

anbieten, als dieses zwei oder mehr Anbieter könnten, da er die Leitungen entsprechend bündeln kann.[42]

Weiterhin entstehen *Bündelungsvorteile* durch die Vernetzung verschiedener Strecken in der Fläche: Es kann also günstiger sein, zur Bedienung mehrerer Strecken eine kapazitätsstärkere Leitung zu einer bestimmten Vermittlungsstelle zu bauen und die Einzelstrecken erst von dort zu bedienen. Dieser Effekt besteht zumindest so lange, wie die Mehrkosten für die erforderlichen Leitungsumwege ihn nicht wieder aufheben.[43]

Zumindest im Ortsnetzbereich sinken die Kosten des Anschlusses eines Kunden an das Netz pro Kunde, soweit viele Kunden enge Nachbarn sind. Aufgrund dieses Nachbarschaftseffekts bzw. *Dichtevorteils* kann daher ein Netzanbieter eine bestimmte Anzahl von Kunden im Ortsnetz kostengünstiger versorgen, als dies zwei oder mehrere Anbieter könnten.[44]

Weiterhin verteilt sich die Nachfrage gleichmäßiger über ein bestimmte Zeitspanne, wenn die Anzahle der Nachfrager größer ist (*stochastischer Durchmischungseffekt*). Damit sinkt die erforderliche Netzkapazität pro Nutzer im Hinblick auf die Verhinderung einer Netzüberlastung bei Nachfragespitzen. Dadurch sinken die Investitionskosten pro Nutzer mit wachsender Größe des Netzes.[45]

Schließlich gilt das oben bereits erörterte Prinzip der *Distanzkostendegression* natürlich auch für Telekommunikationsnetze.[46]

---

[42] Hierzu *Klodt/Laaser/Lorz/Maurer*, Wettbewerb und Regulierung in der Telekommunikation (1995), S. 49.

[43] *Blankart/Knieps*, in: Jahrbuch für neue politische Ökonomie 1992, S. 73, 74.

[44] *Blankart/Knieps*, Grenzen der Deregulierung im Telekommunikationsbereich (1988), S. 13; *Klodt/Laaser/Lorz/Maurer*, Wettbewerb und Regulierung in der Telekommunikation (1995), S. 50; *C. v. Weizsäcker*, in. Giersch (Hg.), New Opportunities for Entrepreneurship (1984), 107, 121.

[45] *Klodt/Laaser/Lorz/Maurer*, Wettbewerb und Regulierung in der Telekommunikation (1995), S. 50; *Blankart/Knieps*, in: Jahrbuch für neue politische Ökonomie 1992, S. 73, 74.

[46] Seite 26.

2. *Nutzenseite*

Auf der Nutzenseite sind Netze insbesondere durch das Auftreten sogenannter Netzexternalitäten bzw. positiver externer Effekte gekennzeichnet. Hiervon spricht man, wenn der Nutzen, den der Einzelne aus einem Netzwerk ziehen kann, um so größer ist, je mehr Teilnehmer an das Netzwerk angeschlossen sind.[47] Ausgelöst werden *Netzexternalitäten* im Wesentlichen von zwei Faktoren[48]:

Zum einen tritt in Vermittlungsnetzen der sog. *Reziprozitätseffekt* auf, der dadurch entsteht, dass jede Vermittlungsmöglichkeit einen positiven Nutzen bringt. Vereinfacht ausgedrückt: Je größer ein Telekommunikationsnetz, desto mehr Nutzen hat der einzelne, da er mehr andere Teilnehmer erreichen kann.

Zum anderen bewirken auch die oben beschriebenen *Größenvorteile* auf der Kostenseite Netzexternalitäten. Ein positiver Effekt für die Nutzer kann sich hier dadurch ergeben, dass die Kosten, die von jedem Teilnehmer zu tragen sind, beim Beitritt eines zusätzlichen Teilnehmer aufgrund dieser Größenvorteile sinken. Außerdem besteht ein positiver Zusammenhang zwischen der Zahl der Nutzer und der Wertschätzung durch den Konsumenten.[49] Im Folgenden sollen die Auswirkungen derartiger Netzexternalitäten auf Telekommunikationsnetze näher erläutert werden.

a) *Lock-in-Effekt*

Derartige Netzexternalitäten können beispielsweise dazu führen, dass es zu einem unter Wohlfahrtsgesichtspunkten schädlichen Verharren der Netzteilnehmer in einem technologisch veralteten System kommt,

---

[47] *Blankart/Knieps*, in: Jahrbuch für neue politische Ökonomie 1992, S. 73, 78; *Klodt/Laaser/Lorz/Maurer*, Wettbewerb und Regulierung in der Telekommunikation (1995), S. 40 ff.

[48] Hierzu auch *Haas*, „Essential Facilities Doctrine“ und offene Netze (2000), S. 45.

[49] *Thum*, Netzwerkeffekte, Standardisierung und staatlicher Regulierungsbedarf (1995), S. 12.

weil die kritische Masse an Nutzern die für den Aufbau eines neuen Netzwerkes erforderlich wäre, nicht erreicht wird, obwohl der Nutzen aller Teilnehmer größer wäre, wenn sie in das innovativere Netzwerk wechseln würden (sog. Pfadabhängigkeit oder *Lock-in-Effekt*).[50]

Ein Beispiel für diesen Effekt ist die Durchsetzung des VHS-Systems gegenüber alternativen Home-Video-Systemen in den 70er Jahren: Im VHS-System konnten aufgrund von Größenvorteilen (*economics of scale*) Videokassetten kostengünstiger produziert werden, was dazu führte, dass das VHS-System von den Kunden bevorzugt wurde. Dies verstärkte wiederum die Größenvorteile und führte schließlich zu einer Verdrängung der konkurrierenden Systeme.[51]

Ob es unter realen Bedingungen tatsächlich zu anhaltenden Lock-in-Effekten kommen kann, ist umstritten, allerdings kann aus Erfahrungen zumindest auf die Existenz von temporären technologischen Lock-in-Effekten geschlossen werden.[52]

b) Any to any connectivity

Telekommunikationsnetze bauen auf dem Gedanken der „*any to any connectivity*" auf, das heißt, jeder Teilnehmer kann über das Netz jeden anderen Teilnehmer erreichen.[53] Ein Konkurrent, der ein alternatives Fernsprechnetz aufbauen will, kann daher nur erfolgreich sein, wenn sein Teilnehmerkreis annähernd so groß ist wie der des etablierten Anbieters.[54]

---

[50] Hierzu WZB-Mitteilungen 87 (3/2000), S. 14 ff.; ausführlich auch *Wey*, Marktorganisation und Standardisierung (1999).

[51] Vgl. *Blankart/Knieps*, Path dependence, network externalties and standardization (1991).

[52] *Klodt/Laaser/Lorz/Maurer*, Wettbewerb und Regulierung in der Telekommunikation (1995), S. 43 f.

[53] Vgl. *Ickenroth*, in: Jahrbuch für Telekommunikation und Gesellschaft 1996, S. 162, 165; *Hendricks*, in: Annual proceedings of the Fordham Corporate Law Institute, International Antitrust Law & Policy (1996), 549, 550.

[54] Vgl. *Klodt/Laaser/Lorz/Maurer*, Wettbewerb und Regulierung in der Telekommunikation (1995), S. 45.

Zwar kann es sich für Großkunden noch lohnen, aufgrund eines hohen Verkehrsaufkommens für bestimmte Strecken hierfür ein alternatives Netz aufzubauen bzw. zu nutzen. Für den normalen Endnutzer wird sich der Wechsel zu einem anderen Netz jedoch nur unter bestimmten Mindestvoraussetzungen lohnen. Zum einen müsste seine Erreichbarkeit durch Kunden des alten Netzes weiterhin gewährleistet bleiben, zum anderen müsste er die Kunden des alten Netzes weiterhin zu Konditionen erreichen können, die den Wechsel nicht im Endeffekt teuerer machen. So lange ein alternativer Anbieter kein flächendeckendes Netz anbieten kann, wäre er daher grundsätzlich vom „good will" des etablierten Netzanbieters abhängig.[55]

III. Ältere Theorien: Netze als natürliche Monopole

Insbesondere aufgrund der beschriebenen Größenvorteile, aber auch der Netzexternalitäten[56], wurden Telekommunikationsnetze als Beispiel für *natürliche Monopole* betrachtet.[57] Der Begriff des Monopols wird hierbei anhand von Effizienzmerkmalen definiert: Ein natürliches Monopol liegt vor, wenn ein einziges Unternehmen in der Lage ist, den relevanten Markt zu niedrigeren kostendeckenden Preisen zu versorgen als dies zwei oder mehrere Unternehmen möglich wäre, die zu denselben Bedingungen am Markt teilnehmen könnten wie der Monopolist.[58] Dann kann sich am Markt im Endeffekt nur ein Unternehmen durchsetzen, das alle übrigen vom Markt verdrängen würde (Gefahr der ruinösen Konkurrenz).[59] Auch kartellrechtliche Maßnah-

---

[55] *Haas*, „Essential Facilities Doctrine" und offene Netze (2000), S. 47.

[56] Zum Marktversagen als Folge von Netzexternalitäten *Klodt*, Regulating Network Based Industries (1996), S. 18.

[57] *Freytag/Jäger*, in: Jahrbuch für die Ordnung von Wirtschaft und Gesellschaft 1996, S. 215, 216; *Klodt/Laaser/Lorz/Maurer*, Wettbewerb und Regulierung in der Telekommunikation (1995), S. 49.

[58] *Windisch*, in: ders. (Hg.), Privatisierung natürlicher Monopole (1987), S. 1, 41; *Blankart/Knieps*, Regulierung von Netzen? (1996), S. 2.

[59] *Ingo Schmidt*, Wettbewerbs- und Kartellrecht (2001), S. 35 f.

men können ein solches Ergebnis dann nicht verhindern.[60] Natürliche Monopole sind allerdings nur äußerst schwierig empirisch belegbar und in ihrer Existenz nicht konstant, da insbesondere die Kostenfunktion eine große Vielzahl variabler Bedingungen enthält.[61]

Als Ursache für das Entstehen natürlicher Monopole werden einerseits die *Subadditivität* der Kostenfunktion und andererseits die *Spezifität* von Investitionen genannt:

Die *Subadditivität* kann Folge von Größen- oder Verbundvorteilen sein. Wenn die langfristigen Durchschnittskosten mit einer Vergrößerung des Versorgungsgebiets kontinuierlich sinken (*economics of scale*), kann nur ein einzelner Anbieter die Nachfrage effizient befriedigen, da mehrere Unternehmen die gleiche Nachfrage nur zu höheren Kosten erfüllen könnten. Außerdem können Vorteile der verbundenen Produktion zweier Güter die Bildung natürlicher Monopole beeinflussen, die durch die bessere Nutzung von unteilbaren Produktionsfaktoren durch die gemeinsame Produktion entstehen (*economics of scope*), ebenso wie eine Senkung der kurzfristigen Durchschnittskosten durch bessere Auslastung (*economics of density*).[62]

Der Begriff der *Spezifität* von Investitionen nimmt darauf Bezug, ob und in welchem Umfang in das Netz getätigte Investitionen auch zu anderen Zwecken Verwendung finden können bzw. durch andere Verwender genutzt werden können, ohne dass ein Wertverlust einträte.[63] So ist die Spezifität bei einem unterirdischen Kabelsystem beispielsweise sehr hoch, da sich die einmal verlegten Kabel nicht oder

---

[60] *Ewers/Meyer*, in: Jahrbuch für Neue Politische Ökonomie 1994, S. 178, 185; *R. A. Musgrave*, in: ders. (Hg.), Grundfragen der Infrastrukturplanung (1971), S. 43 ff. 50 f.

[61] *Krakowski*, in: ders. (Hg.), Regulierung (1988), S. 19, 35 ff.; *Laaser*, Wettbewerb im Verkehrswesen (1991), S: 61 ff.; *Windisch*, in: ders. (Hg.), Privatisierung natürlicher Monopole (1987), S. 1, 52 ff., 56; *Sondhof/Theurer*, WuW 1996, 177, 179 f. m.w.N.

[62] *Ewers/Meyer*, in: Jahrbuch für Neue Politische Ökonomie 1994, S. 178, 185; *Kruse*, in: Immenga/Kirchner/Knieps/Kruse (Hg.), Telekommunikation im Wettbewerb (2001), S. 73, 74.

[63] Vgl. *Williamson*, in: Schmalensee/Willig (Hg.), Handbook of Industrial Organization, Vol. 1 (1989), S. 135, 142 f.

nur unter unverhältnismäßig hohem Kostenaufwand wieder ausgraben und anderweitig nutzen lassen.[64] Folge dieser Spezifität ist eine Marktzutrittsbarriere für mögliche Konkurrenten, da Marktzutrittsinvestitionen mit einer hohen Spezifität stärker abschrecken als solche, bei denen der Wertverlust der Investition beim Scheitern des Marktzutritts geringer ausfällt.[65]

Sehr ähnlich ist der (teilweise auch synonym verwendete) Begriff der *versunkenen Kosten*: Dieses sind in der Vergangenheit getätigte, irreversible Investitionen mit einer hohen Spezifität, die das Unternehmen durch Austritt aus einem bestimmten Markt nicht mehr zurückholen kann.[66] Solche versunkenen Kosten haben zur Folge, dass ein durch Konkurrenten bedrängter Monopolist Preise festsetzt, die nicht mehr die gesamten Stückkosten abdecken, weil er die versunkenen Kosten nicht in das kurzfristige Entscheidungskalkül mit einbezieht.[67]

Als Beispiel für natürliche Monopole wurden insbesondere leitungsgebundene Infrastrukturen wie Gas-, Wasser-, Abwasser-, Strom-, Schienen- und auch Telekommunikationsnetze genannt.[68] Als Konsequenz wurde früher ein staatliches Reagieren auf das tatsächliche oder vermutete Marktversagen im Zusammenhang mit natürlichen Monopolen gefordert. Infrastrukturanbieter sollten unter staatliche Aufsicht

64 *Blankart/Knieps*, Grenzen der Deregulierung im Telekommunikationsbereich (1988), S. 8.

65 Vgl. unter dem Begriff der versunkenen Kosten hierzu *Windisch*, in: ders. (Hg.), Privatisierung natürlicher Monopole (1987), S. 1, 61 ff.

66 *Spelthahn*, Privatisierung natürlicher Monopole (1994), S. 55; *Windisch*, in: ders. (Hg.), Privatisierung natürlicher Monopole (1987), S. 1, 59; *Kruse*, in: Immenga/Kirchner/Knieps/Kruse (Hg.), Telekommunikation im Wettbewerb (2001), S. 73, 76 f.

67 *Spelthahn*, Privatisierung natürlicher Monopole (1994), S. 55 f.; *Kruse*, in: Immenga/Kirchner/Knieps/Kruse (Hg.), Telekommunikation im Wettbewerb (2001), S. 73, 76 f. Zum Zusammenspiel zwischen Subadditivität und Irreversibilität der Investitionen *ders.*, a.a.O., S. 78 ff.

68 *Spelthahn*, Privatisierung natürlicher Monopole (1994), S. 57 f.; *Klös*, Öffentliches Infrastrukturmonopol (1989), S. 18.

bzw. Regulierung gestellt werden, wenn nicht gar die Verstaatlichung von Infrastrukturnetzen gefordert wurde.[69]

IV. Neuere Theorien: Wettbewerb im und um das Netz

1. Einwände gegen das Modell der natürlichen Monopole

Das Modell des natürlichen Monopols ist ein Ergebnis des statischen, neoklassischen Ansatzes in der Ökonomie. Dynamische Parameter, wie etwa die Produktion neuen Wissens, technischer Fortschritt oder Innovationen, werden hiervon nicht berücksichtigt.[70] Die Existenz eines natürlichen Monopols setzt daher voraus, dass auch bei Wettbewerb auf diesem Markt keine Innovationen mehr zu erwarten wären, infolge derer die Mehrkosten für Investitionen in Parallelstrukturen durch Kostensenkungen ausgeglichen werden können.[71]

Letzteres ist aber gerade im Bereich der Telekommunikation gegeben: Es handelt sich hier um einen äußerst dynamischen Markt, der insbesondere in Folge der Digitalisierung zu erheblichen Innovationen geführt hat. Zu nennen sind hier neben dem Übergang von analoger zu digitaler Übertragungstechnik der Ausbau von breitbandigen Übertragungswegen, die Ergänzung der kabelgebundenen durch die kabellose Technologien und die Verschmelzung von Vermittlungs- und Verteilnetzen zu Hybridnetzen.[72] Von Bedeutung ist außerdem die Diversifi-

---

[69] Vgl. *Musgrave*, in: Grundfragen der Infrastrukturplanung (1971), S. 43, 48; *Woll*, Wirtschaftslexikon (1996), S. 336; *C. v. Weizsäcker*, WuW 1997, 572, 574; *Hermes*, Staatliche Infrastrukturverantwortung (1998), S. 320.

[70] *Windisch*, in: ders. (Hg.), Privatisierung natürlicher Monopole (1987), S. 1, 42; *C. v. Weizsäcker*, WuW 1997, 572, 576.

[71] *Ingo Schmidt*, Wettbewerbs- und Kartellrecht (2001), S. 36; *Graf*, in: Jahrbuch der Sozialwissenschaften 1981 (32), S. 311 ff.; *Haas*, „Essential Facilities Doctrine" und offene Netze (2000), S. 38.

[72] *Klodt/Laaser/Lorz/Maurer*, Wettbewerb und Regulierung in der Telekommunikation (1995), S. 34.

zierung der Telekommunikationstechnologie und die damit einhergehende Produktdifferenzierung auf der Diensteebene und die steigende Nachfrage.[73] Dabei schreitet die technische Entwicklung weiter fort, es wird unter dem Stichwort der Konvergenz[74] insbesondere eine weitere Verschmelzung der Telekommunikations- und Rundfunkmärkte vorausgesagt. Wichtigstes Beispiel ist das Internet als neuer Markt zwischen den klassischen Bereichen der Telekommunikation sowie des Rundfunks und der Printmedien.

Zudem ist ein Monopol geprägt durch *allokative und interne Ineffizienz*: Ersteres bedeutet, dass der Monopolist im Vergleich zu einem im Wettbewerb stehenden Unternehmen dazu tendiert, weniger Güter zu höheren Preisen herzustellen, um seinen Monopolgewinn zu erhöhen. Die *interne Ineffizienz* (bzw. X-Inefficiency oder Produktionsineffizienz) resultiert aus dem fehlenden Anreiz für den Monopolisten, Möglichkeiten der Kostensenkung bzw. Rationalisierung und/oder Produkt- oder Prozessinnovationen[75] durchzuführen.[76] Durch einen möglichen Wettbewerbsdruck könnten diese Ineffizienzen abgebaut sowie die Größen- und Verbundvorteile auch tatsächlich ausgeschöpft werden.[77] Durch die in Folge des Kostendrucks eintretende Kostener-

---

[73] Heute können und werden Telefonnetze zu einer Vielzahl von Nutzungsarten gebraucht und dienen schon lange nicht mehr lediglich dem Telefonieren. Vgl. ausführlich hierzu *Sondhof*, Wirtschaftsdienst 1994, 527, 529; *Haas*, „Essential Facilities Doctrine" und offene Netze (2000), S. 38 f.; *Klodt/Laaser/Lorz/Maurer*, Wettbewerb und Regulierung in der Telekommunikation (1995), S. 50 f.

[74] Hierzu ausführlich in *Europäische Kommission*, Die Konvergenz der Branchen Telekommunikation, Medien und Informationstechnologie und ihre ordnungspolitischen Auswirkungen – Ergebnisse der öffentlichen Konsultation zum Grünbuch, KOM (1999) 108.

[75] So hätte Frankreich wegen des staatlich geförderten Minitel-Systems (vergleichbar dem früheren BTX) beinahe den Anschluss an das Internet verpasst, vgl. *Strassel*, Tagesspiegel v. 23.3.1998, S. 20.

[76] Hierzu *Kruse*, Lizenzierung und Wettbewerb im Mobilfunk (1993), S. 3 ff.; *Stürmer*, Netzzugang und Eigentumsrechte in der Telekommunikation (1997), S. 18 ff.; *C. v. Weizsäcker*, WuW 1997, 572, 576.

[77] Vgl. zu den Wettbewerbsptenzialen *Monopolkommission*, BT-Drs. 13/5309, S. 28; *dies.*, Wettbewerb auf Telekommunikations- und Postmärkten? (1999), S. 27.

sparnis würde dann zumindest ein Teil der Mehrkosten für den parallelen Netzaufbau wieder kompensiert werden können.

Größenvorteile und Netzexternalitäten müssen sich auch nicht notwendig nur als Marktzutrittsschranken auswirken, sondern können beispielsweise in einem funktionierenden Wettbewerb auch Anreize für die Schaffung von Netzübergängen unter den einzelnen Netzen bieten, um die Größe des Gesamtnetzes ausnutzen zu können und so in den Genuss von Kostenvorteilen und gesteigerter Produktivität zu kommen.[78] Lediglich für den etablierten Anbieter gibt es kein strategisches Interesse, durch Schaffung von Netzübergängen oder Netzzugangsmöglichkeiten den Markteintritt alternativer Netzbetreiber oder Dienstleistungsanbieter zu ermöglichen. Sie haben bereits das größte Netz und bedienen alle Kunden, so dass sie die Verbindung mit den alternativen Netzbetreibern nicht benötigen, um für ihre Kunden die any to any connectivity bereitzustellen.[79] Vornehmlich etablierte Anbieter dürften daher ein Interesse haben, den Marktzutritt von Konkurrenten so schwer wie möglich zu gestalten.[80]

Zumindest für den Markt der Fernnetze wird inzwischen angenommen, dass hier ohnehin kein natürliches Monopol (mehr) vorliegt.[81] So hat die Bundespost bereits in den 60er Jahren begonnen, parallele Netzstrukturen aufzubauen.[82] Außerdem bestanden bereits bei Marktöffnung nicht ausgelastete Parallelnetze, z.B. der Energieversorgungsunternehmen oder der Deutschen Bahn. Eine ineffiziente Kostenduplizierung wurde vielmehr gerade als Folge des früheren Netzmonopols festgestellt, während Verbundvorteile wegen der steigen-

---

[78] Vgl. *Haas*, „Essential Facilities Doctrine" und offene Netze (2000), S. 45 m.w.N.

[79] *Geppert/Ruhle/Schuster*, Handbuch Recht und Praxis der Telekommunikation (2002), S. 76.

[80] *Haas*, „Essential Facilities Doctrine" und offene Netze (2000), S. 48 m.w.N.

[81] Vgl. *Freytag/Jäger*, in: Jahrbuch für die Ordnung von Wirtschaft und Gesellschaft 1996, S. 215, 216; *Blankart/Knieps*, Grenzen der Deregulierung im Telekommunikationsbereich (1988), S. 6.

[82] *Blankart/Knieps*, Grenzen der Deregulierung im Telekommunikationsbereich (1988), S. 6; *Jäger*, Zeitschrift für Wirtschaftspolitik 43 (1994), S. 15, 19 f.; *Freytag/Jäger*, in: Jahrbuch für die Ordnung von Wirtschaft und Gesellschaft 1996, S. 215, 216.

den, differenzierten Nachfrage allmählich verloren gingen, da Netze mit verschiedenen Leistungsmerkmalen erforderlich wurden. Relevante Größenvorteile können allenfalls noch auf Nebenstrecken mit geringem Verkehrsaufkommen bestehen.[83] Lediglich für den Ortsnetzbereich wird die Existenz von Größenvorteilen aufgrund des Nachbarschaftseffekts auch in der neueren Literatur diskutiert.[84] Aber auch hier stellt die technische Entwicklung im Markt für kabelgebundene Übertragungswege diesen Befund in Frage, insbesondere die Möglichkeit alternativer Zugänge sowie das steigende Verkehrsaufkommen mit der Nachfrage nach unterschiedlichen Anwendungen und neuen Netzwerkkapazitäten.[85]

2. *Prinzip des offenen Netzzugangs*

An die Stelle der Hinnahme natürlicher Monopole auf Netzmärkten und staatlicher Regulierung bzw. Bedienung des Bedarfs auf diesen Teilmärkten trat daher im Vorgriff auf die Liberalisierung der Telekommunikation der Gedanke des Wettbewerbs in Netzen.[86]

Die Freistellung vom Wettbewerb ist, wie erörtert, weder durch die Gefahr einer ineffizienten Duplizierung der Infrastruktur noch durch das strukturpolitische Ziel der flächendeckenden Versorgung gerechtfertigt. Vielmehr stellen die Telekommunikationsnetze entweder schon keine natürlichen Monopole dar oder sind als solche zumindest

---

[83] Zum Ganzen *Jäger*, Zeitschrift für Wirtschaftspolitik 43 (1994), S. 15, 20.

[84] Vgl. *Tetens/Voß*, Wirtschaftsdienst 1995, 443, 444, *Krüger/Tetens/Voß*, Markteintrittsmöglichkeiten und ordnungspolitische Alternativen für deutsche Telekommunikationsnetzmärkte (1995), S. 62 ff.; *Blankart/Knieps*, Grenzen der Deregulierung im Telekommunikationsbereich (1988), S. 13.

[85] *Freytag/Jäger*, in: Jahrbuch für die Ordnung von Wirtschaft und Gesellschaft 1996, S. 215, 217; *Jäger*, Zeitschrift für Wirtschaftspolitik 43 (1994), S. 15, 20 f.; *Krüger/Tetens/Voß*, Markteintrittsmöglichkeiten und ordnungspolitische Alternativen für deutsche Telekommunikationsnetzmärkte (1995), S. 65 ff.

[86] Hierzu *C. v. Weizsäcker*, WuW 1997, 572, 576; vgl. auch *Kampmann*, Wettbewerbsanalyse der Telekommunikation in Europa (1993).

angreifbar, weshalb sich durch die wettbewerbliche Öffnung Effizienzgewinne erzielen lassen.[87]

Diese wettbewerbliche Öffnung kann dabei durch zwei Maßnahmen erreicht werden: Zum einen können durch Zugangs- und Zusammenschaltungsverpflichtungen die Größen- und Bündelungsvorteile, die zuvor die Marktmacht des etablierten Anbieters gestützt haben, auch den Wettbewerbern zu Gute kommen und so den Marktzutritt von Newcomern ermöglichen.

Zum anderen kann durch die Trennung von reinem Netzmarkt und Dienstleistungsmarkt zumindest ein Wettbewerb im Netz (*intra-System-Wettbewerb*) dort erreicht werden, wo ein Wettbewerb der Netze oder ein Wettbewerb um das Netz (*inter-System-Wettbewerb*) nicht möglich ist. Eine zu große Stärkung des intra-System-Wettbewerbs durch Zugangsrechte vergrößert allerdings wieder die Gefahr einer zu frühen Beendigung des inter-System-Wettbewerbs zwischen verschiedenen technischen Lösungen zugunsten eines etablierten Systems, wodurch wiederum Innovationsvorteile ausbleiben könnten.[88]

Entscheidende Bedeutung für die Öffnung der Telekommunikationsmärkte für den Wettbewerb kommt dabei dem *Netzzugang* zu. Ohne die Möglichkeit, auf das Netz der etablierten Netzbetreiber für ihr eigenes Angebot zurückgreifen zu können, hätten Konkurrenten insbesondere wegen der erforderlichen „any to any connectivity" kaum eine Chance zum erfolgreichen Markteintritt. Erst durch den Netzzugang hat der neu in den Markt eintretende Wettbewerber die Möglichkeit, seinen Kunden unter Nutzung der Anlagen seines Konkurrenten schon bei Markteintritt ein umfassendes Dienstleistungsangebot anzubieten.[89] Der Netzzugang erweitert einerseits das Angebot an Telekommunikationsdiensten. Andererseits hat die Eröffnung des Netzzugangs auch Einfluss auf das Investitionsverhalten bei der Errichtung von Netzen. Dabei wirkt sich der Netzzugang sowohl auf dem abgeleiteten Dienstleistungsmarkt als auch auf dem vorgelagerten

---

[87] *Klimisch/Lange*, WuW 1998, 15, 17.

[88] *Klimisch/Lange*, WuW 1998, 15, 18.

[89] *Haas*, „Essential Facilities Doctrine" und offene Netze (2000), S. 48.

Netz- und Einrichtungsmarkt aus.[90] Von besonderer Bedeutung sind dabei die Zusammenschaltung und der entbündelte Netzzugang.[91]

3. *Theorie monopolistischer Bottlenecks*

Die Öffnung des Telekommunikationsmarkts für den Wettbewerb ist mittlerweile erfolgt und wird in ihrer ersten Stufe als weitgehend abgeschlossen angesehen.[92] Vor diesem Hintergrund wird die auf die Öffnung des Wettbewerbs zielende sektorspezifische (ex-ante) Regulierung zunehmend als nicht mehr erforderlich erachtet und nach neuen ökonomischen Modellen gesucht. Denn jeder Regulierungseingriff zieht Anreizverzerrungen für etablierte wie neue Marktteilnehmer nach sich.[93]

Ein geeignetes ökonomisches Referenzmodell für die neue Marktsituation soll daher zwar die Netzeigenschaften (Größenvorteile, Netzexternalitäten) berücksichtigen, diese aber nicht notwendigerweise automatisch mit Marktmacht gleichsetzen. Dafür ist es nötig, die allgemeinen Wettbewerbsprobleme, die in sämtlichen Wettbewerbsbereichen auftreten können, von der netzspezifischen Marktmacht zu unterscheiden. Ein ökonomischer Regulierungsbedarf besteht nur in solchen Netzbereichen, in denen sowohl Subadditivität als auch hohe Markteintrittsbarrieren bestehen.[94]

---

[90] *Haas*, „Essential Facilities Doctrine" und offene Netze (2000), S. 49 f.

[91] Im Gegensatz zur bloßen Zusammenschaltung erhält der Mitbewerber beim entbündelten Netzzugang Zugang direkt zu der Anschlussleitung zum Kunden, so dass der Mitbewerber allein entscheiden kann, welche Vermittlungstechnik und welche Protokolle er einsetzen möchte und nicht auf die Nutzung der Vermittlungsstelle des Netzbetreibers angewiesen ist. Zum entbündelten Netzzugang im deutschen Recht unten S. 113.

[92] Zu dieser Einschätzung *Knieps*, in: dies. (Hg.), Telekommunikation im Wettbewerb (2001), S. 89; *Immenga/Kirchner/Knieps/Kruse*, in: dies. (Hg.), Telekommunikation im Wettbewerb (2001), S. 5, 8 ff.

[93] Hierzu und zum folgenden *Immenga/Kirchner/Knieps/Kruse*, in: dies. (Hg.), Telekommunikation im Wettbewerb (2001), S. 5, 18 ff.

[94] *Immenga/Kirchner/Knieps/Kruse*, in: dies. (Hg.), Telekommunikation im Wettbewerb (2001), S. 5, 20.

So ist ein effizientes Agieren auch eines Monopolunternehmens nach dem Modell der *bestreitbaren Märkte* („Contestable Markets“) zumindest dort zu erwarten, wo die Markteintrittsbarrieren niedrig sind und der Monopolist daher bei zu hohen Ineffizienzen mit dem Markteintritt eines Konkurrenten rechnen muss. Hier erreicht also die potenzielle Konkurrenz bereits die gleichen Wirkungen wie die tatsächliche Konkurrenz in einem wettbewerblichen Markt. Ein Regulierungsbedarf besteht danach nur, wenn die Markteintrittsbarrieren hoch genug sind, so dass eine Resistenz der Marktstellung des etablierten Unternehmens eintritt und somit die potenzielle Konkurrenz keine Disziplinierungswirkung mehr auf das etablierte Unternehmen ausübt.

Diese Resistenz erstreckt sich aber meistens nicht auf den gesamten Netzsektor, sondern tritt nur in bestimmten Netzbereichen, insbesondere in lokalen Netzen, auf. Der Markt für die über die Netze angebotenen Güter ist hingegen in der Regel wettbewerblich organisiert oder zumindest bestreitbar. Diese Bereiche resistenter Monopole können in Netzen zu stabiler Marktmacht führen und werden dort als monopolistische Engpasseinrichtungen oder *monopolistische Bottlenecks* bezeichnet.[95] Ein monopolistischer Bottleneck liegt vor, wenn zwei Bedingungen erfüllt sind:[96]

(1) Die Einrichtung ist unabdingbar, um Kunden zu erreichen, es ist also keine Zweiteinrichtung (aktives Substitut) verfügbar, über welche die Kunden alternativ zu erreichen sind. Dies ist in Netzen dann der Fall, wenn aufgrund netzspezifischer Bündelungsvorteile eine natürliche Monopolsituation vorliegt, also ein Anbieter diese Einrichtung kostengünstiger herstellen kann als mehrere Anbieter.

(2) Die Einrichtung kann auch nicht mit angemessenen Mitteln dupliziert werden, um den etablierten Anbieter zu disziplinieren, es ist also auch kein potenzielles Substitut verfügbar. Dies ist dann anzunehmen,

---

[95] *Immenga/Kirchner/Knieps/Kruse*, in: dies. (Hg.), Telekommunikation im Wettbewerb (2001), S. 5, 23; *Knieps*, ebenda, S. 89, 90 ff.

[96] *Knieps*, in: Immenga/Kirchner/Knieps/Kruse (Hg.), Telekommunikation im Wettbewerb (2001), S. 89, 92.

wenn die Kosten des Netzaufbaus irreversibel sind und somit Marktzutrittsschranken bestehen.

Die Kombination dieser beiden Faktoren gibt Spielraum für strategisches Verhalten der etablierten Anbieter, das Ineffizienzen nach sich ziehen kann, da diese Anbieter wegen der versunkenen Investitionen niedrigere entscheidungsrelevante Kosten haben als die potenziellen Wettbewerber.

Fehlt eine solcherart gekennzeichnete spezifische Marktmacht, bedarf es aus wohl herrschender ökonomischer Sicht keiner sektorspezifischen Regulierung. Private Verhandlungen über die Bedingungen der Zusammenschaltung können aufgrund des aktiven oder zumindest potenziellen Wettbewerbs unreguliert bleiben und der allgemeinen Wettbewerbsaufsicht nach dem GWB überlassen werden.

Lediglich bei Vorhandensein eines monopolistischen Bottlenecks ist mangels Ausweichmöglichkeiten der Verhandlungsprozess gestört. Hier könnte es ohne Regulierung zu einer Verweigerung des Marktzutritts oder einer Bereitstellung des Netzzugangs nur zu überhöhten Zusammenschaltungsbedingungen kommen. Im Rahmen der Bottleneck-Regulierung ist dabei zu berücksichtigen, dass diese auch Auswirkungen auf das Funktionieren des Wettbewerbs auf den komplementären Märkten haben kann, auch wenn diese nicht durch spezifische Marktmacht gekennzeichnet sind.[97]

Im Telekommunikationssektor sind monopolistische Bottlenecks beim heutigen Stand der Technik nur noch im Bereich der Teilnehmeranschlussnetze (*Access Networks*) zu verzeichnen, während die Verbindungsnetze (*Core Networks*) durch funktionierenden Wettbewerb gekennzeichnet sind. Einen Bottleneck kann dabei insbesondere der Sektor der *letzten Meile* (bzw. Local Loop), d.h. die Verbindung zwischen Hausanschluss und dem ersten konzentrierenden Element des Netzes (Teilnehmervermittlungsstelle bzw. abgesetzte Kon-

[97] *Immenga/Kirchner/Knieps/Kruse*, in: dies. (Hg.), Telekommunikation im Wettbewerb (2001), S. 5, 25.

zentratoreinheit), darstellen.[98] Aber selbst in diesem Bereich ist zumindest in Ballungszentren der parallele Marktzutritt alternativer Anbieter zu verzeichnen, so dass auch bei diesen Bottlenecks ein allmähliches Abklingen der Resistenz zu verzeichnen ist.[99] Es ist daher zumindest vorstellbar, dass auch die Teilnehmeranschlussnetze ihre Eigenschaft eines monopolistischen Bottlenecks verlieren können.[100]

4. Disaggregierter Regulierungsansatz

Von dem Vorliegen einer netzspezifischen Marktmacht ist die Frage einer möglichen Übertragung dieser Marktmacht auf komplementäre Teilbereiche zu unterscheiden. In der Netzökonomie wurde hierzu der disaggregierte Regulierungsansatz entwickelt, der gerade jene Netzbereiche, in denen aktiver oder potenzieller Wettbewerb besteht, von den Bereichen, die Bottlenecks darstellen, unterscheidet.

Die Annahme dieses Ansatzes ist, dass nur durch eine maßgeschneiderte Regulierung der Bottleneckbereiche auch eine Übertragung der hier bestehenden Marktmacht auf komplementäre Märkte unterbunden werden kann.[101] Inhalt der Regulierung sind der diskriminierungsfreie Zugang der (aktiven und potenziellen) Wettbewerber zu den Bottlenecks, damit der Wettbewerb auf allen komplementären Märkten umfassend zum Zuge kommen kann,[102] und eine disaggregierte Preisregulierung in Form der Price-Cap-Regulierung im Engpassbereich. Bei

---

98 *Immenga/Kirchner/Knieps/Kruse*, in: dies. (Hg.), Telekommunikation im Wettbewerb (2001), S. 5, 37.

99 *Immenga/Kirchner/Knieps/Kruse*, in: dies. (Hg.), Telekommunikation im Wettbewerb (2001), S. 5, 6 ff.

100 *Immenga/Kirchner/Knieps/Kruse*, in: dies. (Hg.), Telekommunikation im Wettbewerb (2001), S. 5, 38.

101 Vgl. *Immenga/Kirchner/Knieps/Kruse*, in: dies. (Hg.), Telekommunikation im Wettbewerb (2001), S. 5, 48 f.; *Knieps*, in: Immenga/Kirchner/Knieps/Kruse (Hg.), Telekommunikation im Wettbewerb (2001), S. 89, 94 f.

102 *Knieps*, in: Immenga/Kirchner/Knieps/Kruse (Hg.), Telekommunikation im Wettbewerb (2001), S. 89, 97.

der Price-Cap-Regulierung handelt es sich um eine Form der Preisregulierung, die weitgehend auf die Kontrolle interner Unternehmensdaten verzichtet. Es wird vielmehr dem Unternehmen ex ante eine Obergrenze für das zulässige Preisniveau gesetzt, die sich an der Inflationsrate und dem Produktivitätsfortschritt orientiert. Das Unternehmen kann hierbei die Preisstruktur völlig frei wählen, solange der gewichtete Preis seiner Leistungen mit dem zulässigen Preisniveau vereinbar ist. Die Price-Cap-Regulierung muss durch eine Verpflichtung zur getrennten Rechnungslegung für die übrigen Bereiche untermauert werden.[103]

Die Gefahr, dass der etablierte Anbieter durch entsprechende Preissetzung bei Rücknahme der bisherigen Regulierung auf die Bottleneck-Regulierung eine Verdrängung der Wettbewerber versucht („*Predatory Pricing*")[104], wird dabei als gering erachtet.[105]

V. Zwischenergebnis

Der Ansatz, Netze insgesamt als natürliche Monopole zu betrachten und aus diesem Grund staatlicher Aufsicht zu unterstellen, wird in der neueren wirtschaftswissenschaftlichen Literatur als überholt angesehen. Zwar zeichnen sich Netze durch verschiedene Besonderheiten auf der Kosten- und der Nutzenseite (verschiedene Größen- und Bündelungsvorteile, Distanzkostendegression, Spezifität der Investitionen und Netzexternalitäten) aus, die ein etabliertes Netz gegenüber neu auf den Markt drängenden Konkurrenten nur schwer angreifbar machen: Ein einzelnes großes Netz kann die gleichen Leistungen effektiver erbringen, als dies mit mehreren kleineren aber untereinander nicht verknüpften Netzen, die in der Summe die gleiche Größe hätten,

---

103 *Knieps*, in: Immenga/Kirchner/Knieps/Kruse (Hg.), Telekommunikation im Wettbewerb (2001), S. 89, 97 f.

104 Hierzu *Kruse*, in: Immenga/Kirchner/Knieps/Kruse (Hg.), Telekommunikation im Wettbewerb (2001), S. 111, 123 ff.

105 *Kruse*, in: Immenga/Kirchner/Knieps/Kruse (Hg.), Telekommunikation im Wettbewerb (2001), S. 111, 126 f.

möglich wäre. Der Nutzen des einzelnen Netzbenutzers steigt überproportional mit der Größe des Netzes.

Diese Besonderheiten haben aber nur in bestimmten Bereichen der Netze tatsächlich monopolfördernde Wirkungen (monopolistische Bottlenecks), die allerdings auf die übrigen Netzbereiche ausstrahlen können. In den übrigen Bereichen ist grundsätzlich ein Wettbewerb möglich, entweder durch den Aufbau paralleler Netzstrukturen oder zumindest durch entsprechende Drohungen. Ein etabliertes Netz kann durch Regulierung für den Wettbewerb geöffnet werden. Hierzu ist einerseits die Verpflichtung des etablierten Netzbetreibers zur Zusammenschaltung und zur Gewährung von Netzzugang nötig, andererseits die Regulierung der Entgelte.

Neuere Theorien gehen dabei insbesondere davon aus, dass eine Regulierung allein der monopolistischen Bottlenecks ausreicht, um Wettbewerb im gesamten Netz sicherzustellen. In den übrigen Bereichen ist freier Wettbewerb möglich und muss lediglich die herkömmliche wettbewerbsrechtliche Missbrauchsaufsicht stattfinden (disaggregierter Regulierungsansatz). Eine Regulierung der Netzbereiche, die keine monopolistischen Bottlenecks beinhalten, würde hingegen wettbewerbshemmend und somit für das Netz nachteilig wirken.

Die jüngere Entwicklung des Telekommunikationsrechts ist durch die Auflösung der bislang bestehenden Monopole und die weitgehende Öffnung der Telekommunikationsmärkte für den Wettbewerb gekennzeichnet. Ihren Anfang nahm diese Entwicklung in den USA, wurde dann innerhalb der EU, insbesondere in Großbritannien, aufgegriffen und schließlich – weitestgehend aufgrund europarechtlicher Vorgaben – in den übrigen Mitgliedstaaten umgesetzt.

A. Entwicklung des Telekommunikationsrechts in den USA

I. Entwicklung bis zum Kartellverfahren gegen AT&T Bell

In den USA[106] war der Telekommunikationsmarkt ursprünglich im wesentlichen durch das Monopol der Gesellschaft AT&T Bell geprägt. Dieser Konzern war gegen Ende des 19. Jahrhunderts aus einer Gründung Graham Bells entstanden und hatte sich in kurzer Zeit eine

---

[106] Vgl. zur Liberalisierung des Netzzugangs in den USA auch *Sullivan*, the US, the EU, the WTO and telecom competition, in: FS-Fikentscher (1998), S. 1062, 1067 ff.; *Märkl*, Netzzusammenschaltung in der Telekommunikation (1998), S. 67 ff.; *Rudolf*, Das Recht auf Netzzugang in der Telekommunikation (2001), S. 21 ff.; *Lake*, Interconnection and other key issues for the liberalization of telecommunications markets: the US-experience, in: Immenga/Lübben/Schwintowski (Hg.), Telekommunikation: Vom Monopol zum Wettbewerb (1998), S. 67 ff.; *Windthorst*, Regulierungsansätze im deutschen und US-amerikanischen Telekommunikationsrecht, CR 1998, 281 ff. u. 340 ff.; *Wemmer*, Marktstruktur und Wettbewerbsbedingungen im US-Medienrecht, K&R 1998, 137 ff.; *Moritz/Neus*, TKG und US Telecommunications Act, CR 1997, 239; *Gewessler*, Das neue US-Telekommunikationsgesetz, CR 1996, 626 ff.; *Haar*, Offener Netzzugang in der Telekommunikation, CR 1996, 713 ff.; *dies.*, Marktöffnung in der Telekommunikation (1995), S. 31 ff.; *Voeth*, Entmonopolisierung von Märkten – das Beispiel Telekommunikation (1996), S. 66; *Kreile*, Das neue amerikanische Telekommunikationsrecht, ZUM 1996, 227 ff.; *Sondhof/Theurer*, Wettbewerb in den lokalen Fernmeldemärkten – dargestellt am Beispiel USA, WuW 1996, 177 ff.; *Scherer*, Telekommunikationsrecht und Telekommunikationspolitik (1985), S. 205 ff.

Vielzahl der lokalen und regionalen Telekommunikationsanbieter einverleibt. AT&T Bell versorgte zwar nur etwa 40% der Fläche des Landes, erzielte damit aber einen Umsatzanteil von ca. 80%.[107] Zwar existierte in den USA mit dem Sherman-Act seit 1890 ein strenges Kartellgesetz. Im Blickpunkt der amerikanischen Kartellaufsicht standen zunächst jedoch andere Märkte und Monopole, etwa Standard Oil oder der Rockefeller-Trust. Auf dem sehr jungen Telekommunikationssektor konnte sich AT&T Bell über 70 Jahre eine Monopolstellung sichern.

Typisch für den US-amerikanischen Markt war dabei die vertikale Integration der Anbieter: Sie betrieben nicht nur die Netze und stellten die Endgeräte zur Verfügung, sondern boten auch die netzbasierten Dienstleistungen an und stellen die wesentlichen Telekommunikationseinrichtungen selber her. So gehörte zum AT&T Bell Konzern mit Western Electric auch einer der größten Gerätehersteller der Welt.[108] Bei AT&T als ehemaligem Inhaber der (1893 bzw. 1894 ausgelaufenen) Patente für das Bell-Telefonsystem ist dies wohl teilweise historisch zu begründen. Diesem Aufbau sind dann die wesentlichen Konkurrenten von AT&T gefolgt.[109] Die jeweiligen „common carriers“ hatten für ihren Bereich jeweils ein Monopol, das bis hin zu den Endgeräten ging.[110] Der Anschluss von Fremdgeräten war durch die Tarifbedingungen untersagt. Dieses Endgerätemonopol wurde mit der Carterfone-Entscheidung der Federal Communications Commission (FCC)[111] im Jahre 1976 aufgelöst. Die Kunden erhielten das Recht,

---

[107] Vgl. *Knieps/Müller/von Weizsäcker*, Die Rolle des Wettbewerbs im Fernmeldebereich (1981), S. 36.

[108] *Knieps/Müller/von Weizsäcker*, Die Rolle des Wettbewerbs im Fernmeldebereich (1981), S. 37.

[109] *Knieps/Müller/von Weizsäcker*, Die Rolle des Wettbewerbs im Fernmeldebereich (1981), S. 37.

[110] *Federal Communications Commission*, FCC Docket 20 003, First Report (1976).

[111] Näher hierzu *Knieps/Müller/von Weizsäcker*, Die Rolle des Wettbewerbs im Fernmeldebereich (1981), S. 41.

auch von Drittanbietern beschaffte Geräte an ihren Telefonanschluss (zunächst allerdings nur über sog. „Schutzkoppler“) anzuschließen.[112]

1972 begann ein Kartellverfahren gegen AT&T mit dem Ziel, die so entstandenen geschlossenen Märkte für den Wettbewerb zu öffnen und den Monopolisten AT&T zu entflechten. Dieses Verfahren wurde erst 1982 durch eine gerichtliche Einigung zwischen AT&T Bell und dem Justizministerium (dem sog. „modified final judgement" - MFJ bzw. „AT&T consent decree") beendet. Der Kartellvorwurf bestand darin, dass AT&T auf dem Markt für Fernverbindungen und für die Herstellung von Kommunikationsendgeräten ein Monopol aufgebaut und ausgenutzt haben sollte. Inhalt der Einigung war die schließlich 1984 vollzogene Aufteilung von AT&T Bell in die heutige AT&T und sieben regionale Telefongesellschaften (die „Regional Bell Operating Companies" - RBOCs). Diesen kam die Aufgabe der Grundversorgung mit Telefoneinrichtungen sowie die Vermittlung von Orts- und Regionalgesprächen zu. Der Restkonzern, die heutige AT&T, bediente den Markt für Ferngespräche sowie Mehrwertdienste.[113] Ein Engagement der Ortsnetzbetreiber auf dem Markt für Fernverbindungen und umgekehrt wurde - zumindest faktisch - untersagt.[114] Ebenfalls der Rest-AT&T zugeschlagen wurde die Entwicklungsabteilung, die Bell-Laboratories. Aufgrund der Beschränkung der AT&T auf den Bereich Mehrwertdienste und Ferngespräche begann der Markt für die Datenfernübertragung in den Mittelpunkt der Geschäftspolitik zu rü-

---

[112] Vor 1976 hatte es hier nur zwei Ausnahmen gegeben: 1947 wurde durch die FCC der Anschluss von Anrufbeantwortern erlaubt, die durch die Netzbetreiber nicht zur Verfügung gestellt wurden (11 FCC 1033, 1947), und mit der „Hush-A-Phone-Entscheidung“ erlaubte die FCC das Anbringen von Schalldämpfern am Telefonhörer.

[113] Hierzu und zum folgenden *Henck/Strassburg*, A slippery slope. The long road to the breakup of AT&T (1988); *Wieland*, Die Entflechtung des amerikanischen Fernmeldemonopols (1985); *Koenig/Kühling*, in: dies. (Hg.), Liberalisierung der Telekommunikationsordnungen (2000), S. 100 f.

[114] *Gewessler*, Das neue US-Telekommunikationsgesetz, CR 1996, 626, 630; *Haar*, Marktöffnung in der Telekommunikationswirtschaft (1995), S. 155 ff.

cken. In der Folgezeit legte AT&T die Grundlagen für die heutigen modernen Datennetzwerke.[115]

II. Telecommunications Act von 1996

1996 wurde der Telekommunikationssektor in den USA, diesmal ohne einen Anschub durch die Kartellbehörde, durch den Telecommunications Act 1996 nochmals neugeordnet.[116] Nachdem das Ziel des Kartellverfahrens gegen AT&T Bell u.a. in der Zerschlagung des Monopols auf dem Markt für Fernverbindungen lag, sollten nun die Voraussetzungen für einen freien Wettbewerb auch auf den anderen Telekommunikationsmärkten (Ortsgespräche, Mehrwertdienste etc.) geschaffen werden. Hintergrund waren die neueren oben beschriebenen ökonomischen Erkenntnisse, dass es sich entgegen früherer Annahmen auch bei den Ortsnetzen nicht um natürliche Monopole handelt, sondern – zumindest bezogen auf die Telekommunikationsdienste – Wettbewerb möglich ist.[117] Der Telecommunications Act 1996 regelte daher Auflagen zur Netzzusammenschaltung sowie zur Bereitstellung eigener Übertragungsleitungen für Wettbewerber. Die Ortsnetzbetreiber erhielten die Erlaubnis, sich auch auf dem Markt für Ferngespräche zu beteiligen nur unter der Bedingung, dass sie bezüglich der Öffnung ihrer eigenen Netze sowie zur Verhinderung von Quersubventionierungen bestimmten Mindestanforderungen genügen mussten. Gleichzeitig wurden die bundesweite (Federal Communications Commission – FCC) und örtlichen (Public Utilities Commissions – PUCs) Aufsichts- und Genehmigungsbehörden verpflichtet, Lizenzen großzügiger zu vergeben. Der sachliche Anwendungsbereich des Tele-

---

[115] *Cole*, After the break-up. Assessing the new post AT&T divestiture era (1991); *Schlesinger*, Chronicles of corporate change. Management Lessons from AT&T and its offspring (1987).

[116] *Koenig/Kühling*, in: dies. (Hg.), Liberalisierung der Telekommunikationsordnungen (2000), S. 101. Siehe auch *Pospischil*, Repositionierung von AT&T. Eine Analyse zur Entwicklung von 1983 bis 1998 (1998).

[117] Zu den wirtschaftswissenschaftlichen Theorien in Bezug auf Netzmärkte ausführlich Seite 18.

communications Act beschränkt sich dabei nicht nur auf den herkömmlichen Bereich der Sprachtelefonie, sondern unterwirft grundsätzlich alle Formen der Kommunikation dem selben Rechtsregime. Eine regulatorische Unterscheidung zwischen Orts- und Ferngesprächsmärkten, Fest- und Mobilfunknetzen und -diensten, Basis- und Mehrwertdiensten etc. findet nicht (mehr) statt; auch die Übertragung von Fernsehen und Hörfunk über Netze unterfällt dem Telecommunications Act.

Im Zuge des technischen Fortschritts wird außerdem in den USA seit 1999 die Frage aufgeworfen, inwieweit Internet Service Provider Zugang zu den Breitbandkabelnetzen erhalten können. Dienten die Breitbandnetze früher ausschließlich der Übertragung von Rundfunksendungen, waren sie zwischenzeitlich zu „Full Service Networks" ausgebaut worden, die insbesondere durch die Rückkanalfähigkeit auch für den Internetzugang genutzt werden können. Dadurch steht mit dem Breitbandkabel eine breitbandige Überbrückungsmöglichkeit für die Teilnehmeranschlussleitungen („letzte Meile") zu Verfügung.[118]

III. Regelungen im Einzelnen

Newcomern auf dem Telekommunikationsmarkt wurden mit dem Telecommunications Act 1996 drei Möglichkeiten eröffnet, dem Markt beizutreten: Neben der Möglichkeit, eigene Netze aufzubauen, konnten sie als reine Reseller bei den Netzbetreibern aufgekaufte Telefonminuten weiter veräußern. Außerdem wurden die bisherigen Monopolisten verpflichtet, ihren Konkurrenten Leitungen zu vermieten und ihre Netze mit deren Netzbestandteilen zusammenzuschalten.[119] Des weiteren wurden die einzelnen Kommunikationsinfrastrukturen untereinander geöffnet, indem die Ortsnetze auch für die Betreiber von

---

[118] Ausführlich hierzu *Wagner*, MMR 2001, 659 ff.

[119] Vgl. *Federal Communications Commission*, Implementation of the local competition provisions in the telecommunications act of 1996, first report and order, FCC 96-325, zit. nach *Krattenmaker*, Telecommunications law and policy (1998), S. 427 ff.

Fernsehkabeln und die Fernvermittler zugänglich gemacht wurden und umgekehrt Telefongesellschaften die Vermittlung von Rundfunksendungen gestattet wurde. Der Wettbewerb wurde dadurch, entsprechend den aus der Konvergenz im Telekommunikationssektor erwachsenen Möglichkeiten, auf alle Kommunikationsnetze erweitert.[120]

In formeller Hinsicht bedarf es für den Betrieb öffentlicher Telekommunikationsnetze einer Lizenz, deren Erteilung an bestimmte gesetzliche Vorgaben gebunden ist. Hierzu zählen insbesondere bestimmte Mindestanforderungen bezüglich der Öffnung der Netze für Wettbewerber und der Verhinderung von Quersubventionierungen zwischen einzelnen Geschäftsbereichen, aber auch die Auferlegung von Universaldienstbeiträgen.[121] Bei Verstößen gegen die gesetzlichen Anforderungen stehen den Aufsichtsbehörden verschiedene Instrumente zur Verfügung: neben dem Widerruf der Lizenz insbesondere die Auferlegung von Sanktionen wie Strafgeldern etc.[122] Neben der Lizenzerteilung obliegt den Aufsichtsbehörden die Regulierung des Telekommunikationsmarktes. Dazu zählen an spezifischen Regulierungsaufgaben zum einen die Überwachung der Zusammenschaltung und Interoperabilität und zum anderen die Entgeltregulierung. Darüber hinaus zählt zu den Aufgaben der Regulierungsbehörden die allgemeine Wettbewerbsaufsicht auf dem Telekommunikationssektor.[123]

Die Überwachung des Telekommunikationssektors liegt dabei in den Zuständigkeitsbereichen verschiedener Behörden, vor allem der seit 1934 bestehenden Bundesaufsichtsbehörde Federal Communications Commission (FCC), die für die Lizenzerteilung bezüglich aller bun-

---

[120] *Koenig/Kühling*, in: dies. (Hg.), Liberalisierung der Telekommunikationsordnungen (2000), S. 102.

[121] Zu letzterem *Windthorst*, Der Universaldienst im Bereich der Telekommunikation (2000), S. 519 ff.

[122] Ausführlich *Koenig/Kühling*, in: dies. (Hg.), Liberalisierung der Telekommunikationsordnungen (2000), S. 115 ff.

[123] Näher *Koenig/Kühling*, in: dies. (Hg.), Liberalisierung der Telekommunikationsordnungen (2000), S. 119 ff., 123 ff., 127 ff.

desstaatsübergreifender Telekommunikationsbetreiber – und somit für den Großteil der zu erteilenden Lizenzen – zuständig ist, da auch regionale Telefongesellschaften regelmäßig zusätzlich bundesstaatsübergreifende Dienste anbieten.[124] Daneben existieren die regionalen PUCs, die die ausschließlich auf einen Bundesstaat begrenzt agierenden Telkommunikationsgesellschaften überwachen.[125]

Gegen die Maßnahmen der Aufsichtsbehörden stehen den betroffenen Unternehmen zahlreiche Rechtsschutzmöglichkeiten offen.[126] Die Art des Beschwerdeverfahrens, die Zuständigkeiten und der Instanzenzug sind dabei abhängig von der jeweils angegriffenen Entscheidung. Dies hat in der Praxis dazu geführt, das zahlreiche regulierende Eingriffe der Aufsichtsbehörden erst mit einigen Jahren Verzögerung Wirksamkeit erlangen konnten, da insbesondere die alteingesessenen Telekommunikationsunternehmen die Klagemöglichkeiten dazu genutzt haben, die Öffnung Ihrer Netze für Konkurrenten hinauszuzögern.[127]

Die Entgeltregulierung[128] erfolgt bezüglich der Zugangsentgelte für Fernverbindungen, zumindest bei den großen sog. Incumbent Local Exchange Carriern (ILECs), in einem Price-Cap-Verfahren.[129] Die ILECs müssen derzeit etwa einmal im Jahr einen Antrag auf Genehmigung stellen, und ihre Zugangsentgelte dabei um durchschnittlich einen Prozentpunkt reduzieren. Der Grund für die Wahl des Price-

---

[124] *Koenig/Kühling*, in: dies. (Hg.), Liberalisierung der Telekommunikationsordnungen (2000), S. 104. Die FCC wurde aufgrund ihrer starken Position auch schon als „Patriarchin unter den Telekommunikationsbehörden der OECD-Staaten“ (FAZ v. 29.3.1999, S. 36) bezeichnet.

[125] *Koenig/Kühling*, in: dies. (Hg.), Liberalisierung der Telekommunikationsordnungen (2000), S. 114.

[126] Einen Überblick geben *Koenig/Kühling*, in: dies. (Hg.), Liberalisierung der Telekommunikationsordnungen (2000), S. 131 ff.

[127] *Koenig/Kühling*, in: dies. (Hg.), Liberalisierung der Telekommunikationsordnungen (2000), S. 137.

[128] Näher hierzu *Koenig/Kühling*, in: dies. (Hg.), Liberalisierung der Telekommunikationsordnungen (2000), S. 123 ff.

[129] Hierzu oben Seite 43.

Cap-Verfahrens ist insbesondere darin zu sehen, dass über diese Zugangsentgelte teilweise die Quersubventionierung auferlegter Universaldienstleistungen erfolgt, so dass eine Entgeltfestsetzung anhand der Einzelkosten nicht möglich ist.

Im übrigen findet die Entgeltregulierung nach der Methode der Rate-Of-Return-Regulierung statt. Diese stellt auf die tatsächlichen Kosten zuzüglich einer angemessenen Rendite für die getätigten Investitionen ab, die anhand des Zinssatzes für langfristige Kapitalkosten für Investitionen berechnet wird.[130] Die Entgelte für entbündelte Netzelemente werden nach einer von der FCC entwickelten sog. Total Element Long Run Incremental Cost-Methode (TELRIC) reguliert. Die angemessenen Kosten für die Wiederverkäufer werden dabei anhand von allgemeinen oder festgelegten Mengenrabatten, die sich aus den Long Run Incremental Costs (Marketing, Billing etc.) ergeben, ermittelt.[131]

Die Frage, welche Marktteilnehmer Zusammenschaltungspflichten unterliegen, d.h. Konkurrenten Zugang zu ihrem Netz gewähren müssen, hängt primär von deren früherer bzw. jetziger Marktstellung ab. Je stärker die Marktmacht eines Unternehmens ist, in desto größerem Umfang unterliegt es der Zusammenschaltungspflicht. Jedes Telekommunikationsunternehmen trifft dabei die Pflicht, seine Telekommunikationsinfrastruktur mit derjenigen eines Wettbewerbers zusammenzuschließen und gewisse technische Standards zur Gewährleistung der Interoperabilität einzuhalten. Einer echten Zusammenschaltungsregulierung unterliegen hingegen nur die Ortsnetzbetreiber (Local Exchange Carriers – LECs). Ihnen ist insbesondere untersagt, den Wiederverkauf ihrer Telekommunikationsdienste zu verhindern.[132] Die Incumbent Local Exchange Carriers (ILECs) sind darüber hinaus verpflichtet, die Zusammenschaltung ihrer Netze mit denen jedes anderen Telekommunikationsunternehmens an jedem technisch geeigne-

---

[130] *Wilmer, Cutler & Pickering* (Hg.), Telekommunikations- und Medienrecht in den USA (2000), S. 26.

[131] Zur ökonomischen Kritik an der TELRIC-Methode *Sidak/Spulber*, Columbia Law Rev. 97 (1997), 1081; *Hausman*, MMR-Beilage 3/1999, 22.

[132] Näher hierzu *Windthorst*, Der Universaldienst im Bereich der Telekommunikation (2000), S. 513.

ten Punkt zu ermöglichen, wobei die Vertragsbedingungen ebenso wie die für die Bereitstellung der Dienste verlangten Entgelte angemessen und diskriminierungsfrei sein müssen. Zudem müssen die ILECs ihren Konkurrenten einen entbündelten Zugang zu einzelnen Netzelementen (Unbundled Network Elements – UNEs), ebenfalls an jeder technische geeigneten Stelle und zu angemessenen und diskriminierungsfreien Preisen und Bedingungen, ermöglichen.[133] Diese Verpflichtung wurde allerdings vom US Supreme Court einschränkend dahingehend ausgelegt, dass nur solche Netzelemente erfasst seien, die nicht anderweitig zur Verfügung stünden.[134] Schließlich müssen alle ILECs ihre Telekommunikationsdienste auch zu Großhandelspreisen anbieten und müssen diese Angebote veröffentlichen. Auf den Ferngesprächsmärkten findet über die allgemeine Zusammenschaltungspflicht hinaus nur die bereits erwähnte Regulierung der der Finanzierung der Universaldienstleistungen dienenden Zusammenschaltungsentgelte statt.

B. Jüngere Entwicklung des Telekommunikationsrechts innerhalb der EG

Im Gegensatz zu den USA mit dem Privatmonopol von AT&T Bell waren die Telekommunikationsmärkte in den Mitgliedstaaten der Europäischen Union mehrheitlich durch staatliche Monopole geprägt. Wie auch in Deutschland lag der gesamte Bereich der Telekommunikation regelmäßig einheitlich in der Hand eines Staatsunternehmens. Ausgehend von den ersten Erfahrungen in Großbritannien und den USA mit dem Wettbewerb auf dem Telekommunikationssektor, der gewandelten Anschauung von Infrastrukturnetzen und deren Wettbewerbsfähigkeit in den Wirtschaftswissenschaften[135] sowie der marktwirtschaftlichen und wettbewerbsfördernden Grundausrichtung der EG-Verträge und der EG-Politik begannen Ende der 80er Jahre auch

[133] *Koenig/Kühling,* in: dies. (Hg.), Liberalisierung der Telekommunikationsordnungen (2000), S. 119 f.

[134] Vgl. *Wilmer, Cutler & Pickering* (Hg.), Telekommunikations- und Medienrecht in den USA (2000), S. 32 m.w.N.

[135] Hierzu näher oben Seite 27 ff.

auf europäischer Ebene die Vorarbeiten für eine Privatisierung des Telekommunikationssektors mit dem Ziel eines wettbewerbsorientierten Telekommunikationsmarktes. Die letzte Stufe der EG-Telekommunikationspolitik bilden die im Jahr 2002 neu erlassenen Telekommunikationsrichtlinien, die in den Mitgliedstaaten noch umgesetzt werden müssen.[136] Diese zeichnen insbesondere die Konvergenz-Tendenzen nach und sind daher in ihrem Anwendungsbereich nicht mehr auf reine Telekommunikationsnetze im herkömmlichen Sinn beschränkt, sondern schaffen einen einheitlichen Rechtsrahmen für alle elektronischen Kommunikationsnetze und Kommunikationsdienste.

I. Großbritannien als Vorreiter der Liberalisierung in Europa

1. Entwicklung

Vorreiter bezüglich der Liberalisierung der Telekommunikationsmärkte in Europa war Großbritannien.[137] Erste Schritte zur Privatisierung wurden hier bereits 1980 mit der Trennung von Post und Telekommunikationsdiensten in Royal Mail und British Telecom und der Abschaffung des Endgerätemonopols gemacht. 1982 wurde die erste Lizenz für den Aufbau eines konkurrierenden Telekommunikationsnetzes an einen privaten Wettbewerber vergeben. Mit dem Telecommunications Act 1984 wurde schließlich die vollständige Liberalisierung des Telekommunikationsmarktes eingeleitet, begleitet von der 1993 abgeschlossenen Privatisierung der British Telecom[138].

Ursprünglich erfolgte die Liberalisierung in Großbritannien unter der Prämisse, den Wettbewerb vornehmlich als Infrastrukturwettbewerb,

---

[136] Hierzu unten Seite 70 ff.

[137] Ausführlich hierzu *Bock*, Die Regulierung der britischen Telekommunikationsmärkte (1995), S. 29 ff.

[138] Seit 1993 hielt die britische Regierung nur noch eine Spezialaktie, die ihr gewisse Kontrollrechte einräumte. Diese wurde schließlich 1997 verkauft.

also als Wettbewerb zwischen verschiedenen Infrastrukturanbietern, in Gang zu setzten.

Der Gedanke des Dienstleistungswettbewerbs, also des Wettbewerbes auch zwischen Dienstleistungsanbietern innerhalb derselben Infrastruktur, wurde erst in jüngerer Zeit (ergänzend) zum Ziel der britischen Telekommunikationspolitik.[139] Dementsprechend wurde auch erst im April 1999 – in Umsetzung der Zusammenschaltungsrichtlinie 97/33/EG[140] – die Vergabe einer Lizenz mit dem uneingeschränkten Recht auf Zusammenschaltung mit dem Netz der British Telecom nicht mehr an die Bedingung geknüpft, dass der Betreiber sich zum Aufbau eigener Übertragungswege verpflichtete. Die Berechtigung – und gleichzeitig Verpflichtung – zur Zusammenschaltung ergibt sich nunmehr aus der Aufnahme in eine sog. Annex II-Liste.[141] Aber auch die Anforderungen für die Aufnahme in diese Liste sind für reine Diensteanbieter nach wie vor nur schwer zu erfüllen.[142]

2. Regelungen im Einzelnen

Das wesentliche Regulierungsinstrument in Großbritannien ist die Lizenzierung der Telekommunikationsunternehmen.[143] Gemäß Sec. 2 Telecommunications Act 1984 unterliegen der Betrieb von Telekommunikationssystemen ohne Lizenz sowie das Zusammenschalten oder Anschließen unlizenzierter Telekommunikationssysteme an lizenzierte Systeme sowie das Anbieten von Telekommunikationsdienstleitungen über ein Telekommunikationssystem ohne entsprechende Lizenz einem strafbewehrten Verbot. Bezüglich reiner Dienst-

---

[139] *Koenig/Kühling*, in: dies. (Hg.), Liberalisierung der Telekommunikationsordnungen (2000), S. 21.

[140] ABl. 1997 Nr. L 199/32. Näher zum Europäischen Telekommunikationsrecht unten Seite 60 ff.

[141] Diese ist abrufbar unter http://www.oftel.gov.uk/ind_info/licensing/smp2.htm.

[142] *Koenig/Kühling*, in: dies. (Hg.), Liberalisierung der Telekommunikationsordnungen (2000), S. 22 m.w.N.

[143] *Humpert*, K&R 1999, 457, 460.

leistungen ist die Lizenzpflicht beschränkt auf Vermittlungsdienste für die Öffentlichkeit. Dabei ist für die relevanten Fälle zumeist eine sog. Individuallizenz[144] erforderlich, und zwar sowohl gemäß Sec. 7 Telecommunications Act 1984 für private als auch vor allem gemäß Sec. 8 Telecommunications Act 1984 für öffentliche Telekommunikationssysteme, wobei letztere besonderen Anforderungen unterliegen. Die Rechte und Pflichten der Lizenzinhaber werden in den Individuallizenzen detailliert festgelegt, insbesondere die Zusammenschaltungsverpflichtungen und deren Ausgestaltung. Anders als nach US-amerikanischem Recht unterliegt die Lizenzierung der Übertragung von Rundfunkangeboten einem anderen Rechtsregime und fällt nicht unter den Telecommunications Act 1984.

Die Lizenzvergabe erfolgt nach unterschiedlichen Systemen: So genügt bei Festnetzlizenzen die bloße Anmeldung, während Breitbandkabellizenzen nach einem *Beauty-Contest* vergeben werden. Die UMTS-Lizenzen schließlich wurden wie auch in Deutschland in einem Versteigerungsverfahren vergeben.

Als Regulierungsbehörde wurde mit dem Telecommunications Act 1984 der regierungsunabhängige Director General of Telecommunications (DGT) eingerichtet, der in seiner Arbeit wesentlich unterstützt wird durch das ministerialfreie Office of the Director General of Telecommunications (OFTEL), das oft – wenn auch rechtlich unzutreffend, da der Telecommunications Act 1984 die entsprechenden Rechte und Pflichten dem DGT überträgt – als eigentliche Regulierungsbehörde bezeichnet wird.[145] Der DGT darf während seiner Amtszeit nur wegen Unfähigkeit oder Fehlverhaltens entlassen werden, was ihm eine starke unabhängige Stellung verschafft. Dadurch soll die Liberalisierung der Telekommunikationsmärkte von den jeweiligen Schwankungen in der politischen Landschaft entkoppelt werden.

---

[144] Im Gegensatz zur Klassenlizenz, die z.B. für das Anbieten von Telekommunikationsdiensten für geschlossene Benutzergruppen genügt.

[145] Näher zum Behördenaufbau *Koenig/Kühling*, in: dies. (Hg.), Liberalisierung der Telekommunikationsordnungen (2000), S. 22 ff.

Die Vergabe der Einzellizenzen selbst erfolgt durch den Secretary of State, der vorher den DGT konsultieren muss. Dabei kommt dem Secretary of State ein weiter Ermessensspielraum zu, der nur begrenzt einer effektiven gerichtlichen Kontrolle unterzogen werden kann.[146] Die Möglichkeit gemäß Sec. 7 Abs. 1 lit. b Telecommunications Act 1984, auch die Lizenzvergabe an den DGT zu delegieren, hat der Secretary of State bislang nicht genutzt. Dem DGT obliegt aber im Nachhinein die Überwachung und Änderung der Lizenzbedingungen, die zu regulativen Eingriffen in den Netzmarkt, beispielsweise der Entbündelung der Teilnehmeranschlussleitungen, genutzt werden kann.[147] Dieses kann entweder im konsensualen Verfahren erfolgen, also der einvernehmlichen Änderung der Lizenzbedingungen durch DGT und Lizenznehmer[148], oder im Falle des Scheiterns der Verhandlungen im streitigen Verfahren gemäß Sec. 13 – 15 Telecommunications Act 1984. Bei letzterem müssen DGT und die Competition Commission, also die Wettbewerbsbehörde, gemeinsam einen Änderungsbedarf im öffentlichen Interesse feststellen, die konkreten Änderungen legt dann der DGT fest.[149] Verstöße gegen die Lizenzbestimmungen werden gemäß Sec. 16 ff. Telecommunications Act 1984 vom DGT überwacht und ggf. geahndet.[150] Die Entgeltregulierung erfolgt seit 1997 in Form einer Price-Cap-Regulierung.

---

[146] *Bock*, Die Regulierung der britischen Telekommunikationsmärkte (1995), S. 41.

[147] Vgl. *Koenig/Kühling*, in: dies. (Hg.), Liberalisierung der Telekommunikationsordnungen (2000), S. 30.

[148] Die Lizenz wird rechtlich quasi als eine Art angeordneter öffentlich-rechtlicher Vertrag verstanden, vgl. *Humpert*, K&R 1999, 457, 461.

[149] Im Einzelnen zum Verfahren *Humpert*, K&R 1999, 457, 461.

[150] Vgl. zu den Einzelheiten *Bock*, Die Regulierung der britischen Telekommunikationsmärkte (1995), S. 47 f.

II. Die EG-Telekommunikationspolitik

1. Die erste Phase der EG-Telekommunikationspolitik (1987 bis 2002)

a) Entwicklung

Zusammengefasst niedergelegt sind die Prämissen, unter denen die erste Phase der EG-Telekommunikationspolitik[151] seit Ende der 80er Jahre betrieben wurde, im Grünbuch Telekommunikation von 1987[152]. Ziel der Kommission war in erster Linie die Entwicklung einer starken Telekommunikationsinfrastruktur, verbunden mit der Schaffung effizienter Telekommunikations-Dienste, die bei möglichst geringen Kosten eine hohe Qualität sichern und den Nutzern im Binnenmarkt eine Infrastruktur für ein wirtschaftliches Arbeiten bieten sollten. Insbesondere sollte durch die Gewährleistung des offenen Netzzugangs (open network provision - ONP) ein gemeinsamer Markt für Telekommunikationsdienste als Wirtschaftsgüter geschaffen werden. Zu den im Grünbuch formulierten zehn Grundsatzpositionen gehören unter anderem die Schaffung bzw. Wahrung von Wettbewerb in allen Telekommunikationsdiensten sowie die wettbewerbsrechtliche Überwachung der privaten und staatlichen Anbieter, die Gewährleistung einer gemeinschaftsweiten technischen Kompatibilität, die Gewährleistung des offenen Netzzugangs für private Diensteanbieter und die Abschaf-

---

[151] Zum EG-Telekommunikationsrecht vgl. insbes. *Engel/Seelmann-Eggbert*, Kommunikation und Medien, in: Dauses (Hg.), Handbuch des EG-Wirtschaftsrechts, Kap. E V; *Wiechert/Schmidt/Königshofen*, Europäisches Telekommunikationsrecht; *Ordemann*, Schaffung der Rahmenbedingungen für einen liberalisierten Telekommunikationsmarkt in Europa ab 1998, ArchPT 1997, S. 109 ff.; *Haag*, Transeuropäische Telekommunikationsnetze im Recht der EG, ArchPT 1994, 109 ff.; *Rieß*, Das europäische Telekommunikationsrecht, CR 1991, 559 ff.

[152] *Europäische Kommission*, Auf dem Wege zu einer dynamischen europäischen Volkswirtschaft. Grünbuch zur Entwicklung eine gemeinsamen Marktes für Telekommunikationsdienstleistungen und -endeinrichtungen, KOM (87) 290 = BT-Drs. 11/930.

fung von Monopolen auf dem Endgerätemarkt.[153] Diese Telekommunikationspolitik der EG wurde dabei als Teil des weitergehenden Prozesses der wirtschaftlichen Integration Europas gesehen.[154] Auslöser dieser Politik waren neben der weltweit einsetzenden Privatisierungs- und Liberalisierungswelle[155] die technische Entwicklung und die Erkenntnis, dass Telekommunikationsinfrastrukturen dem Wettbewerb zugänglich sind und kein natürliches Monopol[156] (mehr) darstellen.[157]

Als erster Schritt erfolgte die Öffnung des Endgerätemarktes durch die Endgeräterichtlinie von 1988, durch welche das bis dahin in den meisten Mitgliedstaaten bestehende Anbietermonopol der staatlichen Fernmeldeunternehmen für die Telekommunikationsendgeräte abgeschafft wurde.[158]

---

[153] Näher hierzu auch *Bruhn*, Die Sicherstellung öffentlicher Aufgaben im Bereich der deutschen Telekommunikation (1999), S. 7 ff.

[154] *Europäische Kommission*, Status Report on European Union Telecommunications Policy, 8/1998, S. 5 (online abrufbar unter http://europa.eu.int/ISPO/ infosoc/legreg/tcstatus.html).

[155] Vgl. hierzu auch *Schmidt*, Privatisierung und Gemeinschaftsrecht, Verwaltung 1995, 281 ff.; *Mestmäcker*, Gemeinschaftsrechtliche Schranken für die Begründung und Ausübung besonderer oder ausschließlicher Rechte nach Art. 90 EWGV, in: FS-Deringer (1993), S. 79 ff.

[156] Näher hierzu Seite 32 ff.

[157] *Eschweiler*, Regulierung der Telekommunikation, K&R 1998, 530; *Burr*, Netzwettbewerb in der Telekommunikation (1995), S. 54 ff.; *Hallenga*, Europarechtliche Vorgaben für die Liberalisierung von Telekommunikationsmärkten, ArchPT 1996, 239 ff.; *Rudolf*, Das Recht auf Netzzugang in der Telekommunikation (2001), S. 26; *Büchner*, Liberalisierung und Regulierung im Post- und Telekommunikationssektor, CR 1996, 581 ff.

[158] Richtlinie 88/301/EWG der Kommission vom 16.05.1988 über den Wettbewerb auf dem Markt für Telekommunikations-Endgeräte v. 27.05.1988, ABl. EG, L 131/73 vom 27.05.1988.

Dieser folgten 1990 die ONP-Richtlinie[159] und die Diensterichtlinie[160]. Mit der ONP-Richtlinie verfolgte gemäß deren Art. 1 die Gemeinschaft das Ziel, die wesentlichen Bedingungen für einen offenen und effizienten Zugang zu den öffentlichen Telekommunikationsnetzen zu definieren und zu harmonisieren. Dadurch sollte das Angebot von Diensten auf der Basis dieser Netze auf nationaler Ebene und zwischen den Mitgliedstaaten erleichtert werden. Dabei sollte die Einführung des offenen Netzzugangs unter den Prämissen der Objektivität, Transparenz und Diskriminierungsfreiheit erfolgen. Eine Einschränkung des offenen Netzzugangs sollte nur in begründeten Ausnahmefällen, insbesondere aus Gründen der Sicherheit des Netzbetriebes und der Aufrechterhaltung der Netzintegrität, zulässig sein.

Die ONP-Richtlinie zog als Rahmenrichtlinie weitere europarechtliche Regelungen nach sich, so die Richtlinie über die Einführung des offenen Netzzugangs bei Mietleitungen[161], die Sprachtelefonrichtlinie[162], die Zusammenschaltungsrichtlinie[163] und die Empfehlungen

---

[159] Richtlinie 90/387/EWG des Rates zur Verwirklichung des Binnenmarktes für Telekommunikationsdienste durch Einführung eines offenen Netzzugangs (open network provision - ONP) v. 24.07.1990, ABl. EG L 192/1 v. 24.07.1990, geändert durch Richtlinie 97/51/EG des Europäischen Parlaments und des Rates vom 6.10.1997, ABl. EG L 295/1 vom 29.10.1997.

[160] Richtlinie 90/388/EWG des Rates über den Wettbewerb auf dem Markt für Telekommunikationsdienste, Abl. L 192/10.

[161] Richtlinie 92/44/EWG des Rates vom 05.06.1992 zur Einführung eines offenen Netzzugangs bei Mietleitungen, ABl. EG, L 165 vom 19.06.1992, geändert durch die Richtlinie 97/51/EG des Europäischen Parlaments und des Rates vom 06.10.1997, ABl. EG, L 295 vom 29.10.1997 und die Entscheidung 98/80/EG der Kommission vom 07.01.1998, ABl. EG, L 14 vom 20.01.1998.

[162] Richtlinie 95/62/EG des Parlaments und des Rates vom 13.12.1995 zur Einführung des offenen Netzzugangs (ONP) beim Sprachtelefondienst, ABl. EG 1995, L 321/6, geänd. durch Richtlinie 98/10/EG des Parlaments und des Rates vom 26.02.1998, ABl. EG 1998, L 101/25 (hierzu *Stolz*, K&R 1998, 292 ff.).

[163] Richtlinie 97/33/EG des Parlaments und des Rates vom 30.06.1997 über die Zusammenschaltung in der Telekommunikation im Hinblick auf die Sicherstellung eines Universaldienstes und der Interoperabilität durch Anwendung der Grundsätze für einen offenen Netzzugang (ONP), ABl. EG 1997, L 199/32.

zum Mindestangebot an paketvermittelten Datendiensten bzw. ISDN-Diensten nach ONP Grundsätzen[164]. Diese betrafen die Bereitstellung technischer Schnittstellen, diskriminierungsfreier Nutzungsbedingungen und Tarifgrundsätze in Bezug auf die jeweilige Technologie.

Flankiert wurden diese Maßnahmen durch technikspezifische Entschließungen und Empfehlungen zur Gewährleistung der Interoperabilität bei den einzelnen Übertragungswegen[165], insbesondere bezüglich der Einführung eines diensteintegrierenden digitalen Fernmeldenetzes (ISDN) und dessen Aufbau zu einem transeuropäischen Netz[166], der Einführung satellitengestützter Privatkommunikationsdienste[167] sowie dem Auf- und Ausbau drahtloser Telekommunikationstechniken (insbes. Mobilfunk und schnurlose Telefone – DECT).[168]

---

[164] Empfehlung 92/382/EWG des Rates vom 5. Juni 1992 zur harmonisierten Bereitstellung eines Mindestangebotes nach ONP-Grundsätzen, ABl. EG, L 200 vom 18.07.1992.

[165] Siehe auch schon Beschluss 87/95/EWG des Rates vom 22.12.1986 über die Normung auf dem Gebiet der Informationstechnik und der Telekommunikation, ABl. EG, L 36 vom 07.02.1987.

[166] Empfehlung 86/659/EWG des Rates vom 22. Dezember 1986, ABl. EG, L 382 vom 31.12.1986; Empfehlung 92/383/EWG des Rates vom 5. Juni 1992, ABl. EG, L 200 vom 18.07.1992; Entscheidung 95/2717/EG des Europäischen Parlaments und des Rates vom 9. November 1995 über Leitlinien für die Entwicklung des EURO-ISDN zu einem transeuropäischen Netz, ABl. EG, L 282 vom 24.11.1995; Entscheidung 95/526/EG der Kommission vom 28. November 1995, ABl. EG, L 300 vom 13.12.1995.

[167] Entschließung des Rates vom 7. Dezember 1993 über die Einführung satellitengestützter Privatkommunikationsdienste in der Gemeinschaft, ABl. EG, C 339 vom 16.12.1993. Entscheidung Nr. 710/97/EG des Europäischen Parlaments und des Rates vom 24. März 1997 über ein koordiniertes Genehmigungskonzept für satellitengestützte persönliche Kommunikationsdienste in der Gemeinschaft. ABl. EG, L 105 vom 23.04.1997.

[168] Richtlinie 87/372/EWG des Rates vom 25. Juni 1987 über die Frequenzbänder, die für die koordinierte Einführung eines europaweiten öffentlichen zellularen digitalen terrestrischen Mobilfunkdienstes in der Gemeinschaft bereitzustellen sind, und Empfehlung 87/371/EWG des Rates vom 25. Juni 1987 über die koordinierte Einführung eines europaweiten öffentlichen zellularen digitalen terrestrischen Mobilfunkdienstes in der Gemeinschaft, beide ABl. EG, L 196 vom 17.07.1987; Richtlinie 90/544/EWG des Rates vom 9. Oktober 1990 über die Frequenzbänder für die koordinierte Einführung eines europaweiten terrestrischen öffentlichen Funkrufsystems (RMU) in der Gemeinschaft und Empfehlung 90/543/EWG des Rates vom 9. Oktober 1990 zur koordinierten Einführung eines europaweiten terrestrischen

Rechtsgrundlage für diese telekommunikationsrechtlichen Akte der Gemeinschaft sind Art. 95 (ex Art. 100a) und Art. 86 Abs. 3 (ex Art. 90 Abs. 3) EGV. Art. 95 EGV ermächtigt den Rat, Maßnahmen zur Harmonisierung der Rechts- und Verwaltungsvorschriften zu ergreifen, welche die Errichtung und das Funktionieren des Binnenmarktes zum Gegenstand haben. Hierauf wurde insbesondere auch der Erlass der ONP-Richtlinie gestützt. Die Harmonisierung dient dem Abbau von Barrieren, die dem Binnenmarkt entgegenstehen. Die Netzzugangsregelungen im Rahmen der ONP-Politik führen aber im Ergebnis zu einer Umgestaltung der wettbewerbsrechtlichen Verhältnisse. Daher wird vereinzelt vertreten, dass es sich hierbei nicht mehr um eine bloße Rechtsangleichung handele, sondern um eine unzulässige Rechtsneuschöpfung.[169] Allerdings schließen sich Rechtsangleichung und Rechtsneuschöpfung nicht notwendigerweise gegenseitig aus.[170] Insbesondere können auch fehlende Rechtsvorschriften den Binnenmarkt beeinträchtigen.[171] Art. 94 EGV setzt nicht voraus, dass die Angleichungsmaßnahme an bestehende Rechtsvorschriften in zumindest einem Mitgliedstaat anknüpfen kann.[172]

öffentlichen Funkrufsystems in der Gemeinschaft (RMU), ABl. EG, L 310 vom 09.11.1990; Richtlinie 91/287/EWG des Rates vom 3. Juni 1991 über das Frequenzband, das für die koordinierte Einführung europäischer schnurloser Digital-Kommunikation (DECT) in der Gemeinschaft vorzusehen ist, und Empfehlung 91/288/EWG des Rates vom 3. Juni 1991 zur koordinierten Einführung europäischer schnurloser Digital-Kommunikation (DECT) in der Gemeinschaft, ABl. EG, L 144 vom 08.06.1991; Entschließung des Rates vom 19. November 1992 zur Anwendung der Entscheidungen des "European Radiocommunications Committee" in der Gemeinschaft, ABl. EG, C 318 vom 04.12.1992; Entscheidung 128/1999/EG des Europäischen Parlaments und des Rates vom 14. Dezember 1998 über die koordinierte Einführung eines Drahtlos- und Mobilkommunikationssystems (UMTS) der dritten Generation in der Gemeinschaft, ABl. EG, L 17 vom 22.01.1999.

169 So für den Energiesektor *v. Burchard*, Third Party Access, EuZW 1992, 693, 695; *Eckert*, Die Vorschläge der EG-Kommission zu „Third Party Access", RdE 1992, 56, 61; *Kuhnt*, Aktuelle Rechtsfragen der Energiewirtschaft, RdE 1992, 125, 127.

170 Siehe auch *Rudolf*, Das Recht auf Netzzugang in der Telekommunikation (2001), S. 28.

171 *Taschner*, in: Groeben/Thiesing/Ehlermann, Kommentar zum EUV/EGV, Art. 100 Rn. 26.

172 *Langenheine*, in: Grabitz/Hilf, Kommentar zur EU, Art. 100a EGV Rn. 42; *Müller-Graff*, EuR 1989, 107, 129; *Herrnfeld*, in: Schwarze, EU-Kommentar (2000), Art. 95 Rn. 22.

Zumindest in der Frühphase der Liberalisierung der Telekommunikationsmärkte konnten Maßnahmen durch die Kommission auch auf Grundlage von Art. 86 Abs. 3 EGV (ex Art. 90 Abs. 3) erlassen werden.[173] Diese Vorschrift ist gemäß Art. 86 Abs. 1 EGV (ex Art. 90 Abs. 1) einschlägig bei öffentlichen Unternehmen sowie Unternehmen, denen besondere oder ausschließliche Rechte gewährt werden. Besondere Rechte liegen vor, wenn die Anzahl der Unternehmen, die zur Errichtung von Telekommunikationsnetzen berechtigt sind, auf zwei oder mehr beschränkt ist, ohne dabei objektive, verhältnismäßige und nichtdiskriminierende Kriterien einzuhalten, oder wenn mehrere konkurrierende Unternehmen nach anderen als solchen Kriterien dazu ausersehen werden, solche Netze zu errichten oder bereitzustellen. Dabei muss das besondere Recht die Wettbewerbsmöglichkeit anderer Unternehmen auf dem fraglichen Markt wesentlich beeinträchtigen.[174] Allein faktische Monopole fallen nicht unter Art. 86 Abs. 3 EGV.[175] Nach der weitgehenden Durchführung der Liberalisierung ist die Bedeutung des Art. 86 Abs. 3 EGV für die Telekommunikationspolitik zurückgegangen. Anwendungsmöglichkeiten sind aber nach wie vor, beispielsweise im Bereich der Universaldienstleistungen, denkbar.[176]

Durch den EUV wurde mit den Art. 154-156 (ex Art. 129b-129d) EGV ein zusätzlicher infrastrukturpolitischer[177] Zuständigkeitsbereich der Gemeinschaft betreffend die Förderung transeuropäischer Netze geschaffen. Zu diesen transeuropäischen Netzen zählen dabei neben den Verkehrs- und Energieinfrastrukturen auch die Telekommunikationsnetze. Die Förderung transeuropäischer Netze wird dabei

---

[173] So wurden insbes. die Richtlinien 88/301/EWG und 90/388/EWG auf Art. 86 Abs. 3 gestützt, allerdings vom EuGH teilweise wieder aufgehoben, soweit sich die Kommission in der Begründung auch auf „besondere Rechte" berief, EuGH, Slg. 1991, I-1223, 1270 Rn. 45; Slg. 1992, I-5833, 5876 Rn. 29 ff. Hierzu *Großfeld/Schmitz*, JZ 1992, 150 ff.

[174] Vgl. Art. 2 I der Richtlinie 96/19/EG, ABl. EG 1996, L 75/13. Ferner *v. Burchard*, in: Schwarze, EU-Kommentar (2000), Art. 86 Rn. 26.

[175] *Rudolf*, Das Recht auf Netzzugang in der Telekommunikation (2001), S. 31 m.w.N.

[176] Vgl. *Rudolf*, Das Recht auf Netzzugang in der Telekommunikation (2001), S. 34.

[177] Zu dieser Einordnung *v. Burchard*, in: Schwarze, EU-Kommentar (2000), Art. 154 EGV Rn. 3.

als Maßnahme im Rahmen der Verwirklichung eines gemeinsamen Binnenmarktes verstanden. Um den freien und ungehinderten Verkehr von Waren, Personen, Kapital und Dienstleistungen zu gewährleisten, bedarf es auch einer europaweiten Verknüpfung und Koordination der in den Einzelstaaten vorhandenen Infrastrukturnetze. Dabei wird der Aufgabenbereich nicht durch die Grenzen der Europäischen Union beschränkt, sondern sind gemäß Art 155 Abs. 3 EGV auch die Verbindungen zu Drittstaaten einbezogen. Allerdings betrifft die Formulierung in Art. 154 Abs. 2 EGV („Die Tätigkeit der Gemeinschaft zielt (...) auf die Förderung (...) des Zugangs zu diesen Netzen ab") nach h.M. lediglich die technische Interoperabilität grenzüberschreitender Netze, enthält jedoch keine Ermächtigung zur Regelung eines materiellen Netzzugangsrechts.[178] Soweit der Anwendungsbereich eröffnet ist, stellt aber Art. 156 EGV die im Verhältnis zu Art. 95 EGV speziellere Vorschrift dar.[179]

b) *Die Regelungen der alten Telekommunikationsrichtlinien im Einzelnen*

(1) ONP-Richtlinie

Die *ONP-Rahmenrichtlinie*[180] enthielt lediglich allgemeine Vorgaben zu den Zugangs- und Nutzungsbedingungen öffentlicher Telekommunikationsnetze. Sie enthielt technische Normen für den Netzzugang und für die Netzschnittstellen, die Bedingungen für die Zuteilung von

---

[178] *Frohnmeyer*, in: Grabitz/Hilf, Kommentar zur EU, Art. 129b Rn. 11; *Erdmenger*, in: Groeben/Thiesing/Ehlermann, Kommentar zum EUV/EGV, Art. 129b Rn. 20; *Dieter/Grüter*, in: Lenz, Kommentar zur EG, Art. 154 Rn. 22; *v. Burchard*, in: Schwarze, EU-Kommentar, Art. 154 Rn. 16.

[179] So die Entscheidung zum Bereich der Telematik-Netze, EuGH Slg. 1996, I-1689, Rn. 33.

[180] Richtlinie 90/387/EWG des Rates zur Verwirklichung des Binnenmarktes für Telekommunikationsdienste durch Einführung eines offnen Netzzugangs (open network provision - ONP) v. 24.07.1990, ABl. EG, L 192 v. 24.07.1990, geändert durch Richtlinie 97/51/EG des Europäischen Parlaments und des Rates vom 06.10.1997, ABl. EG, L 295 vom 29.10.1997.

Frequenzen, Gebührengrundsätze und Benutzungsrestriktionen. Eine Netzzugangsverpflichtung wurde durch die ONP-Richtlinie noch nicht verlangt. Die ONP-Richtlinie regelt mithin das „wie", nicht aber das „ob" des Netzzugangs.[181] Die Mietleitungsrichtlinie verbietet technische Einschränkungen bei der Zusammenschaltung von Mietleitungen untereinander oder mit öffentlichen Telekommunikationsnetzen (Art. 6 Abs. 1), enthält aber ebenfalls kein materielles Netzzugangsrecht.

(2) Sprachtelefondienstrichtlinie

Dieses wurde vielmehr erst durch die *Sprachtelefondienstrichtlinie*[182] eingeführt. Diese verpflichtet die Mitgliedstaaten sicherzustellen, dass jedem vertretbaren Antrag auf Anschluss an das öffentliche Telefonnetz stattgegeben wird (Art. 5) und das auch Anträge auf Zugang zum Telefonnetz an anderen als den üblichen Netzabschlusspunkten (Sonderzugänge) zumindest bearbeitet werden (Art. 16). Dabei kann gemäß Art. 5, 2 Abs. 2 a Sprachtelefondienstrichtlinie jede Person, einschließlich Verbraucher und Organisationen, fordern, an das öffentliche Telefonnetz angeschlossen zu werden. Verpflichtet, Zugang zu gewähren, ist dabei jeder Netzbetreiber. Anträge auf Sonderzugang müssen jedoch gemäß Art. 16 Sprachtelefondienstrichtlinie nur von Netzbetreibern mit beträchtlicher Marktmacht berücksichtigt werden. Eine beträchtliche Marktmacht liegt dabei gemäß Art. 2 Abs. 2 lit. i) Sprachtelefondienstrichtlinie grundsätzlich dann vor, wenn der Marktanteil der betreffenden Organisation im relevanten Markt mindestens 25% beträgt. Dabei setzen die Richtlinien auf eine weitgehende Selbstregulierung des Marktes.

---

181 Vgl. *Rudolf*, Das Recht auf Netzzugang in der Telekommunikation (2001), S. 38.

182 Richtlinie 95/62/EG des Parlaments und des Rates vom 13.12.1995 zur Einführung des offenen Netzzugangs (ONP) beim Sprachtelefondienst, ABl. EG, L 321/6, geänd. durch Richtlinie 98/10/EG des Parlaments und des Rates vom 26.2.1998, ABl. EG, L 101/25 (hierzu *Stolz*, K&R 1998, 292 ff.).

(3) Zusammenschaltungsrichtlinie

Dieses wird durch die *Zusammenschaltungsrichtlinie*[183] dahingehend erweitert, dass gemäß Art. 4 Abs. 1 sämtliche Telekommunikationsunternehmen auf Ersuchen eine gegenseitige Zusammenschaltung aushandeln müssen (Pflicht zum verhandelten Netzzugang) und gemäß Art. 4 Abs. 2 Telekommunikationsunternehmen, die über eine beträchtliche Marktmacht verfügen, außerdem allen begründeten Anträgen auf Netzzugang (einschließlich der Sonderzugänge) stattgeben müssen. In einer Verbindung von hoheitlichem und privatrechtlichen Regulierungsinstrumenten[184] sollen die Mitgliedstaaten den Netzzugang zwar sicherstellen, dieser wird zunächst aber den Verhandlungen der beteiligten Unternehmen[185] überlassen. Erst wenn es zu keiner Verhandlungslösung kommt, sollen die Regulierungsbehörden einschreiten und eine Zusammenschaltung anordnen. Zusammenschaltungsberechtigt sind dabei gemäß Art. 4 Abs. 1 i.V.m. Anhang II Zusammenschaltungsrichtlinie (1.) Organisationen, die feste und/oder mobile öffentlich vermittelte Telekommunikationsdienste bereitstellen und dabei den Zugang zu mindestens einem Netzanschlusspunkt kontrollieren, die durch eine oder mehrere, nur einmal vergebene Nummern des nationalen Nummerierungsplans bestimmt sind, (2.) Organisationen, die Mietleitungen zu den Räumlichkeiten der Benutzer bereitstellen, (3.) Organisationen, die in einem Mitgliedstaat berechtigt sind, internationale Telekommunikationsleitungen zwischen der Gemeinschaft und Drittländern bereitzustellen, und die für diesen Zweck über ausschließliche oder besondere Rechte verfügen und (4.) Organisationen, die Telekommunikationsdienste bereitstellen und in dieser Kategorie gemäß den relevanten nationalen Lizenzierungs- oder Genehmigungsverfahren zur Zusammenschaltung befugt sind. Zusätzlich muss die jeweilige Organisation vermittelte und unvermittelte Träger-

---

183 Richtlinie 97/33/EG des Parlaments und des Rates vom 30.06.1997 über die Zusammenschaltung in der Telekommunikation im Hinblick auf die Sicherstellung eines Universaldienstes und der Interoperabilität durch Anwendung der Grundsätze für einen offenen Netzzugang (ONP), ABl. EG 1997, L 199/32.

184 *Trute*, VVDStRL 57 (1998), 216, 229.

185 Vgl. hierzu *Gramlich*, CR 1997, 65 f.

funktionen für Benutzer bereitstellen, von denen andere Telekommunikationsdienste abhängig sind.

Die Formulierungen der Richtlinien, die Netzbetreiber seien verpflichtet, den Netzzugang „auszuhandeln" bzw. die Anträge zu „bearbeiten", lassen zunächst auch die Auslegung zu, dass eine konkrete Zusammenschaltungspflicht nach wie vor nicht vorgesehen sei. Diese folgt jedoch zumindest indirekt aus den Richtlinien:[186] Diese Pflichten würden ins Leere laufen, wenn es für denjenigen, der Zugang begehrt, keinen Anspruch auf Netzzugang und somit auch kein Druckmittel in den Verhandlungen gäbe. Dieses ergibt sich auch aus Art. 3 Abs. 2 und 9 Zusammenschaltungsrichtlinie, die die Mitgliedstaaten verpflichten, eine adäquate Zusammenschaltung der (privat betriebenen) Netze sicherzustellen. Die Formulierung ist vielmehr dahingehend zu verstehen, dass die Zusammenschaltung nicht nur als Ergebnis der Verhandlungen der Netzbetreiber, sondern auch durch Anordnung der Regulierungsbehörde erfolgen kann.

Das Recht auf Netzzugang kann gemäß Art. 3 Abs. 2 ONP-Richtlinie nur aus Gründen eingeschränkt werden, die auf grundlegenden Anforderungen im Rahmen des Gemeinschaftsrechts beruhen. Dieses sind gemäß Art. 2 Nr. 6 nur nichtwirtschaftliche Gründe, die im allgemeinen Interesse liegen und einen Mitgliedstaat veranlassen können, die Errichtung oder den Betrieb von Telekommunikationsnetzen oder die Bereitstellung von Telekommunikationsdiensten bestimmten Bedienungen zu unterwerfen. Art. 2 Nr. 6 der ONP-Rahmenrichtlinie zählt als Gründe die Sicherheit des Netzbetriebs, die Aufrechterhaltung der Netzintegrität, in begründeten Fällen die Interoperabilität der Dienste, den Datenschutz, Umweltschutz, Bauplanungs- und Raumordnungsziele, die effiziente Nutzung des Frequenzspektrums und die Verhinderung von Störungen zwischen funkgestützten Telekommunikationssystemen und anderen, raumgestützten oder terrestrischen, technischen Systemen auf.[187] Dieser Katalog ist grundsätzlich

---

[186] So auch *Rudolf*, Das Recht auf Netzzugang in der Telekommunikation (2001), S. 41; *Scherer*, MMR 1999, 315, 320.

[187] Näher zu den Versagungsgründen *Rudolf*, Das Recht auf Netzzugang in der Telekommunikation (2001), S. 42 ff.

abschließend[188], weitere Einschränkungsmöglichkeiten können sich allenfalls aus primärrechtlichen Vorschriften, etwa Art. 30, 46, 95 Abs. 4 und insbesondere 86 Abs. 2 EGV, ergeben.[189]

2. *Die Zweite Stufe der EG-Telekommunikationspolitik (Richtlinien für elektronische Kommunikationsnetze und –dienste 2002)*

Die Europäische Kommission hat ihre Vorstellungen von der Weiterentwicklung der Rahmenbedingungen für Telekommunikation zunächst im Kommunikationsbericht 1999 (1999 Review) dem Europäischen Parlament, dem Ministerrat und den Ausschüssen mitgeteilt.[190] Entsprechend den dort entwickelten Ansätzen wurden die bislang bestehenden Rechtsvorschriften auf zunächst fünf Richtlinien reduziert, die größtenteils am 4. April 2002 in Kraft getreten sind:[191] zum einen die Rahmenrichtlinie über einen gemeinsamen Rechtsrahmen für elektronische Kommunikationsnetze und -dienste (*Rahmenrichtlinie*)[192], sowie spezifische Richtlinien jeweils über die Genehmigung elektronischer Kommunikationsnetze und -dienste (*Genehmigungsrichtlinie*)[193], über den Zugang zu elektronischen Kommunikationsnet-

[188] Anders *Scherer*, MMR 1999, 315, 321, der unter Berufung auf die englische Richtlinien-Fassung die Anwendbarkeit einer „rule of reason" annimmt.

[189] Näher *Rudolf*, Das Recht auf Netzzugang in der Telekommunikation (2001), S. 45 ff.

[190] *Europäische Kommission*, Entwicklungen neuer Rahmenbedingungen für elektronische Kommunikationsinfrastrukturen und zugehörige Dienste. Kommunikationsbericht 1999, KOM (1999) 539 endg.

[191] Allgemein zu den neuen EG-Richtlinien und der Diskussion im Rahmen ihrer Entstehung *Schreiter/Kind*, MMR 2002, 788 ff.; *Bonin*, K&R 2002, 565 ff.; *Scherer*, K&R 2002, 273 ff. (Teil 1), 329 ff. (Teil 2), 385 ff. (Teil 3); *Möschel*, K&R 2002, 161 ff.; *Ladeur*, K&R 2002, 110 ff.; *Wegmann*, K&R 2003, 21 ff.; *Klotz*, K&R 2003, Beilage 1 zu Nr. 1, S. 3 ff.; *Knauth*, K&R 2003, 24 ff.; *Koenig*, K&R 2003, 19 ff.

[192] Richtlinie 2002/21/EG des Parlaments und des Rates vom 07.03.2002, ABl. EG 2002, L 108/33. Vgl. zur Entstehung auch KOM (2000) 393; KOM (2001), 380 endg.

[193] Richtlinie 2002/20/EG des Parlaments und des Rates vom 07.03.2002, ABl. EG 2002, L 108/21. Vgl. auch KOM (2000) 386; KOM (2001), 372 endg.

zen und zugehörigen Einrichtungen sowie deren Zusammenschaltung (*Zugangsrichtlinie*)[194], über den Universaldienst und Nutzerrechte bei elektronischen Kommunikationsnetzen und -diensten (*Universaldienstrichtlinie*)[195] sowie über die Verarbeitung personenbezogener Daten und den Schutz der Privatsphäre in der elektronischen Kommunikation (*Datenschutzrichtlinie für elektronische Kommunikation*)[196]. Ebenfalls Neugefasst wurde die ehemalige Diensterichtlinie 90/388/EWG (nunmehr *Richtlinie über den Wettbewerb auf den Märkten für elektronische Kommunikationsnetze und –dienste*).[197]

Die neuen Regelungen sollen technologieneutral sein und sich auf sämtliche Kommunikationsinfrastrukturen und die zugehörigen Dienste erstrecken. Den allgemeinen Wettbewerbsregeln soll eine größere Bedeutung als bislang zukommen.[198] Grund für die Neuordnung des europäischen Telekommunikationsrechts ist insbesondere die Anpassung des bestehenden Ordnungsrahmens an die nach der Liberalisierung der Telekommunikation veränderten Rahmenbedingungen. Waren die alten Richtlinien geprägt vom Ziel der Schaffung eines wettbewerbsorientierten Marktes[199], sei diese Phase nunmehr abgeschlossen und befinde sich der Markt in einem neuen Wandlungsprozess, dem der neue politische Rahmen Rechnung tragen müsse.

---

194 Richtlinie 2002/19/EG des Parlaments und des Rates vom 07.03.2002, ABl. EG 2002, L 108/7. Vgl. KOM (2000), 384; KOM (2001), 369 endg.

195 Richtlinie 2002/22/EG des Parlaments und des Rates vom 07.03.2002, ABl. EG 2002, L 108/51. Vgl. KOM (2000), 392.

196 Richtlinie 2002/58/EG des Parlaments und des Rates vom 12.06.2002, ABl. EG 2002, L 201/37 (in Kraft getreten am 31.07.2002). Vgl. KOM (2000), 385.

197 Richtlinie 2002/77/EG der Kommission vom 16.09.2002 über den Wettbewerb auf den Märkten für elektronische Kommunikationsnetze und –dienste, ABl. EG 2002, L 249/21. Diese ersetzt gemäß deren Art. 10 sowie Erwägungsgrund (6) die frühere Richtlinie 90/388/EWG.

198 *Europäische Kommission* Entwicklungen neuer Rahmenbedingungen für elektronische Kommunikationsinfrastrukturen und zugehörige Dienste. Kommunikationsbericht 1999, KOM (1999) 539 endg., S. vi f.

199 Vgl. KOM (2000) 393, S. 3.

Hervorgehoben wird dabei die Konvergenz[200] von Telekommunikation, Rundfunk und Informationstechnologie.[201] Daher wird nunmehr ein einheitlicher Regelungsrahmen für alle drei Bereiche angestrebt.[202] Der neue Rechtsrahmen soll einen wesentlichen Baustein der europäischen Politik zur Entwicklung der Informationsgesellschaft bilden.[203] Die Regulierung erstreckt sich dabei nur auf die Übertragung, nicht aber auf die Inhalte von Diensten, die über elektronische Kommunikationsnetze und –dienste bereitgestellt werden.[204]

Die Richtlinien waren im Wesentlichen bis zum 24.07.2003 durch die Mitgliedstaaten umzusetzen. Die Bundesregierung hat einen entsprechenden Entwurf zum Telekommunikationsgesetz am 15.10.2003 beschlossen, das parlamentarische Gesetzgebungsverfahren war bei Drucklegung noch nicht abgeschlossen.[205] Bereits am 10.10.2003 hat die Kommission daher unter anderem gegen Deutschland Vertragsverletzungsverfahren eingeleitet.[206]

a) Rahmenrichtlinie

Die neue Rahmenrichtlinie definiert die Aufgaben bezüglich der Verteilung knapper Ressourcen wie Funkfrequenzen und Nummern. Die

---

200 Hierzu ausführlich in *Europäische Kommission*, Die Konvergenz der Branchen Telekommunikation, Medien und Informationstechnologie und ihre ordnungspolitischen Auswirkungen – Ergebnisse der öffentlichen Konsultation zum Grünbuch, KOM (1999) 108.

201 Ob die vorgeschlagenen Regelungen tatsächlich diesen Zielen Rechnung tragen, ist indes fraglich. Vgl. zur Kritik *Kirchner*, in: Immenga/Kirchner/Knieps/Kruse (Hg.), Telekommunikation im Wettbewerb (2001), S. 129, 139 ff.

202 Vgl. Erwägungsgrund (5) der Rahmenrichtlinie 2002/21/EG und Erwägungsgrund (7) KOM (2001), 380 endg.

203 Vgl. *Monopolkommission*, Hauptgutachten 1998/1999, Wettbewerbspolitik in Netzstrukturen (2000), S. 54.

204 Erwägungsgrund (5) der Rahmenrichtlinie 2002/21/EG.

205 BR-Drs. 755/03. Im Folgenden werden die Regelungen des TKG a.F. dargestellt.

206 Zur Frage der unmittelbaren Anwendbarkeit der neuen Richtlinien *Ellinghaus*, CR 2003, 657 ff.

Regulierung soll transparenter und verstärkt durch Partizipation und Konsultation geprägt sein. So sind verschiedene Informationspflichten und –rechte zwischen Unternehmen und Regulierungsbehörde sowie der nationalen und europäischen Behörden untereinander vorgesehen (Art. 5 und 6 Rahmenrichtlinie).[207] Um den Erfahrungsaustausch der Regulierungsbehörden der Mitgliedstaaten untereinander und mit der Kommission zu fördern und um die Kommission in Fragen der elektronischen Kommunikationsnetze zu beraten, wurde durch Beschluss der Kommission die Gruppe Europäischer Regulierungsbehörden für elektronische Kommunikationsnetze und –dienste eingesetzt.[208]

(1) Regulierung von Unternehmen mit beträchtlicher Marktmacht

Art. 14 Abs. 2 Rahmenrichtlinie enthält eine von Art. 4 Abs. 3 der alten Zusammenschaltungsrichtlinie abweichende neue Definition der beträchtlichen Marktmacht. Ein Unternehmen verfügt danach über beträchtliche Marktmacht, wenn es entweder allein oder gemeinsam mit anderen eine wirtschaftlich starke Stellung einnimmt, die es ihm gestattet, sich in beträchtlichem Umfang unabhängig von Mitbewerbern, Kunden und letztlich Verbrauchern zu verhalten.[209] Diese Definition lehnt sich erkennbar an die Formulierung des EuGH im Fall Hoffmann-La Roche / Vitamine[210] an. Allerdings fehlt ihr die weitere Bedingung des EuGH, dass das Unternehmen durch seine Stellung in die Lage versetzt sein muss, die Aufrechterhaltung eines wirksamen Wettbewerbs auf dem relevanten Markt zu verhindern. Eine Bezugnahme auf den funktionierenden Wettbewerb findet sich erst in Art. 16 Rahmenrichtlinie: Maßnahmen der Regulierungsbehör-

---

[207] Zu den Auswirkungen auf das deutsche Recht *Kloepfer*, Informationsrecht (2002), § 11 Rn. 50.

[208] Beschluss der Kommission 2002/627/EG vom 29.07.2002, ABl. EG 2002, L 200/38.

[209] Näher hierzu *Kirchner*, in: Immenga/Kirchner/Knieps/Kruse (Hg.), Telekommunikation im Wettbewerb (2001), S. 129, 144 ff.

[210] EuGH, Slg. 1979, 471, 520.

den können nur dann getroffen werden, wenn auf dem relevanten Markt kein funktionierender Wettbewerb herrscht (Art. 16 Abs. 3).[211]

Gemäß Art. 14 Abs. 3 Rahmenrichtlinie wird zudem vermutet, dass ein Unternehmen, das über eine beträchtliche Marktmacht verfügt, auch auf einem benachbarten Markt eine solche Stellung einnimmt, wenn die Verbindung zwischen beiden Märkten es gestattet, diese Marktmacht von dem einen Markt auf den anderen zu übertragen.[212]

Gemäß Art. 15 soll eine regelmäßige Überprüfung der Märkte auf funktionierenden Wettbewerb erfolgen. Wird dabei festgestellt, dass der Wettbewerb funktioniert, so sollen bestehende bereichsspezifische Maßnahmen aufgehoben werden. Existieren Wettbewerbseinschränkungen, so sind die Maßnahmen beizubehalten bzw. zu erlassen.[213]

(2) Normung und Interoperabilität

Wie schon bislang soll die Interoperabilität der Kommunikationsnetze dadurch gefördert werden, dass gemeinschaftsweit einheitliche Normen und Standards eingehalten werden sollen (Art. 17 Rahmenrichtlinie). Bestehen bereits internationale Normen, sollen diese möglichst als Basis für die Entwicklung europäischer Normen genommen werden (Art. 17 Abs. 2 Unterabsatz 4 Rahmenrichtlinie). Entsprechend dem Ansatz der Vereinheitlichung des Regulierungsrahmens für alle Formen der elektronischen Kommunikation werden nunmehr auch Anforderungen an die Interoperabilität digitaler interaktiver Fernsehdienste normiert (Art. 18 Rahmenrichtlinie).

---

[211] Zur Kritik vgl. *Kirchner*, in: Immenga/Kirchner/Knieps/Kruse (Hg.), Telekommunikation im Wettbewerb (2001), S. 129, 145 f. Siehe auch Erwägungsgrund (38) der Rahmenrichtlinie 2002/21/EG.

[212] Hierzu *Koenig*, K&R 2003, 19 ff.

[213] Zur Kritik *Kirchner*, a.a.O., S. 150 ff.

b) *Genehmigungsrichtlinie*

Die Genehmigungsrichtlinie legt fest, welche Genehmigungserfordernisse für den Betrieb von elektronischen Kommunikationsnetzen und –diensten die Mitgliedstaaten festlegen dürfen. Gemäß Art. 3 Abs. 2 Genehmigungsrichtlinie darf die Bereitstellung elektronischer Kommunikationsdienste oder –netze grundsätzlich nur noch von einer Allgemeingenehmigung abhängig gemacht werden, die in ihrer verfahrensrechtlichen Ausgestaltung der Anzeigepflicht nach § 14 GewO ähnelt. Die Allgemeingenehmigung beinhaltet dabei mindestens die Rechte, elektronische Kommunikationsnetze und –dienste bereitzustellen, einen Antrag auf Einräumung von Wegerechten zu stellen und (sofern sie Kommunikationsdienste für die Allgemeinheit erbringen) mit anderen Anbietern über die Zusammenschaltung zu verhandeln (Art. 4 Genehmigungsrichtlinie). Eine vorab zu beantragende Individualgenehmigung ist nur noch zulässig gemäß Art. 5 Abs. 2, wenn mit der Tätigkeit die Nutzung knapper Ressourcen wie Frequenzen und Nummern verbunden ist. Grundsätzlich sollen die Bedingungen für die Nutzung von Funkfrequenzen in die Allgemeingenehmigung mit eingeschlossen werden (Art. 5 Abs. 1 Genehmigungsrichtlinie).

c) *Zugangsrichtlinie*

Die Richtlinie über den Zugang zu elektronischen Kommunikationsnetzen und zugehörigen Einrichtungen sowie deren Zusammenschaltung (*Zugangsrichtlinie*) enthält (abgesehen von der Erstreckung auch auf Medien- und Informationsdienste) kaum Neuerungen gegenüber den bisherigen ONP-Richtlinien[214]. Der geltende Rechtsrahmen hat sich nach Ansicht der Kommission bewährt.[215]

Artikel 4 Abs. 1 Zugangsrichtlinie enthält die auch schon nach den alten Regelwerken bestehende Pflicht der Betreiber von Kommunikationsnetzen, auf Antrag anderer Unternehmen über die Zusammen-

---

[214] Hierzu oben Seite 66 ff.

[215] Vgl. auch *Kloepfer*, Informationsrecht (2002), § 11 Rn. 54.

schaltung zu verhandeln. Die Artikel 6 ff. Zugangsrichtlinie regeln die Pflichten für Betreiber mit marktbeherrschender Stellung. Neben den besonderen Bedingungen, die in Bezug auf die Zugangsberechtigung für digitale Fernseh- und Rundfunkdienste in Artikel 6 Zugangsrichtlinie nebst Anhang festgelegt sind, zählen hierzu vor allem die Transparenzverpflichtung[216] nach Art. 9, die Gleichbehandlungsverpflichtung nach Art. 10, die Verpflichtung zur getrennten Buchführung nach Art. 11 und die Verpflichtung, Dritten Zugang zu den eigenen Netzeinrichtungen zu gewähren (Art. 12). Außerdem können marktbeherrschende Unternehmen einer Preiskontrolle nach Art. 13 Zugangsrichtlinie unterworfen werden.

Diese Verpflichtungen können einem Betreiber durch die nationalen Aufsichtsbehörden auferlegt werden, wenn dieser auf einem bestimmten Markt über eine beträchtliche Marktmacht im Sinne der Art. 14 ff. Rahmenrichtlinie verfügt (Art. 8 Abs. 1 Zugangsrichtlinie). Bezüglich der Methode der Feststellung einer beträchtlichen Marktmacht nimmt die Zugangsrichtlinie auf die Regelungen der Rahmenrichtlinie bezug.

(1) Netzzugang und Zusammenschaltung

Sind die Voraussetzungen des Art. 8 Zugangsrichtlinie gegeben, kann die Aufsichtsbehörde – wie schon bislang – den betroffenen Netzbetreiber dazu verpflichten, berechtigten Anträgen Dritter auf Zugang zu bestimmten Netzkomponenten und zugehörigen Einrichtungen und auf deren Nutzung stattzugeben (Art. 12 Abs. 1 Zugangsrichtlinie). Den Betreibern kann dabei insbesondere auferlegt werden, Dritten den entbündelten Zugang zum Teilnehmeranschluss zu gewähren (Art. 12 Abs. 1 lit. a) Zugangsrichtlinie).[217]

---

[216] Bezüglich Informationen zu Buchführung und technischer Spezifikationen, Netzmerkmalen, Bereitstellungs- und Nutzungsbedingungen.

[217] Zum Begriff oben S. 40.

(2) Preiskontrolle

Gemäß Art. 13 der Zugangsrichtlinie können Betreiber verpflichtet werden, kostenorientierte Preise für ihre Leistungen zu verlangen, wenn eine Marktanalyse ergibt, dass der Betreiber mangels wirksamen Wettbewerbs seine Preise zum Nachteil der Endnutzer auf einem übermäßig hohem Niveau hält (Art. 13 Abs. 1 Zugangsrichtlinie). Dabei können die Aufsichtsbehörden den Betreibern auch Auflagen in Bezug auf bestimmte Kostenrechnungsmethoden machen. Art. 13 sieht somit im Prinzip eine Rate-of-Return-Preisregulierung vor. Die Vorschrift ist aber offen gehalten und eröffnet den Mitgliedstaaten bei Umsetzung der Richtlinie die Möglichkeiten, auch andere Regulierungsmodelle anzuwenden.[218]

(3) Diskriminierungsverbot

Art. 10 Zugangsrichtlinie enthält schließlich ein allgemeines Diskriminierungsverbot: Betreiber mit besonderer Marktmacht können hiernach Gleichbehandlungsverpflichtungen auferlegt werden. Diese können insbesondere die Verpflichtung beinhalten, dass der betreffende Betreiber anderen Unternehmen, die gleichartige Dienste erbringen, unter den gleichen Umständen gleichwertige Bedingungen bietet, wie er sie sich selbst oder seinen Tochter- und Partnerunternehmen für seine eigenen Produkte oder die Produkte seiner Tochter- und Partnerunternehmen einräumt (Art. 10 Abs. 2 Zugangsrichtlinie).

d) Universaldienstrichtlinie

Die neue Richtlinie über den Universaldienst und Nutzerrechte für elektronische Kommunikationsnetze und –dienste sieht ein Recht der Nutzer auf Anschluss an das öffentliche Kommunikationsnetz an einem festen Standort zu einem erschwinglichen Preis vor (Art. 4 Universaldienstrichtlinie). Dieser Anspruch ist nicht – wie bislang nach deutschem Recht – auf die Sprachtelefonie beschränkt, sondern schließt die Datenkommunikation mit ausreichenden Übertragungs-

---

[218] Vgl. insbesondere Art. 13 Abs. 2 Zugangsrichtlinie.

raten mit ein. Daneben müssen die Mitgliedstaaten die Einrichtung eines Teilnehmerverzeichnisses und eines Auskunftsdienstes gewährleisten (Art. 5) und für eine ausreichende Bereitstellung von öffentlichen Münz- oder Kartenfernsprechern Sorge tragen (Art. 6).

3. Bedeutung des europäischen Wettbewerbsrechts für den Telekommunikationssektor

Da die ehemaligen überwiegend staatlichen Monopolisten in den Mitgliedstaaten weitestgehend erhalten geblieben sind und aufgrund ihrer ehemaligen Monopolstellung nach wie vor über eine beherrschende Stellungen auf den Telekommunikationsmärkten verfügen, bleibt neben den Telekommunikationsrichtlinien auch das europäische Wettbewerbsrecht der Art. 81 ff. EGV für den Telekommunikationssektor von besonderer Bedeutung. Gemäß Art. 3 lit. g) EGV gehört zu den Tätigkeiten der Gemeinschaft die Errichtung eines Systems, das den Wettbewerb innerhalb des Binnenmarkts vor Verfälschungen schützt. Art. 2 und 3 EGV haben unter anderem die Errichtung eines freien Marktes ohne Wettbewerbsbeschränkungen zum Ziel. Die Verwirklichung dieser Ziele wird insbesondere durch die wettbewerbsrechtlichen Vorschriften der Art. 81 ff. EGV gewährleistet. Die Richtlinien für elektronische Kommunikationsdienste und –netze verfolgen zwar auch das Ziel, Wettbewerb auf den Netzmärkten durch bereichsspezifische Regelungen zu erreichen. Dieses ist aber nur als Ergänzung zu den wettbewerbsrechtlichen Vorschriften des EGV zu sehen, die daneben weiterhin anwendbar bleiben.[219]

---

[219] Vgl. Erwägungsgrund Nr. 25 der Richtlinie 97/33/EG, ABl. EG 1997 L 199/ 32, S. 35; *Europäische Kommission*, ABl. EG 1991 C 233/2, S. 4 Rn. 15, 17; ausführlich *van Miert*, WuW 1998, 7, 12. Zu möglichen Kollisionsfragen *Rudolf*, Das Recht auf Netzzugang in der Telekommunikation (2001), S. 69 f.

a) *Missbrauchsverbot des Art. 82 EGV*

So verbietet Art. 82 EGV marktbeherrschenden Unternehmen, ihre Stellung auf dem Gemeinsamen Markt oder einem wesentlichen Teil desselben missbräuchlich auszunutzen.

Art. 82 EGV ist dabei unmittelbar und direkt anwendbar. Neben den Maßnahmen, die die Kommission nach der auf Art. 83 EGV gestützten Kartellverordnung[220] ergreifen kann, ist auch jedes Unternehmen, das durch ein missbräuchliches Verhalten eines marktbeherrschenden Unternehmens benachteiligt oder geschädigt wurde, befugt, dies direkt vor einem nationalen Gericht zu rügen, ohne dass es vorher einer Feststellung durch die Kommission oder eine nationale Wettbewerbsbehörde bedarf. Dabei kann es sowohl Schadensersatz als auch Unterlassung verlangen.[221] Diese allgemeinen kartellrechtlichen Vorschriften bleiben dabei grundsätzlich auch neben den sektorspezifischen Vorschriften anwendbar.[222]

Unternehmen ist dabei jede eine wirtschaftliche Tätigkeit ausübende Einheit, unabhängig von ihrer Rechtsform und der Art ihrer Finanzierung.[223] Art. 82 gilt also für öffentliche ebenso wie für privatwirtschaftliche Unternehmen. Unerheblich ist auch der Sitz des Unternehmens, solange sein Verhalten auf dem Gemeinsamen Markt wettbewerbsverzerrende Wirkung hat.[224] Der relevante Markt bestimmt

---

[220] Verordnung 17/62, ABl. EG 1962, L 13/204.

[221] *Brinker*, in: Schwarze, EU-Kommentar, Art. 82 Rn. 2.

[222] Vgl. Erwägungsgrund Nr. 25 der Richtlinie 97/33/EG, ABl. EG 1997 L 199/ 32, S. 35; *Europäische Kommission*, ABl. EG 1991, C 233/2, S. 4 Rn. 15, 17; ausführlich *van Miert*, WuW 1998, 7, 12. Zu möglichen Kollisionsfragen *Rudolf*, Das Recht auf Netzzugang in der Telekommunikation (2001), S. 69 f.

[223] EuGH, Slg. 191, 1979, 2016 Rn. 21; vgl. auch *Koenig*, Die öffentlich-rechtliche Verteilungslenkung (1994), S. 44 ff.

[224] *Europäische Kommission*, Leitlinien für die Anwendung der EG-Wettbewerbsregeln im Telekommunikationsbereich, Abl. EG 1991 C 233/6. Vgl. zu den (umstrittenen) Einzelheiten der extraterritorialen Wirkung des Art. 82 EGV *Grill*, in: Lenz, EG-Vertrag, Vor Art. 85-90 Rn. 20 ff, m.w.N.; *Streinz*, Europarecht (2001), Rn 104.

sich danach, inwieweit die angebotenen Güter sachlich, örtlich und zeitlich substituierbar sind.[225] Eine beherrschende Stellung liegt vor, wenn ein oder mehrere Unternehmen in der Lage sind, einen wirksamen Wettbewerb auf dem relevanten Markt zu verhindern.[226] Wann eine solche Konstellation gegeben ist, lässt sich – schon aufgrund der ständigen technischen Änderungen auf dem Telekommunikationssektor[227] – nur im Einzelfall bestimmen und soll daher hier nicht weiter untersucht werden.[228]

Missbräuchlich ist jedes Verhalten, das die Struktur eines Marktes beeinflussen kann und die Aufrechterhaltung oder Entwicklung von Wettbewerb behindert, wenn Mittel verwendet werden, die von den üblichen Wettbewerbsmitteln abweichen.[229] Es kommt darauf an, ob sich das Verhalten des Unternehmens in den Grenzen des zulässigen Leistungswettbewerbs bewegt oder darüber hinaus geht.[230]

Die Kommission hat bezüglich verschiedener Fallgruppen mitgeteilt[231], dass sie in diesen Fällen einen Missbrauch im Sinne des Art. 82 EGV bejaht:

1) Das marktbeherrschende Unternehmen verweigert einem Wettbewerber den Zugang, der zum Zweck der Erbringung einer Dienstleistung beantragt wird, während es selbst oder ein anderer Betrei-

---

[225] EuGH, Slg. 1971, 69, 84 Rn. 16; Slg. 1971, 487, 501 Rn. 17; Slg. 1973, 215, 248 Rn. 32; Slg. 1979, 461, 516 f. Rn. 28; *Koch*, in: Grabitz/Hilf, EU-Kommentar, Art. 86 Rn. 33 ff.; *Weitbrecht*, EuZW 1998, 677, 681 ff.

[226] EuGH, Slg. 1978, 207, 286 Rn. 63/66; Slg. 1979, 461, 520 Rn. 38; Slg. 1980, 3775, 3793 Rn. 26; Slg. 1983, 3461, 3503 Rn. 30.

[227] Vgl. *Europäische Kommission*, Abl. EG 1991, C 233/2, S. 9 Rn. 47; *dies.*, Abl. EG 1991, C 233/2, S. 7 Rn. 25.

[228] Näher zu dieser Frage *Rudolf*, Das Recht auf Netzzugang in der Telekommunikation (2001), S. 51 ff. m.w.N.

[229] EuGH, Slg. 1979, 461, 541 Rn. 91.

[230] *Grill*, in: Lenz, EG-Vertrag, Art. 82 Rn. 22; *Koch*, in: Grabitz/Hilf, EU-Kommentar, Art. 86 Rn. 42 ff.

[231] *Europäische Kommission*, ABl. EG 1998, C 265/2 S. 14 Rn. 84 ff.

ber, dem der Zugang gewährt worden ist, auf diesem Dienstleistungsmarkt tätig ist. Diese Anwendung unterschiedlicher, benachteiligender Bedingungen bei gleichwertigen Leistungen ist missbräuchlich, soweit kein sachlicher Grund für die Ungleichbehandlung vorliegt, und verstößt damit gegen Art. 82 S. 2 lit. b) EGV.

2) Das marktbeherrschende Unternehmen verweigert einem Wettbewerber den Zugang, der zum Zweck der Erbringung einer Dienstleistung beantragt wird, obwohl weder es selbst noch ein anderer Betreiber auf diesem Dienstleistungsmarkt tätig ist. Dieses verstößt nach Ansicht der Kommission gegen Art. 82 S. 2 lit. b) EGV, weil die Zugangsverweigerung die Entwicklung neuer Märkte oder neuer Produkte auf diesen Märkten einschränke oder die Entfaltung des Wettbewerbs auf bestehenden Märkten behindere. Ein marktbeherrschendes Unternehmen, das eine wesentliche Einrichtung kontrolliert, müsse Zugang zu dieser gewähren, wenn (1) der Zugang zu dieser Einrichtung eine wesentliche Voraussetzung für die Teilnahme am Wettbewerb ist, (2) ausreichende Kapazität besteht, (3) der Eigentümer der Einrichtung die Nachfrage nicht selbst befriedigt, die Entstehung eines potenziellen neuen Dienstes oder Produktes verhindert oder den Wettbewerb auf einem bestehenden oder potenziellen Dienste- oder Produktmarkt behindert, (4) ein angemessenes Entgelt gezahlt wird und (5) kein sachlicher Grund für die Zugangsverweigerung besteht. Hier bestehe ein Kontrahierungszwang, um den diskriminierten Diensteanbietern die Tätigkeit auf einem neuen Dienstleistungsmarkt zu ermöglichen.[232] Mit dem Begriff der „wesentlichen Einrichtung" greift die Kommission dabei auf eine Begrifflichkeit aus dem amerikanischen anti-trust-Recht zurück. Hier hat die US-Rechtsprechung, gestützt auf Sec. 2 Sherman Act, die sog. Essential Facilities Doktrin entwickelt. Ob diese ohne weiteres auf das europäische Wettbewerbsrecht übertragen werden kann, ist jedoch strittig und soll im nächsten Abschnitt näher behandelt werden.[233]

---

232 *Europäische Kommission*, ABl. EG 1998, C 265/2 S. 15 Rn. 91.

233 Unten Seite 82.

3) Das marktbeherrschende Unternehmen entzieht einem Kunden den Zugang wieder. Diese Fallgruppe wird zum einen mit einer missbräuchlichen Lieferungsverweigerung gleichgesetzt, da kein grundsätzlicher Unterschied besteht zwischen dem Entzug eines Erzeugnisses und dem Entzug des Zugangs. Zudem wirkt sich der Zugangsentzug wie die Zugangsverweigerung nachteilig auf die Wettbewerbsstruktur aus, indem andere Wettbewerber vom relevanten Markt ausgeschlossen werden. Insoweit besteht auch kein Unterschied zur zweiten Fallgruppe, da es nachrangig ist, ob der Zugang erst im Nachhinein oder von Anfang an verweigert wird.[234]

Zusätzlich nennt die Kommission verschiedene Praktiken, welche die Bedingungen des Netzzugangs und nicht den Zugang selbst betreffen, etwa bestimmte Netzkonfigurationen[235], Koppelungsgeschäfte im Sinne des Art. 82 Satz 2 lit. d EGV[236], Benachteiligungen bei der Preisgestaltung[237] oder diskriminierende Zugangsvereinbarungen[238].

b) Essential Facilities Doktrin und EGV

Die Essential Facilities Doktrin wurde von der US-amerikanischen Rechtsprechung auf der Grundlage von Sec. 2 Sherman Act entwickelt.[239] Ihr zufolge sind Unternehmen, die eine wesentliche, d.h. für das Überleben von Wettbewerbern auf dem relevanten Markt notwendige Einrichtung kontrollieren, verpflichtet, den Wettbewerbern angemessenen Zugang zu gewähren, wenn die Einrichtung nicht sub-

---

[234] Vgl. *Europäische Kommission*, ABl. EG 1998, C 265/2 S. 17 Rn. 99 f.

[235] *Europäische Kommission*, ABl. EG 1998, C 265/2 S. 17 Rn. 102.

[236] *Europäische Kommission*, ABl. EG 1998, C 265/2 S. 17 Rn. 103.

[237] *Europäische Kommission*, ABl. EG 1998, C 265/2 S. 17 Rn. 104 ff.

[238] *Europäische Kommission*, ABl. EG 1998, C 265/2 S. 19 Rn. 120 ff., s.a. EuGH, Slg. 1985, 3261, 3277 Rn. 25; Slg.

[239] U.S. vs. Colgate & Co., 250 U.S. 300, 307 (1919); hierzu *Venit/Kallaugher*, Essential Facilities (1995), S. 317; *Areeda*, 58 Antitrust L.J. (1990), 841, 852 f.; *Hylton*, 1991 Brigham Y.U.L. rev. 1243, 1282 ff.; *Klaue*, RdE 1996, 51, 52 ff.

stituiert werden kann, die Zwangseinräumung des Zugangs möglich ist und kein sachlicher Grund die Zugangsverweigerung rechtfertigt.[240] Die Reichweite des Anwendungsbereiches ist im US-amerikanischen Recht noch nicht abschließend geklärt. So ist streitig, ob nur der Versuch, auf dem monopolisierten, gleichgeordneten Markt Wettbewerb auszuschalten oder zu verhindern, missbräuchlich ist, oder ob die Essential Facilities Doktrin auch gilt, wenn durch die Zugangsverweigerung Anbieter auf einem nachgeordneten Dienstemarkt diskriminiert werden.[241] Für den zweiten Fall wird alternativ die Anwendung der sog. Leverage Doktrin[242] diskutiert, die das auf dem vorgelagerten Markt beherrschende Unternehmen verpflichtet, dem Wettbewerber Güter oder Dienstleistungen zu verkaufen, die dieser für einen effektiven Wettbewerb auf dem abgeleiteten Markt benötigt.[243] Zudem ist noch nicht abschließend geklärt, welche Determinanten dem maßgeblichen Markt zugrundeliegen, welche Gründe eine Zugangsverweigerung rechtfertigen und zu welchen Bedingungen der Zugang erfolgen muss.[244]

---

[240] MCI Communications Corp. v. AT& T, 708 F 2d 1081, 1132-33 (7th Cir. 1082), dert. denied, 464 U.S. 891 (1983). vgl. auch U.S. v. Terminal Railroad Association 224 U.S. 383 (1912); Associated Press v. US., 326 U.S. 1 (1945); Otter Tail Power Co. v. U.S, 410 U.S. 366 (1973); City of Anaheim v. Southern California Edison Co., 955 F.2d 1373 (9th Cir. 1992); Olympic Equipment Leasing v. Western Union Telegraph Co., 797 F.2d 370 (7th Cir. 19M Aspen Skiing Co. v. Aspen Highland Skiing Corp., 472 U.S. 585 (1985); Mid-Texas Communications v. AT&T, 615 F.2d 1372 (5th Cir. 1980), cert. denied, 449 U.S. 912 (1980); U.S. v. AT&T, 524 F.Suppl. 1336, 1352 (D.D.C. 1981); Southern Pac. Communications Co. v. AT&T, 556 F.Suppl. 825 (D.D.C. 1983), aff.d, 740 F.2d 980 (D.C.Cir. 1984), dert. denied, 470 U.S. 1005 (1985).

[241] Vgl. zur Diskussion *Areeda*, 58 Antitrust L.J. (1990), 841, 852 ff.; *Venit/Kallaugher*, Essentials Facilities (1995), S. 315 ff.; *Ratner*, 21 U.C.D.L. Rev. (1988), 327, 328; *Gerber*, 74 Virg. L. Rev. (1988), 1069 ff.

[242] U.S. v. Griffith, 334 U.S. 100; Berkey Photo v. Eastman Kodak Co., 603 F.2d 263 (2nd Cir.), cert. denied 444 U.S. 1093, 1980.

[243] Vgl. insbes. Berkey Photo v. Eastman Kodak Co., 603 F.2d 263 (2nd Cir.), cert. denied 444 U.S. 1093, 1980.

[244] *Schwintowski*, WuW 1999, 842 ff.

Die Kommission hat die Essential Facilities Doktrin Anfang der 90er Jahre aufgegriffen und mit gewissen Modifikationen im Rahmen des Art. 82 EGV angewandt.[245] Im Unterschied zu den US-amerikanischen Entscheidungen auf der Grundlage von Sec. 2 Sherman Act richteten sich die Maßnahmen der Kommission nur gegen die Ausnutzung einer bereits erlangten Machtstellung, nicht jedoch auch schon gegen den Erwerb und die Verteidigung dieser Machtstellung durch unangemessene Mittel.[246] Den Missbrauch sieht die Kommission dabei in der Machtverstärkung des vertikal integrierten marktbeherrschenden Unternehmens auf einem anderen, vor- oder nachgelagerten Markt.[247] Auch mit diesen Modifikationen bleibt die Übertragung der Essential Facilities Doktrin auf Art. 82 EGV umstritten. Insbesondere sind die Tatbestände von Sec. 2 Sherman Act und Art. 82 EGV nur bedingt vergleichbar. Der Anwendungsbereich des Art. 82 EGV ist weiter, dafür sind die Rechtsfolgen enger gezogen, so dass es problematisch erscheint, die weitreichenden Rechtsfolgen der Essential Facilities Doktrin auf diese Vorschrift zu stützen: Während Sec. 2 Sherman Act mit dem „specific interest" einer Monopolisierung auch ein subjektives Element enthält, reichen bei Art. 82 EGV die rein objektive Marktbeherrschung und Diskriminierung.[248] Dafür schützt Art. 82 EGV nur den Wettbewerb als solchen, nicht jedoch die einzelnen Wettbewerber.[249] Während die Essential Facilities Doktrin zu Wettbewerb auf einem Markt führen soll, auf dem bislang kein Wettbewerb bestand, bzw. einen solchen Markt überhaupt erst eröffnet, dient Art. 82 EGV lediglich der Missbrauchsverhinderung auf bestehenden

[245] So beispielsweise im Verkehrsbereich („Hafenfälle"): *Europäische Kommission*, Entscheidung vom 11.6.1992, IV/34.174, nicht veröffentlicht; Entscheidung 94/19/EG, ABl. EG 1993, L 15/8; Entscheidung 94/119/EG, ABl. EG 1993, L 55/52; Entscheidung vom 16.5.1995, IV/35.388, nicht veröffentlicht.

[246] *M. Müller*, EuZW 1998, 232, 233.

[247] *Europäische Kommission*, ABl. EG 1994, L 15/8 Rn. 66.

[248] *Furse*, 8 ECLR (1995), 469, 473; *Temple Lang*, 18 Fordham Int. L.J. (1994), 437, 522; *Lampert*, WuW 1998, 27, 36; *Märkl*, Netzzusammenschaltung in der Telekommunikation (1998), S. 357.

[249] Zum insoweit nur institutionellen Charakter von Art. 82 EGV *Fleischer/Weyer*, WuW 1999, 350, 356 f.

Märkten, soll aber keine neuen Marktstrukturen schaffen und bestehende Wettbewerbsdefizite überwinden.[250]

Der EuGH hat es in einschlägigen Entscheidungen bislang vermieden, sich ausdrücklich auf die Essential Facilities Doktrin zu berufen. So spricht er im sog. „Bronner-Urteil" lediglich von einem „für den Verkauf seiner Tageszeitung als wesentlich angesehenen Vertriebsweg"[251], obwohl sich der Generalanwalt in seinem Schlusswort ausdrücklich auf die Essential Facilities Doktrin berufen hatte[252]. In bislang zwei Fällen hatte der EuGH Sachverhalte zu entscheiden, die denen der Essential Facilities Problematik zumindest stark ähnelten.

In der sog. „Magill-Entscheidung"[253] begehrte ein Unternehmen, das eine wöchentliche Fernsehprogramm-Zeitschrift verlegen wollte, Zugang zu den Informationen über die wöchentlichen Fernsehsendungen in Irland empfangbarer irischer und britischer Fernsehsender, die die zusammengeschlossenen marktbeherrschenden Unternehmen unter Berufung auf ihr Urheberrecht und ihre Sendelizenz verweigerten. Der EuGH stellte hier ein missbräuchliches Verhalten fest und billigte die Entscheidung der Kommission, gestützt auf Art. 3 VO Nr. 17 eine Zwangslizenz zugunsten des Verlegers anzuordnen. Die Ausübung eines – durch die Senderlizenzen eingeräumten – ausschließlichen Rechts sei zwar nicht per se missbräuchlich. Ein missbräuchliche Leistungsverweigerung liege allerdings vor, wenn die begehrte Leistung unentbehrlich für die geplante Tätigkeit sei, die Verweigerung der Leistung ein neues Produkt verhindere, nach dem einen potenzielle Nachfrage der Verbraucher bestehe, die Weigerung nicht durch sachliche Gründe gerechtfertigt sei und sie jeden Wettbewerb

---

[250] *Rudolf*, Das Recht auf Netzzugang in der Telekommunikation (2001), S. 59 f.

[251] EuGH, EuZW 1999, 86 Rn. 37. Gleichwohl wird es in der Literatur als Bestätigung der Essential Facilities Doktrin verstanden, vgl. *Scherer*, MMR 1999, 315 ff.

[252] Generalanwalt *Jacobs*, Schlussanträge v. 28.5.1998 (Rs. C-7/99), Rn. 29-30, abgedr. in EuGRZ 1999, S. 12 ff.

[253] EuGH, Slg. I-1995, 743.

auf dem abgeleiteten Markt ausschließen könne.[254] Das Urteil wurde, insbesondere auch aus urheberrechtlicher Sicht, teilweise kritisiert.[255]

Im bereits zitierten „Bronner-Urteil“[256] ging es im Vorabentscheidungsverfahren um die Klage eines Zeitungsverlegers, der den Zugang zum Hauszustellungssystems eines konkurrierenden marktbeherrschenden Verlages begehrte, da es gleichwertige Substitute nicht gebe und der Aufbau eines eigenen Hauszustellungssystems unrentabel sei. Hier stellte der EuGH fest, dass die Verweigerung des Zugangs nur dann missbräuchlich sei, wenn sie geeignet wäre, jeden Wettbewerb durch den Wettbewerber auszuschalten, keine objektiven Rechtfertigungsgründe vorlägen und die begehrte Dienstleistung unentbehrlich für die beabsichtigte Tätigkeit wäre, weil kein tatsächlicher oder potenzieller Ersatz für das Hauszustellungssystem bestünde.[257] Diese Alternativlosigkeit wurde für Tageszeitungen verneint, da sowohl andere, vergleichbare Vertriebssysteme existierten und außerdem der Aufbau eines eigenen Zustellungssystems möglich sei.

Insgesamt ist noch nicht abschließend geklärt, wann die Verweigerung des Zugangs zu wesentlichen Einrichtungen einen Missbrauch im Sinne des Art. 82 EGV darstellt.[258] Allerdings zeichnen sich folgende Kriterien dafür ab, wann der Missbrauchstatbestand erfüllt ist: Die Einrichtung muss unentbehrlich für die beabsichtigte wirtschaftliche Tätigkeit sein, d.h. wesentlich, um Kunden zu erreichen oder Wettbewerbern die Durchführung ihrer Geschäftstätigkeit zu ermöglichen.[259]

---

[254] EuGH, Slg. I-1995, 743, 823 Rn. 49.

[255] Zur Kritik *Bechtold*, EuZW 1995, 345 ff.; *Jestaedt*, WuW 1995, 483 ff.; *Götting*, JZ 1996, 307 ff.; *Meinhardt*, Die Beschränkung nationaler Immaterialgüterrechte durch Art. 86 EGV (1998), S. 162, 170; *Pilny*, GRUR Int. 1995, 945 ff.; *Montag*, EuZW 1997, 71, 74 ff. Zur Rechtfertigung: *Temple Lang*, 18 Fordham Int. L.J. (1994), 437, 517; *Mailänder*, in: FS-Ingo Schmidt (1997), S. 271, 273 f.

[256] EuGH, MMR 1999, 348 = EuZW 1999, 86.

[257] EuGH, MMR 1999, 348, 351 Rn. 41.

[258] Vgl. auch *Brinker*, in: Schwarze, EU-Kommentar, Art. 82 Rn. 38.

[259] *Europäische Kommission*, ABl. EG 1998, C 265/2, S. 12 Rn. 68.

Dabei sind, folgt man dem Bronner-Urteil, bis zu einem gewissen Grad auch ungünstigere Alternativen zu prüfen.

Auf Telekommunikationsnetze angewandt bedeutet dies, dass die Schaffung eines eigenen parallelen Netzes technisch, rechtlich oder wirtschaftlich ausgeschlossen oder unzumutbar sein muss.[260] Wann dies der Fall ist, hängt insbesondere auch von der technischen Entwicklung ab. So ist derzeit wohl bezüglich der sog. local loop („letzten Meile"), also der Einzelteilnehmeranschlüsse im Ortsnetz, noch davon auszugehen, dass die Schaffung von Parallelstrukturen wirtschaftlich unmöglich ist („Bottleneck"). Allerdings kann für die Zukunft nicht ausgeschlossen werden, dass insbesondere die Weiterentwicklung drahtloser Übertragungstechniken (Stichwort „wireless local loop") einen wirtschaftlich vertretbaren Zugang zum Markt der Einzelteilnehmeranschlüsse darstellen kann.

Weiterhin ist Voraussetzung, dass der Inhaber der Einrichtung die Nachfrage auf einem abgeleiteten Markt nicht befriedigt oder durch die Zugangsverweigerung jeglichen Wettbewerb verhindert. Eine bloße Beeinträchtigung des Wettbewerbs genügt per se noch nicht. Außerdem muss für den Zugang ein angemessenes Entgelt entrichtet werden und darf die Zugangsverweigerung nicht objektiv gerechtfertigt sein. Ein solcher Rechtfertigungsgrund ist wiederum im Einzelfall zu prüfen und kann sich beispielsweise daraus ergeben, dass die Zugangsgewährung mit übermäßigen Schwierigkeiten verbunden ist oder dass der Eigentümer, der Investitionen zur Einführung eines neuen Produktes oder Dienstes getätigt hat, hinreichend Zeit und Gelegenheit zur Nutzung dieser Einrichtung benötigt, um das neue Produkt oder den neuen Dienst auf den Markt zu bringen.[261]

In der Literatur werden im Bezug auf Infrastrukturnetze als weitere Verweigerungsgründe die Gefährdung der Funktionsfähigkeit des Netzes, der Interoperabilität oder der Betriebssicherheit[262] sowie fehlende Kreditwürdigkeit oder mangelnde technische oder fachliche

---

[260] Vgl. *Rudolf*, Das Recht auf Netzzugang in der Telekommunikation (2001), S. 64.

[261] Vgl. *Europäische Kommission*, ABl. EG 1998, C 265/2, S. 16 Rn. 91.

[262] *Deselaers*, EuZW 1995, 563, 568 f.; *Glasl*, 6 ECLR (1994), 306, 314.

Voraussetzungen bei der Ausstattung der Einrichtung oder beim Personal des Zugang begehrenden Wettbewerbers[263] genannt.

c) Zusammenfassung

Unter Berücksichtigung all dieser Umstände ist wohl davon auszugehen, dass die Verweigerung des Netzzugangs, zumindest bezüglich der letzten Meile, unabhängig von den spezialgesetzlich vorgesehenen Zusammenschaltungstatbeständen auch als Missbrauch i.S.d. Art. 82 EGV angesehen werden kann.[264] Soweit die Zugangsverweigerung auch geeignet ist, den Handel zwischen den Mitgliedstaaten zu beeinträchtigen, könnten daher die Rechtsfolgen des Art. 82 EGV eintreten. Dabei genügt es, ebenso wie bei Art. 81 Abs. 1 EGV,[265] dass eine Verhaltensweise unmittelbar oder mittelbar, tatsächlich oder potenziell geeignet ist, die Freiheit des Handels in einer Weise zu gefährden, welche die Verwirklichung der Ziele eines einheitlichen Marktes nachteilig beeinflussen kann.[266] Eine solche Eignung liegt insbesondere vor, wenn sie ihrem Wesen nach zu einer Abschottung der nationalen Märkte führt.[267] Das ist der Fall, wenn sich eine Missbrauchshandlung auf das gesamte Hoheitsgebiet eines Mitgliedstaates erstreckt.[268] Auch diese Voraussetzung dürfte in ihrer weiten Auslegung durch den EuGH angesichts der Tatsache, dass die über die Telekommunikationsnetze erbrachten Dienstleistungen im Zweifel innerhalb der gesamten Gemeinschaft gehandelt werden und sich somit die Netzzugangsbeschränkung auf die Dienstleistungen eines Dienst-

---

263 *Märkl*, Netzzusammenschaltung in der Telekommunikation (1998), S. 221; *Glasl*, 6 ECLR (1994), 306, 314.

264 So auch *Rudolf*, Das Recht auf Netzzugang in der Telekommunikation (2001), S. 64 ff.

265 EuGH, Slg. 1980, 3775 Rn. 28.

266 EuGH, Slg. 1985, 2545 Rn. 22, st. Rsp.

267 EuGH, Slg. 1972, 977, 991, st. Rsp.

268 EuGH, Slg. 1985, 2545, 2572.

leistungsanbieters oder Netzbetreibers entscheidend auswirken können[269], erfüllt sein.

C. Jüngere Entwicklung des Telekommunikationsrechts in Deutschland

I. Entwicklung

Die jüngere Entwicklung des Telekommunikationsrechts in Deutschland zeichnet im Wesentlichen die beschriebenen europarechtlichen Vorgaben nach,[270] wobei die Umsetzung der neuesten Richtlinien[271] bei Abschluss des Manuskripts noch ausstand.[272] Die Bundesregierung hat einen entsprechenden Entwurf zum Telekommunikationsgesetz am 15.10.2003 beschlossen.[273]

Bis zum Beginn der Liberalisierungspolitik wurde die Bundespost gemäß Art. 87 Abs. 1 S. 1 GG a.F. in bundeseigener Verwaltung mit eigenem Verwaltungsunterbau geführt. Damit war die staatliche Inhaberschaft der Post als Betreiberin auch der Telekommunikationsnetze durch den Bund verfassungsrechtlich vorgegeben. Streitig war, ob hierdurch auch das staatliche Monopol der Post bereits verfassungsrechtlich determiniert war.

Richtigerweise kann in Art. 87 GG a.F. aufgrund seiner systematischen Stellung aber nur eine Aufgaben- und Kompetenzzuweisung gesehen werden, aber nicht die Pflicht, die Aufgabenerfüllung auch alleine wahrzunehmen und privatwirtschaftliche Wettbewerber vom

---

269 *Europäische Kommission*, ABl. EG 1998 C 265/2, S. 2 Rn. 147.

270 So auch *Scherer*, NJW 1996, 2953, 2953 f.

271 Oben Seite 70 ff.

272 Die Kommission hat daher am 10.10.2003 ein Vertragsverletzungsverfahren gegen Deutschland eingeleitet. Zur Frage der unmittelbaren Anwendbarkeit der neuen Richtlinien *Ellinghaus*, CR 2003, 657 ff.

273 BR-Drs. 755/03. Im Folgenden werden die Regelungen des TKG a.F. dargestellt.

Markt auszuschließen. Eine andere Interpretation müsste konsequenterweise auch zur Verfassungswidrigkeit der bereits vor Änderung des Art. 87 GG zugelassenen privaten Paketzustelldienste gelangen. Das staatliche Monopol der Bundespost wurde auf dem Telekommunikationssektor vielmehr erst einfachgesetzlich durch das Fernmeldeanlagengesetz von 1928 (FAG)[274] begründet. Nach § 1 FAG a.F. hatte der Bund das ausschließliche Recht, Fernmeldeanlagen zu betreiben. Dieses Monopol erstreckte sich im Ergebnis auf den gesamten Bereich der Telekommunikationswirtschaft: Die Errichtung und Wartung der Fernmeldenetze (Netzmonopol), das Angebot von Diensten der körperlosen Nachrichtenübermittlung auf diesen Netzen (Dienstemonopol), die Überlassung und Wartung aller Benutzerendgeräte (Endgerätemonopol) sowie die Entscheidung über die technische Ausgestaltung aller Einrichtungen (Infrastrukturmonopol).[275] Zwar konnte gemäß § 2 Abs. 1 FAG a.F. die Befugnis zur Errichtung und zum Betrieb einzelner Fernmeldeanlagen verliehen werden. Ein Anspruch auf Verleihung stand gemäß § 2 Abs. 2 S. 2 FAG a.F. aber nur öffentlichen Elektrizitätsversorgern zum Zwecke ihres Betriebs zu und nur unter der Bedingung, das keine Betriebsinteressen der Bundespost entgegenstanden.

1. Postreform I

Eine erste Durchbrechung des Monopols erfolgte – u.a. in Erfüllung der Mobilfunkrichtlinie von 1987 und der Endgeräterichtlinie von 1988[276] - durch die Postreform I von 1989.[277] Diese beschränkte die

---

[274] Gesetz über Fernmeldeanlagen i.d.F. der Bek. v. 17.3.1977, BGBl. I, S. 459, ber. S. 573, geänd. d. Art. 1 Gesetz v. 27.6.1986, BGBl. I, S. 948.

[275] Ausführlich zur Entwicklung des Telekommunikationsrechts *Eifert*, Grundversorgung mit Telekommunikationsleistungen im Gewährleistungsstaat (1998), S. 31 ff.; *Grande*, Vom Monopol zum Wettbewerb? (1989), passim; *Münkler*, ArchivPF 1976, S. 133 ff.

[276] Oben Seite 60 ff.

[277] Vgl. zur Postreform I: *Badura*, in: FS-Lorenz (1991), S. 3 ff.; *ders.*, in: FS-Thieme (1993), S. 877 ff.; *J. Müller*, ZögU 1992, 308; *Zuck*, MDR 1989, 779 f.; *Rütter*, JurPC 1991, 1306 ff., 1357 ff.; *Roßnagel/Wedde*, DVBl. 1988, 562 ff.; *Fangmann*, VuR 1988, 241 ff.; *Berger/Schöttner*, ZögU 1991, 223 ff.; *Büchner*, CR 1996, 581 ff.; *Immick*, StG 1993, 150 ff.

Monopolrechte im Endgeräte- und Mobilfunkbereich und trennte rechtlich die politischen Aufgaben der Bundesregierung von den hoheitlichen Aufgaben der Post.

Die Bundespost wurde von einer Behörde in ein öffentliches Unternehmen in der Rechtsgestalt eines Sondervermögens umgewandelt und rechnungsmäßig in drei Unternehmensteile (Deutsche Bundespost Postdienst, Deutsche Bundespost Postbank und Deutsche Bundespost Telekom) zergliedert. Gemäß § 1 Abs. 1 FAG n.F.[278] stand dem Bund zwar noch das Recht zur Errichtung und zum Betrieb von Fernmeldeanlagen zu, jedoch nicht mehr ausschließlich. Als Monopol wurde gemäß § 1 Abs. 2 FAG n.F. nur noch das Netzmonopol ausgestaltet, also das Recht, Übertragungswege einschließlich zugehöriger Abschlusseinrichtungen sowie Funkanlagen zu errichten und zu betreiben, außerdem gemäß § 1 Abs. 4 S. 2 FAG n.F. der Betrieb von Fernmeldeanlagen, sofern diese der Vermittlung von Sprache für andere dienen (Telefondienstmonopol). Errichtung und Betrieb (zugelassener) Endgeräte sowie das Erbringen von Telekommunikationsdienstleitungen mit Ausnahme der Vermittlung von Sprachtelefonie wurde hingegen gemäß § 1 Abs. 3 und 4 FAG n.F. nunmehr jedermann gestattet.[279]

2. *Postreform II*

Diesem ersten Schritt folgte 1994 die Postreform II.[280] Im Rahmen dieser Reform wurde die Bundespost aus Art. 87 Abs. 1 S. 1 GG und

---

[278] Gesetz über Fernmeldeanlagen i.d.F. der Bek. vom 3.7.1989, BGBl. I, S. 1455.

[279] Zu den verbliebenen Monopolen *Martina*, NJW 1995, 681 ff.

[280] Hierzu *Windthorst*, CR 1998, 281 ff.; *Ludl/Ludl*, DZWir 1997, 170 ff.; *Stern*, DVBl. 1997, 309 ff.; *Bullinger*, ArchPT 1998, 105 ff.; *Badura*, ArchPT 1997, 277 ff.; *Gramlich*, VerwArch 88 (1997), 598 ff.; *ders.*, NJW 1994, 2785 ff.; *Knauth/Husch*, ArchPT 1997, 5 ff.; *Pieper*, VR 1996, 12 ff.; *Büchner*, DZWir 1995, 120 ff.; *ders.*, CR 1996, 581 ff.; *Müller-Using*, ArchPT 1995, 46 f.; *K.-P. Schulz*, JA 1995, 417 ff.; *Benz*, DÖV 1995, 679 ff.; *Martina*, NJW 1995, 681 ff.; *ders.*, ArchPT 1995, 105 ff.; *Königshofen*, ArchPT 1995, 112 ff.; *Scherer*, CR 1994, 418 ff.; *Rottmann*, ArchPT 1994, 193 ff.; *Berger*, ZögU 1993, 80 ff.; *Blanke/Sterzel*, KJ 1993, 278 ff.; *Scholz/Aulehner*, ArchPT 1993, 221 ff.

somit als Gegenstand der bundeseigenen Verwaltung gestrichen. Stattdessen wurde der Art. 87f in das Grundgesetz eingefügt.[281] Gemäß Art. 87f Abs. 2 GG sollen die Telekommunikationsdienstleistungen nunmehr als privatwirtschaftliche Tätigkeiten sowohl durch private Anbieter als auch durch die Nachfolgeunternehmen der Bundespost erbracht werden. Art. 87f Abs. 1 GG verpflichtet außerdem den Bund, eine flächendeckende, angemessene und ausreichende Versorgung mit Dienstleistungen zu gewährleisten.[282] Art. 87f Abs. 1 GG verpflichtete den Bund, dort mit hoheitlichen Mitteln für das notwendige Angebot an Dienstleistungen zu sorgen, wo der Markt aufgrund von Rentabilitätserwägungen Telekommunikationsdienstleistungen nicht in dem politisch als notwendig angesehenen Umfang erbringt.[283] Ebenfalls neu eingefügt wurde Art. 143b GG, der die Umwandlung des Sondervermögens Deutsche Bundespost in ein Unternehmen privater Rechtsform anordnet und die Verleihung ausschließlicher Rechte an diese Unternehmen nur für eine Übergangszeit gestattet. Auf der Grundlage von Art. 143b GG wurde die Deutsche Bundespost Telekom in eine Aktiengesellschaft umgewandelt[284] und wurden die Gültigkeit des FAG und damit alle Monopolrechte bis zum 31.12.1997 befristet[285].

Schließlich ist am 1.8.1996 das Telekommunikationsgesetz (TKG)[286] in wesentlichen Teilen in Kraft getreten, das die wichtigsten sektorspezifischen Regelungen des Telekommunikationsmarktes beinhaltet. Ziel des TKG ist es, durch Regulierung im Bereich der Telekommunikation den Wettbewerb zu fördern und flächendeckend angemessene

---

281 Gesetz vom 30.8.1994, BGBl. I, S. 2245.

282 Vgl. hierzu *Schuppert*, Deutscher Bundestag, Rechtsausschuss, Protokoll 12/117, Anlage S. 68 ff., 74 ff.; *Stern*, DVBl. 1997, 309, 312 ff.; *Wieland*, in: Dreier (Hg.), GG, Bd. 3 (2000), Art. 87f Rn. 11 ff. Zur Bedeutung von Art. 87f Abs. 1 GG unten S. 169 ff.

283 *Fehling*, AöR 121 (1996), S. 59, 81 f.

284 Vgl. Postneuordnungsgesetz vom 14.9.1994, BGBl. I, S. 2325 ff.

285 Siehe § 28 FAG n.F.

286 Gesetz vom 25.6.1996, BGBl. I, S. 1120, zuletzt geänd. durch Gesetz vom 21.6.2002, BGBl. I, S. 2010.

und ausreichende Dienstleistungen zu gewährleisten sowie eine Frequenzordnung festzulegen (§ 1 TKG).[287] Die vollständige Liberalisierung der Telekommunikationsmärkte sollte mit dem Außerkrafttreten des FAG zum 1.1.1998 erfolgen. Zu diesem Zeitpunkt wurden außerdem die Regulierungsaufgaben nach dem TKG auf die neugegründete Regulierungsbehörde für Telekommunikation und Post (RegTP) übertragen.[288]

II. Regelungen des Telekommunikationsgesetzes (TKG)

Der Regelungsansatz des TKG ist an dem Ziel ausgerichtet, auf einem bislang von einem Staatsunternehmen allein bedienten Markt chancengleichen und funktionsfähigen Wettbewerb zu eröffnen (§ 2 Abs. 2 Nr. 2 TKG) und zugleich eine flächendeckende Grundversorgung mit Telekommunikationsdienstleistungen zu gewährleisten (§ 2 Abs. 2 Nr. 3 TKG). Das TKG setzt in erster Linie die Vorgaben der (alten) europäischen Telekommunikationsrichtlinien um und ähnelt daher in seinen Grundstrukturen vielen anderen neueren europäischen Telekommunikationsgesetzen.[289] Es ist exemplarisch für die Anwendung wettbewerbsrechtlicher Instrumente in Privatisierungsfolgenbereichen, um auf einem durch Privatisierung neu geschaffenen Markt einen funktionsfähigen Wettbewerb herzustellen.[290]

---

[287] Vgl. zur Einführung des TKG auch *Wessely/Etling-Ernst*, Medien und Recht 1996, Nr. 4, 135 ff.; *Büchner*, CR 1996, 581 ff.; *Hefekäuser/Wehner*, CR 1996, 698 ff.; *Scherer*, NJW 1996, 2953 ff.; *Kemmler*, ArchPT 1996, 321 ff. speziell zum Netzzugang *Haar*, CR 1996, 713 ff.

[288] Vgl. *Scherer*, NJW 1996, 2953 ff.; *Gramlich*, NJW 1996, 617 ff.; *Schmidt-Bleibtreu*, in: Schmidt-Bleibtreu/Klein, GG (1999), Art. 87f Rn. 7. Zum Verhältnis der RegTP zu den Kartellbehörden *Möschel*, WuW 2002, 683 ff.

[289] *Scherer*, NJW 1996, 2953, 2955; *ders.* (Hg.), Telecommunications Laws in Europe (1995), S. 29 ff. (Belgien), 60 ff. (Frankreich), 146 ff. (Schweden), 164 ff. (Großbritannien).

[290] *Trute*, DVBl. 1996, 950, 959 f.

Aufgrund der aus Art. 12 Abs. 1 GG abgeleiteten allgemeinen Gewerbefreiheit ist grundsätzlich jedermann berechtigt, Telekommunikationsdienstleistungen zu erbringen, muss aber gemäß § 4 TKG Aufnahme, Änderung und Beendigung des Betriebs der Regulierungsbehörde anzeigen. Dabei sind Telekommunikationsdienstleistungen gemäß § 3 Nr. 18 TKG das gewerbliche Angebot von Telekommunikation einschließlich des Angebots von Übertragungswegen für Dritte.

Hiervon macht § 6 TKG allerdings gewichtige Ausnahmen. Demnach bedarf derjenige einer Lizenz, der Übertragungswege betreibt, die über die Grenzen eines Grundstücks hinausgehen und für Telekommunikationsdienstleistungen für die Öffentlichkeit genutzt werden (§ 6 Abs. 1 Nr. 1 TKG), also für den Netzbetrieb, oder wer Sprachtelefondienste auf der Basis selbstbetriebener Telekommunikationsnetze betreibt (§ 6 Abs. 1 Nr. 2 TKG). Betreiber von Telekommunikationsnetzen ist dabei gemäß § 3 Nr. 2 TKG derjenige, der die Funktionsherrschaft über das Netz ausübt, auch wenn es im Eigentum eines Dritten steht. Die Lizenzen sind gemäß § 6 Abs. 2 TKG in vier Lizenzklassen eingeteilt: Mobilfunklizenzen (Klasse 1), Satellitenfunklizenzen (Klasse 2), Lizenzen für den Betrieb sonstiger Übertragungswege (Klasse 3) und Lizenzen für Sprachtelefondienste auf der Basis selbstbetriebener Telekommunikationsnetze (Klasse 4). An diese Lizenzklassen knüpft beispielsweise die Entgeltgenehmigungspflicht gemäß § 25 TKG an. Die Erteilung einer Lizenz kann gemäß § 8 Abs. 3 TKG nur dann verweigert werden, wenn die Regulierungsbehörde über keine nutzbaren Frequenzen verfügt, die dem Antragsteller, der Funkverbindungen betreiben möchte, zugeteilt werden können (§ 8 Abs. 3 Nr. 1 TKG), oder wenn dem Antragsteller die erforderliche Zuverlässigkeit, Leistungsfähigkeit oder Fachkunde fehlt und damit zu erwarten ist, dass das Lizenzrecht nicht dauerhaft ausgeübt werden oder die öffentliche Sicherheit oder Ordnung gefährdet würde (§ 8 Abs. 3 Nr. 2 TKG).[291] Die Genehmigungsvoraussetzungen setzen sich also aus dem klassisch ordnungsrechtlichen Kriterium der Zuverlässigkeit und Kriterien zur Erfüllung des staatlichen Gewährleistungsauftrags aus § 1 TKG, Art. 87f Abs. 1 GG zusammen.

Die Lizenzerteilung erfolgt grundsätzlich im sog. Antragsverfahren gemäß § 8 TKG auf den schriftlichen Antrag des Betreibers. Stehen jedoch nach Maßgabe des Frequenznutzungsplans (§ 46 TKG) nicht genügend Frequenzen zur Verfügung, kann die Behörde gemäß § 10 TKG die Anzahl verfügbarer Frequenzen beschränken und diese im sog. Vergabeverfahren nach § 11 TKG vergeben.[292] Dabei hat die Behörde die Wahl zwischen der Ausschreibung[293] und der Versteigerung der Frequenzen. Das Versteigerungsverfahren wird vom Gesetz gemäß § 11 Abs. 2 S. 1 TKG als Regelfall vorgesehen und wurde erstmals 2000 im Rahmen der Vergabe der UMTS-Lizenzen angewandt. Aufgrund der außerordentlich hohen Ersteigerungserlöse ist die Frage der (insbesondere) finanzverfassungsrechtlichen Zulässigkeit dieses Verteilungsinstruments in der Literatur heftig diskutiert worden.[294]

Im Zuge der Umsetzung der neuen EG-Richtlinien dürfte dieses Lizenzmodell umzugestalten sein, da diese umfangreiche Genehmigungsbedürftigkeit nicht mehr konform mit dem Modell der Allge-

---

[291] Näher *Scherer*, NJW 1996, 2953, 2956 f. Vgl. zu den Kriterien bezüglich der Fachkunde *Bundesminister für Post und Telekommunikation*, Verfügung 116/1996, ABl. 17/95, S. 951.

[292] Zu Rechtsschutzmöglichkeiten des nicht berücksichtigten Konkurrenten *Heine/Neun*, MMR 2001, 352 ff.

[293] Zu den EG-beihilferechtlichen Aspekten des Ausschreibungsverfahrens *Pautsch*, MMR 2001, 423 ff.

[294] Die Darstellung würde den Rahmen dieser Abhandlung sprengen. Vgl. hierzu beispielsweise *Piepenbrock/Schuster* (Hg.), UMTS-Lizenzvergabe (2001); *Müller-Terpitz*, K&R 2002, 75 ff.; *Storr*, K&R 2002, 67 ff.; *Varadinek*, CR 2001, 17 ff.; *Koenig/Neumann*, ZRP 2001, 252 ff.; *Kötter*, DVBl. 2001, 1556 ff.; *Ruhle/Schuster*, K&R 2001, 555 ff.; *Luttermann*, K&R 2000, 473 ff.; *Schumacher*, NJW 2000, 3096 ff.; *Klöck*, RTkom 2000, 280 ff.; *Kämmerer*, NVwZ 2002, 161 ff.

meingenehmigung nach Art. 3 Abs. 2 der Genehmigungsrichtlinie ist.[295]

2. Universaldienst

Die §§ 17 ff. TKG geben das rechtliche Instrumentarium, um die Erbringung von Universaldiensten auch nach der Liberalisierung staatlich überwachen und gewährleisten zu können. Durch diese Vorschriften wird der Gewährleistungsauftrag aus Art. 87f Abs. 1 GG, § 1 TKG konkretisiert. Universaldienstleistungen sind ein Mindestangebot an Telekommunikationsdienstleistungen für die Öffentlichkeit in einer bestimmten (von der Behörde festgelegten) Qualität, zu denen alle Nutzer unabhängig von ihrem Wohn- oder Geschäftsort zu einem erschwinglichen Preis Zugang haben müssen (§ 17 Abs. 1 TKG). Der genaue Umfang des Universaldienstes ist in der auf § 17 Abs. 2 TKG fußenden Telekommunikations-Universaldienstleistungsverordnung (TUDLV)[296] festgelegt.

Dabei ist die gesetzgeberische Grundannahme, dass Universaldienste auf wettbewerblicher Grundlage ausreichend und angemessen erbracht werden, so dass grundsätzlich kein behördlicher Handlungsbedarf besteht.[297] Sofern zumindest zu besorgen ist, dass eine Versorgung nicht gewährleistet werden kann, ist gemäß § 18 Abs. 1 S. 1 TKG grundsätzlich jeder Lizenznehmer nach § 6 TKG, der auf dem relevanten Markt tätig ist und dort einen Umsatzanteil von mindestens 4% auf sich vereinigt, verpflichtet, zur Erbringung der Universaldienstleistung beizutragen.

Kommt es dennoch zu Versorgungslücken, kann die Behörde gemäß §§ 19 ff. TKG in einem mehrstufigen Verfahren vorgehen: Zunächst hat die Behörde im Verfahren nach § 73 ff. TKG formell festzustellen, dass Universaldienstleistungen auf einem bestimmten Markt nicht

---

[295] Hierzu oben Seite 75.

[296] Telekommunikations-UniversaldiensleistungsVO (TUDLV) v. 31.1.1997, BGBl. I, S. 141.

[297] *Scherer*, NJW 2953, 2959.

ausreichend erbracht werden. Sofern sich nicht binnen eines Monats nach Veröffentlichung der Feststellung ein Unternehmen freiwillig verpflichtet, entsprechende Universaldienstleistungen zu erbringen, kann die Behörde einem oder mehreren Lizenznehmern nach § 6 TKG die Erbringung dieser Leistungen auferlegen (§ 19 Abs. 3 TKG). Sofern das Unternehmen nachweist, dass die Erbringung der Universaldienste höhere Kosten verursacht, als sie anhand der festgelegten „erschwinglichen Preise" an Erträgen hierdurch erzielt, kann es einen finanziellen Ausgleich verlangen (§ 20 TKG). Dieser Ausgleich wird aus einem Universaldienstfonds finanziert, zu dem die nach § 18 Abs. 1 S. 1 universaldienstpflichtigen Unternehmen entsprechend ihrem Anteil auf dem relevanten Markt beizutragen haben (§ 21 TKG). In der Praxis dürfte zumeist allein das Drohpotenzial der §§ 19 ff. TKG genügen, so dass das marktbeherrschende Unternehmen Universaldienstleistungen freiwillig erbringt, um einer Anordnung durch die Regulierungsbehörde zuvorzukommen.

3. Entgeltregulierung

Gemäß §§ 23 ff. TKG unterliegen die Entgelte und Allgemeinen Geschäftsbedingungen der Telekommunikationsunternehmen grundsätzlich der Regulierung durch die Regulierungsbehörde. Gemäß § 23 Abs. 2 TKG sind die AGB aller Lizenznehmer der Behörde anzuzeigen, die diesen gemäß § 23 Abs. 1, Abs. 2 S. 2 TKG innerhalb von vier Wochen widersprechen muss, soweit diese den Maßstäben der ONP-Richtlinie nicht entsprechen.

Die Entgelte haben sich gemäß § 24 Abs. 1 TKG an den Kosten der effizienten Leistungsbereitstellung zu orientieren. Gemäß § 24 Abs. 2 TKG dürfen Entgelte keine Aufschläge enthalten, die nur aufgrund einer marktbeherrschenden Stellung[298] des Anbieters durchgesetzt werden können (Nr. 1), noch dürfen sie wettbewerbsverzerrende Abschläge enthalten (Nr. 2) oder diskriminierend sein (Nr. 3).

---

[298] Bezüglich der marktbeherrschenden Stellung nimmt das TKG durchweg Bezug auf § 19 GWB, so dass die dort entwickelten Maßstäbe auch im Telekommunikationsbereich anwendbar sind.

Bezüglich der Entgeltregulierung unterscheidet das TKG verschiedene Stufen: Grundsätzlich sind Entgelte nicht vorab genehmigungsbedürftig. Wenn der Anbieter von Telekommunikationsdienstleistungen auf dem sachlich und räumlich relevanten Markt eine marktbeherrschende Stellung einnimmt und die Regulierungsbehörde Grund zur Annahme hat, dass ein missbräuchliches Preissetzungsverhalten vorliegt, unterliegen die Entgelte (und entgeltrelevanten Bestandteile der AGB) einer ex-post-Regulierung gemäß §§ 25 Abs. 2 , 30 Abs. 2-6 TKG. Stellt die Behörde im Rahmen dieser Überprüfung fest, dass die Entgelte nicht den Maßstäben des § 24 Abs. 2 TKG entsprechen, hat das Unternehmen diese gemäß § 30 Abs. 4 TKG anzupassen. Die betreffenden Entgelte sind gemäß § 30 Abs. 4, 5 TKG ungültig, eine Mehrerlösabschöpfung nach dem Vorbild des § 34 GWB findet hingegen nicht statt.

Entgelte für das Angebot von Übertragungswegen und Sprachtelefondiensten im Bereich der Lizenzklassen 3 und 4 (also vor allem dem Bereich des früheren Monopols der Telekom) unterliegen einer ex-ante-Regulierung in Form der Genehmigungsbedürftigkeit gemäß §§ 25 Abs. 1, 27 TKG, sofern das Unternehmen auf dem relevanten Markt über eine marktbeherrschende Stellung verfügt. Wenn die Entgelte missbräuchlich zu hoch angesetzt sind (§ 24 Abs. 2 Nr. 1 TKG), muss die Genehmigung versagt werden. Im Fall wettbewerbsverzerrender Abschläge (§ 24 Abs. 2 Nr. 2 TKG) oder diskriminierender Entgelte (§ 24 Abs. 2 Nr. 3 TKG) ist die Entgeltgenehmigung hingegen nur zu versagen, wenn der Verstoß „offenkundig“ ist.[299]

Bezüglich der Entgeltberechnung sieht § 27 Abs. 1 TKG sowohl die Einzelgenehmigung nach einem Rate-Of-Return-Verfahren (Nr. 1) als auch das Price-Cap-Verfahren (Nr. 2) vor.[300] Kriterien für die Anwendung beider Verfahren enthält die auf der Grundlage von § 27 Abs. 4 TKG erlassene Telekommunikations-Entgeltregulierungsverordnung (TEntgV).[301] Gemäß § 1 Abs. 1 TEntgV gilt dabei das „Primat des

---

[299] Zur (streitigen) Auslegung des Begriffs der „Offenkundigkeit“ *Schuster/Stürmer*, in: Büchner u.a. (Hg.), Beck'scher TKG-Kommentar (2000), § 27 Rn. 24 ff.

[300] Zu den Begriffen oben Seiten 43 und 53 f.

[301] Verordnung vom 1.10.1996, BGBl. I, S. 1492.

Price-Cap-Verfahrens“, d.h. eine Einzelberechnung nach § 27 Abs. 1 Nr. 1 TKG kommt nur in Betracht, wenn die betreffende Dienstleistung nicht im Wege des Price-Cap-Verfahrens nach § 22 Abs. 1 Nr. 2 TKG reguliert werden kann.[302]

Ergänzt werden diese wettbewerbsrechtlichen Anforderungen an die Gestaltung von Entgelten und AGB durch die Kundenschutzvorschriften der §§ 40 f. TKG und der Kundenschutzverordnung[303].

4. *Offener Netzzugang und Zusammenschaltung*

Die Netzzugangsregelungen finden sich in den §§ 33 ff. TKG. Dabei unterscheidet das TKG zwischen einem allgemeinen und einem besonderen Netzzugang (§ 35 Abs. 1 S. 2 TKG). Betreiber von Telekommunikationsnetzen, die eine marktbeherrschende Stellung innehaben, müssen anderen Nutzern Netzzugang über für sämtliche Nutzer bereitgestellte Anschlüsse (*allgemeiner Netzzugang*) oder über besondere Anschlüsse (*besonderer Netzzugang*) gewähren. Gesondert erwähnt ist in § 35 Abs. 1 S. 3 die Netzzusammenschaltung, die in der Regel aber als Unterfall des besonderen Netzzugangs ausgestaltet sein wird.[304]

Daneben unterliegen die Anbieter, die auf einem Markt für Telekommunikationsdienstleistungen über eine marktbeherrschende Stellung verfügen, einer besonderen Missbrauchsaufsicht gemäß § 33 TKG. Gemäß § 33 Abs. 1 S. 1 TKG haben sie Wettbewerbern auf diesem Markt diskriminierungsfrei Zugang zu ihren intern genutzten sowie zu ihren am Markt angebotenen wesentlichen Leistungen zu den Bedingungen zu ermöglichen, die sie sich selbst bei der Nutzung dieser Leistungen für die Erbringung anderer Telekommunikations-

---

[302] Näher *Schuster/Stürmer*, in: Büchner u.a. (Hg.), Beck'scher TKG-Kommentar (2000), Anh. § 27 § 1 TEntgV Rn. 1.

[303] Telekommunikations-Kundenschutzverordnung (TKV) vom 11.12.1997, BGBl. I, S. 2910, zul. geänd. durch Gesetz v. 07.05.2002, BGBl. I, S. 1529.

[304] Vgl. auch *Rudolf*, Das Recht auf Netzzugang in der Telekommunikation (2001), S. 74, welche die Zusammenschaltung als Unterfall des besonderen Netzzugangs ansieht.

dienstleistungen einräumen, sofern die Zugangsverweigerung nicht sachlich gerechtfertigt ist.

a) Netzzugang nach § 35 Abs. 1 TKG

Der Betreiber eines Telekommunikationsnetzes, der Telekommunikationsdienstleistungen für die Öffentlichkeit anbietet und auf einem solchen Markt über eine marktbeherrschende Stellung verfügt, hat anderen Nutzern gemäß § 35 Abs. 1 S. 1 TKG Zugang zu seinem Telekommunikationsnetz zu ermöglichen.

(1) Tatbestandsvoraussetzungen

(a) Betreiber

§ 35 Abs. 1 S. 1 TKG verpflichtet den Betreiber eines Telekommunikationsnetzes, nach Maßgabe der Norm Dritten Zugang zu seinem Netz zu gewähren. Betreiber ist gemäß § 3 Nr. 2 TKG wiederum derjenige, der die Funktionsherrschaft über das Netz innehat.[305] Keine Netzbetreiber im Sinne dieser Vorschrift wären daher reine Wiederverkäufer oder Mehrwertanbieter.[306] Insoweit wich das TKG bislang formal von den europäischen Richtlinien ab, die den Begriff des Betreibers nicht kannten. Da diese aber dafür die Netzzugangspflichten an die Kontrolle über Telekommunikationsnetze anknüpfen,[307] war im Ergebnis der Kreis der Verpflichteten deckungsgleich. Die neue Zugangsrichtlinie 2002/19/EG knüpft ihre Verpflichtungen

---

[305] Vgl. oben Seite 94.

[306] *Piepenbrock*, in: Büchner u.a. (Hg.), Beck'scher TKG-Kommentar (2000), § 35 Rn. 1; *Rudolf*, Das Recht auf Netzzugang in der Telekommunikation (2001), S. 79; zum Betreiberbegriff nach § 2 Abs. 1 FAG *Bothe/Heun/Lohmann*, ArchPT 1995, 5, 14 ff.

[307] So ist gemäß Art. 4 Abs. 3 Zusammenschaltungsrichtlinie bei der Feststellung der erheblichen Marktmacht i.S.d. Art. 4 Abs. 2 die Kontrollmöglichkeit über den Zugang zum Endbenutzer zu berücksichtigen und sind insbesondere nur diejenigen Organisationen zur Zusammenschaltung gemäß Art. 4 Abs. 1 verpflichtet, die auch den Zugang zu einem oder mehreren Netzabschlusspunkten bereitstellen.

nunmehr aber ausdrücklich an die Betreiberstellung. Betreiber ist nach Art. 2 lit. c) Zugangsrichtlinie ein Unternehmen, das ein öffentliches Kommunikationsnetz oder eine zugehörige Einrichtung bereitstellt.

(b) Telekommunikationsnetz

Telekommunikationsnetze sind in § 3 Nr. 21 TKG definiert als die Gesamtheit der technischen Einrichtungen (Übertragungswege, Vermittlungseinrichtungen und sonstige Einrichtungen, die zur Gewährleistung eines ordnungsgemäßen Betriebs des Telekommunikationsnetzes unerlässlich sind), die zur Erbringung von Telekommunikationsdienstleistungen oder zu nichtgewerblichen Telekommunikationszwecken dienen. Diese finale Definition[308], die keine bestimmte Beschaffenheit zum Definitionsinhalt hat, sondern das Netz anhand dessen Funktionszweck erklärt, mag auf den ersten Blick unübersichtlich wirken[309], hat aber den Vorteil, unabhängig von möglichen und bei Erlass des Gesetzes noch nicht überschaubaren technischen Entwicklungen zu sein. Ausschlaggebend ist eben nicht das Vorhandensein bestimmter technischer Einrichtungen, sondern die tatsächliche Verwendbarkeit einer Gesamtheit technischer Einrichtungen, die der Erbringung von Telekommunikationsdienstleistungen dienen.

Eine technische Beschreibung findet sich erst in der Definition von Telekommunikationsanlagen in § 3 Nr. 17 TKG: Diese sind Einrichtungen oder Systeme, die als Nachrichten identifizierbare elektromagnetische oder optische Signale senden, übertragen, vermitteln, empfangen, steuern oder kontrollieren können. Telekommunikationsdienstleistungen ihrerseits sind definiert als das gewerbliche Angebot von Telekommunikation einschließlich des Angebots von Übertragungswegen für Dritte (§ 3 Nr. 18 TKG). Telekommunikation schließlich definiert das TKG als den technischen Vorgang des Aussendens, Übermittelns und Empfangens von Nachrichten jeglicher Art in der

---

308 Vgl. *Schütz*, in: Büchner u.a. (Hg.), Beck'scher TKG-Kommentar (2000), § 3 Rn. 24a.

309 Kritisch zur Definition insoweit *Rudolf*, Das Recht auf Netzzugang in der Telekommunikation (2001), S. 80.

Form von Zeichen, Sprache, Bildern oder Tönen mittels Telekommunikationsanlagen (§ 3 Nr. 16 TKG).

Bislang problematisch sind allerdings verschiedene ungeklärte Abgrenzungsfragen. So können nach der Definition in § 3 TKG beispielsweise auch viele Tele- oder Mediendienste unter den Begriff der Telekommunikationsdienstleistung fallen, obwohl für diese die Regelungen des TKG – wie sich auch aus § 2 Abs. 4 TDG[310] ergibt – ausdrücklich nicht gelten.[311] Auch die Netze des Kabelfernsehens erfüllen möglicherweise die Voraussetzungen des § 3 Nr. 21 TKG.[312] Diesbezüglich hilft letztlich die reine Wortlautauslegung nicht weiter: Die teleologische Auslegung ergibt, dass Teledienste und Breitbandkabel, sofern sie der reinen Übermittlung von Rundfunksendungen dienen, gerade nicht unter das Regime des TKG fallen sollen, da hierfür eigene Regelungswerke existieren. Wohl aber ist eine Anwendbarkeit des TKG auf das Breitbandkabel denkbar, wenn und soweit dieses durch technische Aufrüstung rückkanalfähig wird und dann tatsächlich auch für Telekommunikationsdienstleistungen genutzt werden soll.

Mit Umsetzung der neuen EG-Richtlinien wird sich diese Abgrenzungsproblematik möglicherweise nicht mehr stellen, wenn der Gesetzgeber die Vorgabe der EG-Richtlinien für einen einheitlichen Regulierungsrahmen auch dergestalt umsetzt, dass nicht nur die Regelungen vereinheitlicht werden, sondern auch ein einheitliches Gesetz für alle Kommunikationsdienste und –netze geschaffen wird.

Außerdem ist streitig, ob gewisse Mindestvoraussetzungen bezüglich der technischen Ausrüstung eines Telekommunikationsdienstleistungsanbieters erforderlich sind, um diese Ausrüstung als Telekom-

---

[310] Teledienstegesetz (TDG) vom 22.7.1997, BGBl. I, S. 1870, zuletzt geänd. durch Gesetz vom 14. Dezember 2001, BGBl. I, S. 3721.

[311] *Schuster*, in: Büchner u.a. (Hg.), Beck'scher TKG-Kommentar (2000), § 3 Rn. 21b.

[312] Ausführlich hierzu *Bullinger/Mestmäcker*, Multimediadienste (1997), S. 172; *Bauer*, in: Fuhr/Rudolf/Wassermann (Hg.), Recht der Neuen Medien (1997), S. 1 ff.; *Rudolf*, Das Recht auf Netzzugang in der Telekommunikation (2001), S. 85 ff.; *Mette*, ArchPT 1998, 40, 42; *Weisser/Meinking*, WuW 1998, 831 ff.

munikationsnetz einzustufen.[313] Diese Frage ist insoweit von Relevanz, als reine Reseller ohne eigenes Netz keinen Anspruch auf Zusammenschaltung haben und demzufolge höhere Gebühren an die Netzbetreiber entrichten müssen.[314] Denkbar ist daher, mindestens das Vorhandensein eines Übermittlungsweges vorauszusetzen oder wegen des Begriffs „Gesamtheit“ in § 3 Nr. 21 TKG gar nur die Zusammensetzung aus mehreren Vermittlungseinrichtungen und Übertragungswegen genügen zu lassen.[315] Teilweise wird die Auffassung vertreten, dass die Frage, ob ein Telekommunikationsnetz vorliege, nur anhand der Umstände des Einzelfalles und aufgrund einer umfassenden Interessenabwägung beurteilt werden könne.[316] Die Regulierungsbehörde hat zuletzt ihre Auffassung veröffentlicht, dass zumindest nach dem heutigen Stand der Technik für ein vermitteltes Telekommunikationsnetz für Sprachtelefondienst mindestens eine Vermittlungseinrichtung mit drei Telekommunikationslinien als Minimalkonfiguration erforderlich sei. Eine Mindestanzahl an points-of-interconnections sei hingegen nicht erforderlich.[317]

Auch hier zeigt sich, dass eine genaue technische Definition eben nicht möglich ist, sondern auf die konkrete Eignung der technischen Einrichtung im Einzelfall zur Erbringung von Telekommunikationsdienstleistungen abgestellt werden muss. Einfach ausgedrückt heißt dies: Man muss über das Netz auch ohne die Zusammenschaltung mit

---

[313] Hierzu *Gerpott*, K&R 1999, 49, 51; *Bock/Völcker*, CR 1998, 473, 475 ff.; *Piepenbrock*, MMR 1999, 435, 437; *Berger*, CR 1999, 222, 227 f.; *Rudolf*, Das Recht auf Netzzugang in der Telekommunikation (2001), S. 81 ff.

[314] Vgl. *Rudolf*, Das Recht auf Netzzugang in der Telekommunikation (2001), S. 81.

[315] So verlangt *Schütz* (in: Büchner u.a. (Hg.), Beck'scher TKG-Kommentar (2000), § 3 Rn. 24a) das Vorhandensein mindestens eines Übertragungsweges zuzüglich einer weiteren technischen Einrichtung.

[316] *Gerpott*, K&R 1999, 49, 51.

[317] RegTP, ABl. 4/99.

anderen Netzen zumindest theoretisch Telekommunikationsdienstleistungen erbringen können.[318]

(c) Angebot von Dienstleistungen für die Öffentlichkeit

Die Telekommunikationsdienstleitungen müssen gemäß § 35 Abs. 1 S. 1 TKG ferner für die Öffentlichkeit angeboten werden. Auch dieser Tatbestand ist in § 3 Nr. 19 TKG legaldefiniert. Demnach müssen die Telekommunikationsdienstleistungen beliebigen natürlichen oder juristischen Personen angeboten werden und nicht lediglich geschlossenen Benutzergruppen. Insoweit scheiden beispielsweise firmeninterne Telekommunikationsnetze aus.[319]

(d) Marktbeherrschende Stellung

Nur Telekommunikationsanbieter, die auf einem Markt für Telekommunikationsdienstleistungen über eine marktbeherrschende Stellung verfügen, sind verpflichtet, Netzzugang zu gewähren. Wie der Gesetzeswortlaut zeigt, ist dabei von mehreren möglichen relevanten Märkten für Telekommunikationsdienstleistungen auszugehen.[320] Daher besteht eine Pflicht, Netzzugang zu gewähren auch dann, wenn ein Unternehmen nur auf einem bestimmten Teilmarkt eine marktbeherrschende Stellung innehat, dann aber auch beschränkt auf diesen Teilmarkt.[321] Nach der neuen Rahmenrichtlinie wird allerdings in Zukunft eine beherrschende Stellung auch auf benachbarten Märkten

---

[318] Vgl. auch *Schütz*, in: Büchner u.a. (Hg.), Beck'scher TKG-Kommentar (2000), § 3 Rn. 24a, allerdings mit den zusätzlichen Forderungen wie in Fn. 315 beschrieben.

[319] Vgl. zum Begriff der geschlossenen Benutzergruppen *Schütz*, in: Büchner u.a. (Hg.), Beck'scher TKG-Kommentar (2000), § 3 Rn. 22.

[320] *Hefekäuser*, MMR 1999, 144, 146; *Neumaier*, ArchPT 1998, 71; *Piepenbrock*, in: Büchner u.a. (Hg.), Beck'scher TKG-Kommentar (2000), § 35 Rn. 2; ausführlich *Immenga*, MMR 2000, 196 ff.; zur Marktabgrenzung *Wendland*, in: Büchner u.a. (Hg.), Beck'scher TKG-Kommentar (2000), vor § 33 Rn. 23 ff.; *Kurth*, MMR 2002, Beilage zu Heft 7, S. 3 ff. Anders wohl VG Köln, ArchPT 1998, 66 ff.; das nur von „dem" Markt für Telekommunikationsdienstleistungen spricht.

[321] Zur Marktabgrenzung *Mayen*, MMR 2001, 496 ff.; *Kurth*, MMR 2002, Beilage zu Heft 7, S. 3 ff.; *Krüger*, K&R 2003, 9 ff.

aufgrund der beherrschenden Stellung auf einem Markt vermutet, wenn die Verbindungen zwischen beiden Märkten es gestatten, diese von dem einen auf den anderen Markt zu übertragen und damit die gesamte Marktmacht des Unternehmens zu verstärken (Art. 14 Abs. 3 Rahmenrichtlinie).

Bezüglich der Marktbeherrschung bezieht sich das TKG ausdrücklich auf § 19 GWB.[322] Marktbeherrschend ist gemäß § 19 Abs. 2 GWB ein Unternehmen, wenn es ohne Wettbewerber ist oder keinem wesentlichen Wettbewerb ausgesetzt ist, beziehungsweise wenn es eine im Verhältnis zu seinen Wettbewerbern überragende Marktstellung innehat. Bei der Frage, ob ein Unternehmen eine überragende Marktstellung innehat, sind insbesondere sein Marktanteil, seine Finanzkraft, sein Zugang zu den Beschaffungs- und Absatzmärkten, seine Verflechtung mit anderen Unternehmen, die rechtlichen und tatsächlichen Schranken für den Marktzutritt anderer Unternehmen, die Fähigkeit, sein Angebot oder seine Nachfrage auf andere Waren oder gewerbliche Leistungen umzustellen sowie die Möglichkeit der Marktgegenseite, auf andere Unternehmen auszuweichen, zu berücksichtigen.[323] Auch mehrere Unternehmen gemeinsam können eine marktbeherrschende Stellung innehaben, wenn zwischen ihnen wesentlicher Wettbewerb nicht besteht und sie in ihrer Gesamtheit die Voraussetzungen erfüllen (Oligopol).

Gemäß § 19 Abs. 3 S. 1 Nr. 1 GWB wird eine marktbeherrschende Stellung vermutet, wenn das betreffende Unternehmen einen Marktanteil von mindestens einem Drittel auf dem relevanten Markt besitzt. Das Entsprechende gilt gemäß § 19 Abs. 3 S. 1 Nr. 2 GWB für die Vermutung eines Oligopols, wenn drei oder weniger Unternehmen gemeinsam einen Marktanteil von 50% oder 4-5 Unternehmen gemeinsam einen Marktanteil von 2/3 innehaben.

---

[322] Speziell zur Marktbeherrschung im TKG *Immenga*, MMR 2000, 141 ff.

[323] Ausführlich zur Frage der positiven Feststellung der Marktbeherrschung auf Telekommunikationsmärkten *Mayen*, MMR 2001, 648 ff. Ferner *Kurth*, MMR 2002, Beilage zu Heft 7, S. 3 ff.; *Krüger*, K&R 2003, 9 ff.

Fraglich ist, ob durch den Verweis auf § 19 GWB mit der Vermutungsregel des § 19 Abs. 3 GWB die (alte) Zusammenschaltungsrichtlinie ordnungsgemäß in deutsches Recht umgesetzt wurde, da diese in Art. 4 Abs. 3 eine grundsätzliche Zusammenschaltungspflicht bereits bei 25% Marktanteil vorsah.[324] Allerdings ist § 19 Abs. 3 GWB nur eine gesetzliche Vermutung, die eine marktbeherrschende Stellung gemäß § 19 Abs. 2 GWB auch bei einem geringerem Marktanteil als einem Drittel nicht ausschließt. Insoweit erschien auch eine richtlinienkonforme Auslegung der §§ 25 Abs. 1 S. 1 TKG i.V.m. 19 Abs. 2, 3 GWB möglich.[325] Mit der neuen Rahmenrichtlinie ist der Begriff der beträchtlichen Marktmacht ohnehin neu und ausführlich vom Richtliniengeber definiert worden.[326] Dieser Definition ist bei Umsetzung der Richtlinie im reformierten TKG Rechnung zu tragen.

(2) Anspruchsberechtigte

(a) Allgemeiner Netzzugang

Gemäß § 35 Abs. 1 S. 1 TKG haben die betreffenden Netzbetreiber grundsätzlich „anderen Nutzern" Netzzugang zu gewähren. Nutzer sind dabei gemäß § 3 Nr. 11 TKG alle Nachfrager nach Telekommunikationsdienstleistungen. Grundsätzlich kann daher jeder Netzzugang verlangen, der i.S.v. § 3 Nr. 9 TKG Endeinrichtungen, sonstige Einrichtungen oder andere Telekommunikationsnetze mit dem Telekommunikationsnetz eines anderen Unternehmens mit entsprechender marktbeherrschender Stellung physisch und logisch verbinden möchte, um auf die Funktionen dieses Netzes oder die darüber erbrachten Telekommunikationsdienstleistungen zugreifen zu können. Netzzugang i.S.d. § 3 Nr. 9 TKG beinhaltet dabei alle Möglichkeiten des Netzzugangs eines Netzbetreibers oder Dienstleistungsanbieters mit Hilfe

---

[324] Vgl. *Europäische Kommission*, ABl. EG 1997, L 199/33.

[325] Vgl. *Rudolf*, Das Recht auf Netzzugang in der Telekommunikation (2001), S. 89. Allgemein zur richtlinienkonformen Auslegung *Salzwedel*, UPR 1989, 41 ff.; *Jarass*, EuR 1991, 211 ff.; *Ress*, DÖV 1994, 489 ff.; *Di Fabio*, NJW 1990, 947 ff.; *Wieland/Enderle*, MMR 1999, 379, 383 f.

[326] Oben Seite 73 f.

eigener Einrichtungen zum Telekommunikationsnetz oder Teilen des Netzes eines anderen.[327]

Dem Grunde nach sind daher zunächst alle natürlichen und juristischen Personen netzzugangsberechtigt. Bezüglich der Zugangsart wird allerdings in § 35 Abs. 1 S. 2 TKG zwischen dem allgemeinen Netzzugang, der allen Nutzern zusteht, und dem besonderen Netzzugang, der nur einer eingeschränkten Nutzergruppe zusteht, unterschieden.[328] Per se nur einem beschränkten Nutzerkreis steht außerdem der Anspruch auf Netzzusammenschaltung gemäß § 35 Abs. 1 S. 3 TKG zu.

Der allgemeine Netzzugang ist gemäß § 35 Abs. 1 S. 2 TKG der Zugang über Anschlüsse, die für alle Nutzer bereitgestellt werden, also im Ergebnis vor allem der eigentliche Telefonanschluss. Ergänzende Regelungen finden sich gemäß § 41 Abs. 3 Nr. 3 TKG in der Kundenschutzverordnung (TKV)[329]. Gemäß § 13 TKV ist der allgemeine Zugang zu festen öffentlichen Telekommunikationsnetzen mit einer räumlich frei zugänglichen Schnittstelle zu versehen und an einer mit dem Kunden zu verabredenden geeigneten Stelle, z.B. im Keller der Wohnung oder dem Büro, zu installieren. Endgeräte und Innenhausverkabelung kann der Kunde unabhängig vom Netzbetreiber auswählen und organisieren. Bezüglich der technischen Schnittstellen hat der Netzbetreiber die Normen und Schnittstellenspezifikationen zu beachten, auf die nach den ONP-Richtlinien verwiesen wird bzw. die nach dem dortigen Verfahren für verbindlich erklärt wurden. Aus dem Verweis auf die Mietleitungsrichtlinie[330] lässt sich entnehmen, dass auch die Inanspruchnahme von Mietleitungen durch einen (privaten oder gewerblichen) Endverbraucher, der nicht Wettbewerber des Netzbetreibers ist, zum allgemeinen Netzzugang zu zählen ist.[331]

---

[327] *Haas*, „Essential Facilities Doctrine“ und offene Netze (2000), S. 49.

[328] Vgl. auch *Geppert/Ruhle/Schuster*, Handbuch Recht und Praxis der Telekommunikation (2002), Rn. 281.

[329] Telekommunikations-Kundenschutzverordnung (TKV) vom 11.12.1997, BGBl. I, S. 2910, geänd. durch VO v. 14.4.1999, BGBl. I, S. 705.

[330] Richtlinie 92/44/EWG, ABl. EG L 295/23.

[331] *Piepenbrock*, in: Büchner u.a. (Hg.), Beck'scher TKG-Kommentar (2000), § 35 Rn. 14.

(b) Besonderer Netzzugang

Die Abgrenzung des besonderen Netzzugangs vom allgemeinen Netzzugang findet sich nicht im TKG, sondern in § 1 Abs. 2 Netzzugangsverordnung (NZV)[332]. Demnach kommt es darauf an, ob der Netzzugang durch einen Nutzer begehrt wird, der die Leistungen gemäß § 33 Abs. 1 TKG als Anbieter von Telekommunikationsdienstleistungen oder als Betreiber von Telekommunikationsnetzen nachfragt, um selber Telekommunikationsdienstleistungen hierüber anzubieten. Der besondere Netzzugang ist also nicht anschluss- oder leistungsbezogen, sondern abhängig vom Nutzerkreis und der Zweckrichtung der Nachfrage definiert.[333]

Da der besondere Netzzugang dem Nutzer auch größere Möglichkeiten eröffnet, das Telekommunikationsnetz, zu dem ihm Zugang gewährt wird, zu beeinflussen, stellt § 35 Abs. 3 besondere Kriterien auf, die der Benutzer erfüllen muss, damit ihm ein besonderer Netzzugang gewährt werden kann. Dies sind, entsprechend der Lizenzvergabe nach § 8 TKG, Zuverlässigkeit, Leistungsfähigkeit und Fachkunde. Besitzt der Nutzer bereits eine Lizenz, müssen die Voraussetzungen gemäß § 35 Abs. 3 S. 2 TKG nicht nochmals geprüft werden.

(c) Netzzusammenschaltung

Die Netzzusammenschaltung ist gemäß § 3 Nr. 24 TKG eine besondere Form des Netzzugangs[334], die die physische und logische Verbindung von Telekommunikationsnetzen herstellt, um Nutzern, die an verschiedene Telekommunikationsnetze angeschaltet sind, die mittelbare oder unmittelbare Kommunikation zu ermöglichen.[335] Die Zusammenschaltung ist für den Wettbewerb auf Telekommunikati-

---

[332] Netzzugangsverordnung (NZV) vom 23.10.1996, BGBl. I, S. 1568.

[333] *Piepenbrock*, in: Büchner u.a. (Hg.), Beck'scher TKG-Kommentar (2000), § 35 Rn. 17.

[334] Vgl. zum Begriff auch *Wieland/Enderle*, Rechtsprobleme der Netzzusammenschaltung, MMR 1999, 379, 380 f.

[335] Vgl. zur Zusammenschaltung auch allgemein *Kaufmann*, CR 1998, 728 ff.; *Gramlich*, CR 1997, 65 ff.

onsmärkten von besonders hervorgehobener Bedeutung. Nur hierdurch kann ein Anbieter von Telekommunikationsdiensten es seinen Kunden ermöglichen, Telekommunikationsteilnehmer in anderen Netzen zu erreichen bzw. von diesen erreicht zu werden. Nur durch die Pflicht zur Zusammenschaltung erhalten Newcomer die ökonomische Möglichkeit, in Konkurrenz zu den etablierten Netzbetreibern ein eigenes Netz zu errichten und dabei von den positiven Netzexternalitäten des bereits bestehenden Netzes zu profitieren.[336]

Die Zusammenschaltungspflicht besteht dabei nur mit öffentlichen Telekommunikationsnetzen. Fraglich ist, ob dieser Begriff deckungsgleich ist mit dem der „Netze, auf denen Telekommunikationsdienstleistungen für die Öffentlichkeit angeboten werden" in § 35 Abs. 1 S. 1 TKG.[337] Relevant wird dies bei der Frage, ob auch Verbindungsnetzbetreiber (§ 3 Nr. 23 TKG) einen Anspruch auf Zusammenschaltung haben. Im Gegensatz zu Teilnehmernetzen haben Verbindungsnetze keine Teilnehmeranschlüsse, sondern verbinden nur mehrere Teilnehmernetze untereinander.[338] Da aber auch Verbindungsnetze – wenngleich unter Heranziehung anderer Teilnehmernetze – Gespräche übertragen und terminieren, erbringen auch die Betreiber von Verbindungsnetzen zumindest mittelbar für die Öffentlichkeit zugängliche Telekommunikationsdienstleistungen. Ausgenommen sind nur Verbindungsnetze, die ein Netz für geschlossene Benutzergruppen mit anderen Netzen verbinden wollen. Es erschiene auch nicht sachgerecht, wenn ein Betreiber eines Teilnehmernetzes zwar unmittelbar die Zusammenschaltung mit anderen Netzen verlangen kann, diese Verbindung technisch aber nicht über ein von seinem Netz unabhängiges Verbindungsnetz realisieren dürfte.

Daher ist die Frage, ob ein zusammenschaltungsberechtigtes Netz vorliegt, aufgrund einer funktionalen Betrachtungsweise zu klären, die

---

[336] Vgl. *Bock/Völcker*, CR 1998, 473, 474. Ausführlich zu den ökonomischen Vorteilen von Netzen Seite 28 ff.

[337] Vgl. *RegTP*, Mitteilung Nr. 73/1999, ABl. 1999, S. 739, 744.

[338] Vgl. *Piepenbrock*, in: Büchner u.a. (Hg.), Beck'scher TKG-Kommentar (2000), § 35 Rn. 19 ff.

sich am Zweck eines Verbindungsnetzes nach der gesetzlichen Definition in § 3 Nr. 23 TKG orientiert.[339]

Die Telekommunikationsnetze müssen weder eine bestimmte Mindestzahl von Zusammenschaltungspunkten (points of interconnection) noch bestimmte Mindestverkehrsmengen erfüllen, um einen Anspruch auf Zusammenschaltung zu haben. Weder die gemeinschaftsrechtlichen Vorgaben noch die Regelungen des TKG enthalten irgendwelche quantitativen Vorgaben. Daher hat die Regulierungsbehörde derartige Forderungen der Deutschen Telekom AG[340] zu Recht abgelehnt.[341]

(3) Diskriminierungsfreier Netzzugang

§ 35 Abs. 2 S. 1 TKG legt die Maßstäbe fest, nach denen der diskriminierungsfreie Zugang zu den Netzen marktbeherrschender Betreiber für alle Nutzer gewährleistet werden soll. Die Netzzugangsvereinbarungen müssen auf objektiven Maßstäben beruhen, nachvollziehbar sein und einen gleichwertigen Zugang zu den Telekommunikationsnetzen eines Betreibers gewähren. Für den diskriminierungsfreien Zugang durch Wettbewerb gelten dabei zusätzlich die Anforderungen des § 33 TKG. Zur Nachvollziehbarkeit der Vereinbarungen gehört, dass sie sowohl inhaltlich nachvollziehbar als auch äußerlich transparent sein müssen. Konkretisiert werden die Anforderungen des § 35 Abs. 2 S. 1 TKG durch die Kundenschutzverordnung, insbesondere §§ 2, 4, 27 und 29 TKV.

(4) Beschränkung des Netzzugangs gemäß § 35Abs. 2 S. 2 TKG

Der Netzzugang kann durch die verpflichteten Netzbetreiber nur nach Maßgabe des § 35 Abs. 2 S. 2 TKG aus Gründen beschränkt werden, die auf den grundlegenden Anforderungen im Sinne des Art. 3 Abs. 2

---

[339] Vgl. auch *Piepenbrock*, in: Büchner u.a. (Hg.), Beck'scher TKG-Kommentar (2000), § 35 Rn. 24 f.

[340] Vgl. hierzu *Schütz*, MMR aktuell 2/1999, S. IX.

[341] *RegTP*, BK 4c-99-008// v. 25.2.1999. Vgl. auch *Wieland/Enderle*, Rechtsprobleme der Netzzusammenschaltung, MMR 1999, 379, 380 f.

ONP-Richtlinie beruhen und nur insoweit, als die Beschränkung in Übereinstimmung mit dem sonstigen Recht der EG steht.[342] Diese grundlegenden Anforderungen sind gemäß Art. 3 Abs. 2 ONP-Richtlinie die Sicherheit des Netzbetriebs, die Aufrechterhaltung der Netzintegrität[343], die Interoperabilität der Dienste, wo dies begründet ist und der Datenschutz, wo dies angebracht ist. Die gebotenen Maßnahmen müssen dabei auf ein Mindestmaß begrenzt werden, das der normale Netzbetrieb erfordert.[344]

b) Verhandlungs- und Zusammenschaltungspflicht gemäß §§ 36 f. TKG

Gemäß § 36 TKG sind alle Betreiber öffentlicher Telekommunikationsnetze unabhängig von ihrer Marktstellung verpflichtet, auf Anfrage anderer Netzbetreiber diesen eine Angebot zur Zusammenschaltung zu machen. Bezüglich der Definition von öffentlichen Telekommunikationsnetzen gilt dabei das oben gesagte.[345] So lange der Netzbetreiber keine marktbeherrschende Stellung innehat, sehen weder TKG noch NZV bestimmte Anforderungen bezüglich des Angebotsinhalts vor. Können die Beteiligten allerdings keine Einigung erzielen, hat jeder das Recht, gemäß § 37 TKG i.V.m. § 9 NZV die Regulierungsbehörde anzurufen und eine Anordnung der Netzzusammenschaltung zu beantragen. Denn gemäß §§ 36 f. TKG gilt zwar ein Vorrang der verhandelten Zusammenschaltung. Hierdurch wird die grundsätzliche Zusammenschaltungspflicht gemäß § 37 TKG jedoch nicht beseitigt, die Zusammenschaltungsanordnung ist vielmehr subsidiär zur Zusammenschaltungsvereinbarung.[346] Da eine uneingeschränkte Zusammenschaltungspflicht für kleinere Wettbewerber auf-

---

[342] Zur Problematik dieser Verweisung auf die Richtlinie zur Umsetzung derselben *Rudolf*, Das Recht auf Netzzugang in der Telekommunikation (2001), S. 97 ff.

[343] Zu Einzelfällen vgl. RegTP, BK 4c-99-008/Z 25.3.1999; *Hefekäuser*, MMR aktuell 2/1999, S. VII f.

[344] *Piepenbrock*, in: Büchner u.a. (Hg.), Beck'scher TKG-Kommentar (2000), § 33 Rn. 79.

[345] Seite 108.

[346] *Piepenbrock*, in: Büchner u.a. (Hg.), Beck'scher TKG-Kommentar (2000), § 37 Rn. 1.

grund des hiermit verbundenen Aufwands unter Umständen auch erhebliche Wettbewerbsnachteile bringen kann[347], wird in der Literatur teilweise angezweifelt, ob eine Zusammenschaltungspflicht auch für diejenigen Netzbetreiber besteht, die nicht über eine marktbeherrschende Stellung verfügen.[348] Diese Auslegung lässt sich aber mit der insoweit eindeutigen Systematik der §§ 35-37 TKG nicht vereinbaren.[349] Die Netzbetreiber haben vielmehr einen Anspruch gegen die Behörde, aufgrund ihrer Anrufung eine Zusammenschaltungsanordnung zu erlassen. Eventuelle Härten können nur bei der konkreten Ausgestaltung der Zusammenschaltungsanordnung berücksichtigt werden.

c) *Diskriminierungsfreier Zugang und besondere Missbrauchsaufsicht nach § 33 TKG*

(1) Diskriminierungsfreier Zugang gemäß § 33 Abs. 1 TKG

§ 33 Abs. 1 TKG gewährt den Wettbewerbern von marktbeherrschenden Telekommunikationsunternehmen eine eigene Anspruchsgrundlage auf diskriminierungsfreien Zugang. Diese Norm ist als Auffangtatbestand für alle Fälle diskriminierenden Verhaltens gegenüber den Wettbewerbern zu verstehen, die nicht unter die besonderen Netzzugangsbestimmungen des § 35 TKG fallen[350] und stellt insoweit eine spezialgesetzliche Ergänzung zum allgemeinen Diskriminierungsverbot der §§ 19, 20 GWB dar[351]. Als Grundregel gilt, dass ein marktbeherrschender Anbieter sich selbst bei der Erbringung von Te-

---

[347] Vgl. *Piepenbrock*, in: Büchner u.a. (Hg.), Beck'scher TKG-Kommentar (2000), § 37 Rn. 6.

[348] *Etling-Ernst*, Praxiskommentar TKG (1999), § 37 Rn. 1; *Märkl*, Netzzusammenschaltung in der Telekommunikation (1998), S. 251 f.

[349] So auch *Piepenbrock*, in: Büchner u.a. (Hg.), Beck'scher TKG-Kommentar (2000), § 37 Rn. 6.

[350] *Piepenbrock*, in: Büchner u.a. (Hg.), Beck'scher TKG-Kommentar (2000), § 33 Rn. 5.

[351] *Piepenbrock*, in: Büchner u.a. (Hg.), Beck'scher TKG-Kommentar (2000), § 33 Rn. 9.

lekommunikationsdienstleistungen jedweder Art nur solche technischen, betrieblichen und ökonomischen Bedingungen einräumen darf, wie er sie auch Wettbewerbern einzuräumen bereit ist.[352] Bezüglich der marktbeherrschenden Stellung verweist § 33 Abs. 1 TKG ebenfalls auf § 19 GWB.[353] Der Begriff der Leistung ist in § 33 Abs. 1 TKG weit auszulegen. Er beschränkt sich nicht auf Telekommunikationsdienstleistungen i.S.d. § 3 Nr. 18 TKG, sondern umfasst auch Vor- und Nebenleistungen, die für die Erbringung von Telekommunikationsdienstleistungen von Bedeutung sind.[354] Jedenfalls umfasst sind solche vom marktbeherrschenden Anbieter intern genutzten Bestandteile seiner Infrastruktur, die für die Erbringung seiner Telekommunikationsdienstleistungen am Markt erforderlich sind.[355]

Von besonderer Bedeutung ist § 33 Abs. 1 TKG hinsichtlich des *Entbündelungsgebots*. Diesbezüglich findet sich eine Konkretisierung in § 2 NZV.[356] Diese Vorschrift bestimmt, dass der marktbeherrschende Betreiber die Leistungen gemäß § 33 Abs. 1 TKG einschließlich der erforderlichen Schnittstellen in einer Weise anbieten muss, dass keine Leistungen des Betreibers abgenommen werden müssen, die nicht nachgefragt werden (§ 2 S. 1 NZV). Er hat hierbei entbündelten Zugang zu allen Teilen seines Telekommunikationsnetzes einschließlich des entbündelten Zugangs zu den Teilnehmeranschlussleitungen zu gewähren (§ 2 S. 2 NZV).

Die Teilnehmeranschlussleitung ist der Teil des Anschlussleitungsnetzes, der vom Hauptverteiler bis zu den Teilnehmeranschlüssen reicht, also die sog. „letzte Meile“ bzw. „local loop“.[357] Die Deutschen Telekom AG vertrat hierzu die Auffassung, dieses Entbündelungsgebot gelte nicht für den Zugang zum „blanken Draht“, also dem

---

[352] *Piepenbrock*, in: Büchner u.a. (Hg.), Beck'scher TKG-Kommentar (2000), § 33 Rn. 10.

[353] Siehe oben Seite 104.

[354] *Piepenbrock*, in: Büchner u.a. (Hg.), Beck'scher TKG-Kommentar (2000), § Rn. 26.

[355] VG Köln, MMR 1998, 102; CR 1999, 79; OVG Münster, MMR 1998, 98.

[356] Ausführlich hierzu *Fuhr/Kerkhoff*, MMR 1998, 6, 7 ff.

[357] RegTP, Entscheidung BK 3-01/98 30.4.1998, MMR 1998, 494, 495.

bloßen Übertragungsweg ohne zusätzliche (und zusätzlich zu bezahlende) aktive Übertragungstechnik. Bei einem unmittelbaren Zugriff des Wettbewerbers würde die jeweilige Leitung quasi aus dem Netz der DTAG ausgekoppelt und könne vom Marktbeherrscher nicht mehr genutzt werden, auch wenn der Wettbewerber die Kapazitäten nur teilweise ausschöpfe.[358]

Dies widerspricht aber der Regelung sowohl von § 33 Abs. 1 TKG, der jegliche Einzelleistung umfasst und nicht auf Telekommunikationsdienstleistungen beschränkt ist, und vor allem § 2 NZV. Diese Vorschrift macht deutlich, dass der Umfang der Leitungen, zu denen der Marktbeherrscher Zugang zu gewähren hat, sich allein nach der Nachfrage des Wettbewerbers bestimmt. Der Marktbeherrscher kann daher vom Wettbewerber nicht verlangen, zusätzliche Leistungen abzunehmen und zu bezahlen, wenn dieser die fraglichen Leistungen selber erbringen möchte.[359]

Die Pflicht der Zugangsgewährung beschränkt sich allerdings auf wesentliche Leistungen. Wann eine Leistung wesentlich ist, bestimmt das TKG nicht. Vielmehr greift das Gesetz hier auf den im Kartellrecht entwickelten Begriff der wesentlichen Einrichtungen zurück.[360] Demnach ist eine Leistung wesentlich, wenn der Wettbewerber ohne sie rechtlich oder faktische die Telekommunikationsdienstleistungen nicht erbringen kann, die er erbringen möchte, und die jeweilige Einrichtung nicht mit angemessenen Mitteln neu geschaffen werden kann.[361]

---

[358] Siehe den Tatbestand von VG Köln, MMR 1998, 98.

[359] So auch VG Köln, MMR 1998, 98; OVG Münster, CR 2000, 369; *Piepenbrock*, in: Büchner u.a. (Hg.), Beck'scher TKG-Kommentar (2000), § 33 Rn. 27 ff.; *Fuhr/Kerkhoff*, MMR 1998, 6, 7; *Moritz*, CR 1998, 13, 18; *ders.*, in: Hoeren/Sieber (Hg.), Handbuch Multimedia und Recht (1999), S. 56 Rn. 150 ff.; *Manssen*, in: ders. (Hg.), Telekommunikations- und Multimediarecht, § 33 Rn. 5; *Rudolf*, Das Recht auf Netzzugang in der Telekommunikation (2001), S. 108; *Fuhr/Kerkhoff*, MMR 1998, 6 ff.

[360] Vgl. *Piepenbrock*, in: Büchner u.a. (Hg.), Beck'scher TKG-Kommentar (2000), § 33 Rn. 39; *Rudolf*, Das Recht auf Netzzugang in der Telekommunikation (2001), S. 111.

[361] Vgl. VG Köln, CR 1999, 79, 80 f.; RegTP, Entscheidung BK 3-01/98 30.4.1998, MMR 1998, 494, 498; *Europäische Kommission*, Mitteilung über die Anwendung der Wettbe-

Allerdings ist eine reine Adaption der US-amerikanischen Essential Facilities Doktrin[362] nicht angezeigt. Dies ergibt sich schon daraus, dass das Gesetz von „wesentlichen Leistungen“ und nicht von „wesentlichen Einrichtungen“ spricht.[363] Und auch bezüglich wesentlicher Einrichtungen sind im europäischen und deutschen Wettbewerbsrecht vom amerikanischen Recht unterschiedliche Ansätze zu gegenwärtigen.[364] Vielmehr muss der unbestimmte Rechtsbegriff der wesentlichen Leistungen spezifisch für das Telekommunikationsrecht definiert und letztlich durch Rechtsanwendung und Rechtsprechung erst konkretisiert werden. Letztlich ist der Begriff der wesentlichen Leistungen in § 33 TKG – quasi im Sinne einer „Essential Services“-Vorschrift[365] – dahingehend zu verstehen, dass Zugang zu all jenen Leistungen zu gewähren ist, die für die Entstehung von Wettbewerb auf den abgeleiteten Märkten für Telekommunikationsdienstleistungen unerlässlich sind.[366]

Der Betreiber darf den Zugang ferner aus sachlichen Gründen einschränken, soweit dies noch den grundlegenden Anforderungen des Art. 3 Abs. 2 ONP-Richtlinie[367] entspricht (§ 33 Abs. 1 S.1 u. 2 TKG). Die Beschränkungsmöglichkeiten sind dabei deutlich geringer als im Falle der ähnlichen Formulierungen des § 20 Abs. 1 u. 2 GWB.[368] Hier wird das Vorliegen eines Verweigerungsgrundes anhand

---

werbsregeln auf Zugangsvereinbarungen im TK-Bereich, ABl. EG 1997 C 67/9; *Piepenbrock*, in: Büchner u.a. (Hg.), Beck'scher TKG-Kommentar (2000), § 33 Rn. 20; *Engel/Knieps*, Zugang zu wesentlichen Einrichtungen (1998), S. 13 ff.; *Mestmäcker/Schweitzer*, Netzwettbewerb, Netzzugang und „Roaming“ im Mobilfunk (1999), S. 47.

362 Hierzu oben S. 82 ff.

363 Vgl. auch *Rudolf*, Das Recht auf Netzzugang in der Telekommunikation (2001), S. 111 f.

364 Oben Seite 82 ff.

365 *Säcker/Calliess*, K&R 1999, 337, 338.

366 *Säcker/Calliess* K&R 1999, 337, 338; *Piepenbrock*, in: Büchner u.a. (Hg.), Beck'scher TKG-Kommentar (2000), § 33 Rn. 39.

367 Hierzu oben Seite 110.

368 *Piepenbrock*, in: Büchner u.a. (Hg.), Beck'scher TKG-Kommentar (2000), § 33 Rn. 50 f. Zu Einzelfällen *ders.*, a.a.O., § 33 Rn. 55 ff.

einer Abwägung der Interessen der Beteiligten unter Berücksichtigung der auf die Freiheit des Wettbewerbs gerichteten Zielsetzung des GWB beurteilt.[369] Anders als das GWB hat das TKG aber nicht nur den Erhalt der Freiheit des Wettbewerbs zum Ziel, sondern vielmehr, durch Regulierung auf den Telekommunikationsmärkten die Rahmenbedingungen so zu gestalten, dass ein funktionsfähiger Wettbewerb überhaupt erst entstehen kann.[370] Anders ausgedrückt: Während das GWB vom Leitbild eines bestehenden und funktionierenden Marktes ausgeht, auf dem marktbeherrschende Unternehmen die Ausnahme bilden, hat das TKG einen von einem einzigen Anbieter dominierten Markt vor Augen, auf dem erst die Voraussetzungen für einen freien Wettbewerb geschaffen werden müssen.[371] Ob dieses Leitbild vom Gesetzgeber im Rahmen der TKG-Novelle beibehalten wird, bleibt abzuwarten.

(2) Missbrauchsaufsicht gemäß § 33 Abs. 2 TKG

Während § 33 Abs. 1 TKG dem Marktbeherrscher unmittelbar anwendbare Ge- und Verbote auferlegt, die von den Wettbewerbern ggf. auch zivilrechtlich durchgesetzt werden können, enthält § 33 Abs. 2 TKG Regeln für eine Missbrauchsaufsicht über die marktbeherrschenden Unternehmen nach dem Vorbild des § 32 GWB. Im Unterschied hierzu räumt § 33 Abs. 2 TKG der Regulierungsbehörde aber nicht nur das Recht ein, ein Verhalten zu untersagen, sondern Anbietern im Sinne des Abs. 1, die ihre marktbeherrschende Stellung missbrauchen, auch ein bestimmtes Verhalten aufzuerlegen. Dabei wird ein Missbrauch gemäß § 33 Abs. 2 S. 3 TKG vermutet, wenn ein Marktbeherrscher sich selbst den Zugang zu seinen intern genutzten

---

[369] BGHZ 38, 90, 102, BGH, GRUR 1980, 125, 127; GRUR 1989, 774 (st. Rsp.); *Markert*, in: Immenga/Mestmäcker, GWB (2001), § 26 Rn. 196.

[370] *Piepenbrock*, in: Büchner u.a. (Hg.), Beck'scher TKG-Kommentar (2000), § 33 Rn. 51.

[371] Zur Problematik der Wettbewerbsverhinderung durch Verzögerung der Bereitstellung von Carrier-Leistungen und der Fristenlösung im US-Recht *Spies*, MMR 2001, 501 ff.

und zu seinen am Markt angebotenen Leistungen zu günstigeren Bedingungen einräumt, als seinen Wettbewerbern.[372]

III. Zusammenfassung

Die Regelungen des TKG sind geprägt durch die Umsetzung der alten EG-Telekommunikationsrichtlinien. Wie diese hat das TKG einen Markt vor Augen, der bislang monopolistisch geprägt war und erst für den freien Wettbewerb geöffnet werden muss. Dementsprechend stehen regulatorische und ordnungsrechtliche Ansätze im Vordergrund der Regelungen. Die wettbewerbsrechtlichen Instrumente des § 33 TKG, insbesondere die Missbrauchsaufsicht nach § 33 Abs. 2 TKG, spielen dagegen kaum eine Rolle.

Ob sich dieses mit Umsetzung der neuen Richtlinien ändern wird, bleibt abzuwarten. Da auch die neuen EG-Richtlinien trotz der vorangestellten Prämisse, den regulatorischen Rahmen für einen Markt mit funktionierendem Wettbewerb vorgeben zu wollen, unverändert auf Regulierung statt bloßer Missbrauchsaufsicht setzen, sollten keine allzu großen Änderungen erwartet werden.

---

[372] Zur Abgrenzung zu § 19 Abs. 4 GWB *Säcker/Calliess*, K&R 1999, 337 ff.

Die Verpflichtung aus § 35 TKG, Konkurrenten Zugang zu seinen Netzen gewähren zu müssen, stellt aus Sicht des betroffenen Netzbetreibers einen Grundrechtseingriff dar. Dieser dient aber zugleich der Grundrechtsbetätigung anderer Netzbetreiber und Dienstleistungsanbieter, die für ihre Tätigkeit auf diese Rechte angewiesen sind. Auch die übrigen Nutzer, also insbesondere die Endverbraucher, können zumindest mittelbar von diesen Netzzugangsregelungen profitieren, wenn hierdurch der Wettbewerb gefördert wird und ihnen ein besseres Angebot zu günstigeren Preisen zur Verfügung steht.

Diese Grundrechtsbeziehungen im Netz sollen daher im Folgenden, zunächst unter dem Gesichtspunkt des Grundrechtseingriffs und dessen Rechtfertigung, untersucht werden. Von besonderer Bedeutung ist dabei vor dem Hintergrund der ökonomischen Netzeffekte (Größenvorteile, Netzexternalitäten etc.) die Frage, wie die einzelnen Grundrechtspositionen der am Netz Beteiligten miteinander in Beziehung gesetzt werden können.

A. Beteiligte Grundrechtsträger

Die am Netzbetrieb beteiligten Grundrechtsträger lassen sich in drei Gruppen jeweils unterschiedlicher Interessenlagen unterteilen: Die Netzbetreiber und -eigentümer, die Dienstleistungsanbieter und die Nutzer.

I. Netzbetreiber

1. Definition

Netzbetreiber sind im Sinne der Definitionen des § 3 Nr. 1 und 2 TKG diejenigen natürlichen oder juristischen Personen, die die rechtliche und tatsächliche Kontrolle (Funktionsherrschaft) über die Gesamtheit der Funktionen ausüben, die zur Realisierung der Informationsübertragung auf Übertragungswegen oder zur Erbringung von Telekommunikationsdienstleistungen oder nichtgewerblichen Telekommunikationszwecken unabdingbar sind.[373] Das Eigentum an Übertragungswegen oder sonstigen Einrichtungen ist keine zwingende Voraussetzung.[374]

2. *Öffentliche oder gemischt-wirtschaftliche Netzbetreiber*

Während sich Netzbetreiber früher überwiegend in öffentlicher Hand befanden, wurden diese im Zuge der allgemeinen Privatisierungsbestrebungen zunehmend in privatrechtliche Organisationsformen (zumeist Aktiengesellschaften) überführt. Dennoch befinden sich, beispielsweise im Energiesektor, nach wie vor viele Netzeigentümer und –betreiber im Eigentum der öffentlichen Hand. Auch die Deutsche Telekom AG als größter Eigentümer von Kommunikationsnetzen in Deutschland ist zwar mittlerweile als Aktiengesellschaft ausgerichtet. Die Bundesrepublik Deutsachland hält aber immer noch einen beträchtlichen Anteil der Aktien, teilweise unmittelbar, teilweise mittelbar über den Aktienbesitz der Kreditanstalt für Wiederaufbau.[375] Daher stellt sich nach wie vor die Frage, inwieweit solche von der öffentlichen Hand beherrschten juristischen Personen sich wie juristische Personen des Privatrechts auf Grundrechte berufen können.[376] Zudem ist auf anderen Netzmärkten, z.B. bei der Energieversorgung

---

[373] Vgl. oben Seite 100.

[374] *Schütz*, in: Büchner u.a. (Hg.), Beck'scher TKG-Kommentar (2000), § 3 Rn. 4. Vgl. auch die Klarstellung in § 3 Nr. 2 aE.

[375] Aktuell hält die Bundesrepublik Deutschland 42,77 % der Aktien, davon 30,75 % unmittelbar durch die Bundesanstalt für Post und Telekommunikation und 12,02 % über die Kreditanstalt für Wiederaufbau. 57,23 % der Aktien befinden sich in Streubesitz (Quelle: Deutsche Börse AG).

[376] Vgl. *Stern/Dietlein*, ArchPT 1998, 309 ff.; BVerfGE 45, 63, 79 ff., BVerfG, NJW 1990, 1783 (demnach waren die HEW nicht grundrechtsfähig); *Fehling*, AöR 121 (1996), 59, 90 f.; *Koppensteiner*, NJW 1990, 3105 ff.; *Schmidt-Aßmann*, BB 1990, Beilage 34 zu Heft 27; *Schmidt-Preuß*, RdE 1996, 1, 3; *Pielow*, RdE 2000, 45, 46 ff.

oder gar dem Schienenverkehr, die Beteiligung der öffentlichen Hand nach wie vor weitaus stärker ausgeprägt als im bereits stark liberalisierten Telekommunikationssektor.

a) Juristische Personen des öffentlichen Rechts

Die Frage der Grundrechtsfähigkeit juristischer Personen des öffentlichen Rechts, also insbesondere von Anstalten, Stiftungen und Körperschaften des öffentlichen Rechts, ist nicht zuletzt aufgrund mehrerer Grundsatzentscheidungen des Bundesverfassungsgerichts[377] mittlerweile weitestgehend geklärt. Diese sind im Grundsatz nicht grundrechtsberechtigt, da die Grundrechte in erster Linie dem Schutz der Bürger vor staatlichen Übergriffen sowie der Sicherung seiner freien Mitwirkung und Mitgestaltung im Gemeinwesen dienen sollen.[378] Ein Grundrechtsschutz staatlicher Institutionen wäre hiermit nur schwer vereinbar.

Ausgenommen sind hiervon lediglich bestimmte öffentlich-rechtliche juristische Personen, etwa als öffentlich-rechtliche Körperschaften organisierte Religionsgemeinschaften[379], Universitäten[380] und Rundfunkanstalten[381] aufgrund ihrer besonderen, grundrechtssensiblen Stellung, die ein Mindestmaß staatlicher Unabhängigkeit verlangt. Außerdem können bestimmte grundrechtsgleiche Rechte, namentlich die Prozessgrundrechte aus Art. 101 Abs. 1 S. 2 und 103 Abs. 1 GG[382] sowie der Gleichheitssatz des Art. 3 Abs. 1 GG[383] (zumindest in seiner

---

[377] BVerfGE 21, 362, 369 ff.; 23, 353, 372; 26, 228, 244; 35, 263, 271; 39, 302, 312 f.; 45, 63, 78; 61, 82, 100.

[378] BVerfGE 61, 82, 100.

[379] BVerfGE 18, 385, 386 f.; 19, 1, 5; 21, 362, 373 f.; 24, 236, 246; 42, 312, 321 f.; 53, 366, 387; 57, 220, 240 f.; 61, 82, 102; 70, 138, 161.

[380] BVerfGE 15, 256, 263 f.; 31, 314, 322; 39, 302, 314.

[381] BVerfGE 7, 198, 204 f.; 12, 205, 259 ff.; 13, 46, 80; 31, 314, 322 ff.; 35, 202, 222 ff.; 39, 159, 167; 57, 295, 319; 59, 231, 258; 73, 118, 152 f.

[382] BVerfGE 21, 362, 373; 61, 82, 104; ferner schon BVerfGE 6, 45, 49; 13, 132, 139.

[383] Vgl. BVerfGE 21, 362, 372; 35, 263, 271 f.; 61, 82, 100 ff.

Ausformung des Willkürverbots) auf juristische Personen des öffentlichen Rechts Anwendung finden.[384] Letzteres ist wohl auch dem Rechtsstaatsprinzip geschuldet, denn dieses verlangt ein rechtsstaatliches Verhalten des Staates nicht nur im externen Umgang mit den Bürgern, sondern auch im internen Umgang zwischen verschiedenen staatlichen Organisationseinheiten. In diesem Zusammenhang ist auch Art. 28 Abs. 2 GG zu nennen. Wenn die kommunale Selbstverwaltungshoheit auch weder Grundrecht noch grundrechtsgleiches Recht ist, macht sie doch deutlich, dass auch staatliche Organisationseinheiten untereinander nicht rechtlos gestellt werden können.

b) Öffentlich beherrschte juristische Personen des Privatrechts

In Anlehnung an diese Judikatur zu juristischen Personen des öffentlichen Rechts wird daher teilweise auch die Grundrechtsfähigkeit juristischer Personen des Privatrechts, die von der öffentlichen Hand beherrscht werden oder an denen die öffentliche Hand beteiligt ist, unter Hinweis auf ihren Aufgabentypus abgelehnt oder zumindest nur eingeschränkt zugestanden.[385] Das jeweils herrschende Grundrechtsregime (Grundrechtsverpflichtung des Staates oder Grundrechtsberech-

---

[384] Ausführlich zum Ganzen *Stern*, Staatsrecht III/1 (1988), § 71 VII 3; *Bethge*, Zur Problematik der Grundrechtskollisionen (1977), S. 61; *ders.*, Die Grundrechtsberechtigung juristischer Personen nach Art. 19 Abs. 3 Grundgesetz (1985), S. 103; *Bettermann*, FS-Hirsch (1968), S. 1, 4 ff.; *Dürig*, in: Maunz/Dürig (Hg.), Grundgesetz, Art. 19 III Rn. 45.

[385] Vgl,. zur Diskussion *Badura*, ZHR 146 (1982), 448 ff.; *Bethge*, Die Grundrechtsberechtigung juristischer Personen nach Art. 19 Abs. 3 GG (1985), S. 111 f.; *Bleckmann*, Staatsrecht II (1989), S. 100 f.; *Dürig*, in: Maunz/Dürig (Hg.), GG, Art. 19 III Rn. 45 f.; *Emmerich*, Das Wirtschaftsrecht der öffentlichen Unternehmen (1969), S. 92 f.; *Fehling*, AöR 121 (1996), 59, 90 f.; *Jarass/Pieroth* GG Art. 19 Rn. 13a; *Klein*, Die Teilnahme des Staates am wirtschaftlichen Wettbewerb (1968), S. 234 f.; *Koppensteiner*, NJW 1990, 3105 ff.; *Krebs*, in: v. Münch/Kunig (Hg.), GG Bd. 1 (2000), Art. 19 Rn. 45; *Kremser*, AöR 121 (1996), 406, 421 f.; *Kühne*, JZ 1990, 335 f.; *v. Mutius*, in: Bonner Kommentar, Art. 19 Rn. 145 f.; *Püttner*, Die öffentlichen Unternehmen (1985), S. 120 f.; *Rüfner*, in: HdbStR V (2000), § 116 Rn. 81; *Schmidt-Aßmann*, in: FS-Niederländer (1991), S. 383 ff.; *Stern*, Staatsrecht III/1 (1988), S. 1169 f.; *Zimmermann*, Der grundrechtliche Schutzanspruch juristischer Personen des öffentlichen Rechts (1993), S. 49 ff.

tigung Privater) soll nicht allein durch die Wahl der Rechts- bzw. Organisationsform bestimmt sein.[386]

Das Bundesverfassungsgericht hat in einer neueren Entscheidung insbesondere den Hamburger Elektrizitätswerken (HEW) die Grundrechtsfähigkeit mit der Begründung versagt, dass sie wegen der Beherrschung durch die öffentliche Hand und ihres als öffentliche Aufgabe anzusehenden Aufgabentypus als staatliche Einrichtung anzusehen seien.[387] Die Aufgabe der HEW – die Elektrizitätsversorgung – hat das Bundesverfassungsgericht dabei der Daseinsvorsorge zugerechnet.[388]

Eine solche, in erster Linie auf die Beteiligung der öffentlichen Hand abstellende Betrachtungsweise wird mit zunehmender Privatisierung jedoch problematisch. Denn auch wenn die öffentliche Hand an solchen Unternehmen (ggf. mehrheitlich) beteiligt ist, so bleiben die privaten Anteilseigner grundrechtsberechtigt. Würde man nun den gemischt-wirtschaftlichen Unternehmen die Grundrechtsfähigkeit absprechen, so würde man den mittelbaren Grundrechtschutz der privaten Beteiligten, insbesondere gegenüber jenen, die Anteile an rein privatwirtschaftlichen juristischen Personen innehaben, deutlich verkürzen. Andererseits erfüllen auch zunehmend private Unternehmen Aufgaben, die herkömmlich der Daseinsvorsorge zugerechnet wurden, so dass auch dieses Differenzierungskriterium nicht trägt. Allein aufgrund des Charakters einer Aufgabe auf die Grundrechtsfähigkeit eines Unternehmens zu schließen, würde dazu führen, dass der einfache Gesetzgeber durch die Festlegung von Aufgaben über die Grundrechtsberechtigung entscheiden kann. Eine solche Grundrechtsver-

---

386 *v. Arnold*, DÖV 1998, 437, 450 f.

387 BVerfG, NJW 1990, 1783. Hierzu auch *Koppensteiner*, NJW 1990, 3105 ff.; *Schmidt-Aßmann*, BB 1990, Beilage 34 zu Heft 27; *Zimmermann*, JuS 1991, 294 ff.; *Pielow*, RdE 2000, 45, 46; *Hermes*, Staatliche Infrastrukturverantwortung (1998), S. 83 ff., 87 ff.

388 BVerfGE aaO; vgl. auch Nachweise in Fn. 385.

kürzung würde aber dem Bedeutungsgehalt des Art 19 Abs. 3 GG nicht gerecht.[389]

Auch die Frage der Höhe der staatlichen Beteiligung und insbesondere einer Beherrschung des Unternehmens durch die öffentliche Hand ist als Abgrenzungskriterium für die Frage der Grundrechtsberechtigung (nicht der Grundrechtsverpflichtung) untauglich.[390] Denn auch hier würden wiederum die privaten Anteilseigner mittelbar diskriminiert. Denn deren wirtschaftliche Betätigung, die dann in einer Beteiligung an dem öffentlich-rechtlich dominierten Unternehmen zu sehen wäre, stellt eine Grundrechtsbetätigung dar, die nicht außer acht gelassen werden kann, unabhängig davon, wie hoch der Anteil der Beteiligungen ist.[391]

Nach der Theorie der grundrechtsspezifischen Gefährdungssituation sollen daher Unternehmen der öffentliche Hand (und somit erst recht gemischt-wirtschaftliche Unternehmen[392]) dann Grundrechtsschutz beanspruchen können, wenn sie sich im gleichen status subiectionis, also in derselben grundrechtstypischen Gefährdungslage wie der Bürger befinden.[393] Dieses ist jedenfalls dann der Fall, wenn sich die gemischt-wirtschaftlichen Unternehmen ebenso wie privatwirtschaftliche Unternehmen im freien Wettbewerb auf einem Markt behaupten. Auch im Europarecht wird die Auffassung vertreten, dass gemischt-wirtschaftliche Unternehmen grundrechtsfähig sind, wenn sie wie Pri-

---

389 Vgl. *Schmidt-Aßmann*, in: FS-Niederländer, S. 396; *Zimmermann*, JuS 1991, 294, 299; *Kremser*, AöR 121 (1996), 406, 424.

390 So etwa *Maser*, Die Geltung der Grundrechte für juristische Personen und teilrechtsfähige Verbände (1964), S. 159 ff.

391 Ähnlich auch *Badura*, ZHR 146 (1982), 448 ff.; *Bleckmann*, Staatsrecht II (1989), S. 100; *Kremser*, AöR 121 (1996), 406, 425; *Püttner*, Die öffentlichen Unternehmen (1985), S. 120; *Rüfner*, in: HdbStR V (2000), § 116 Rn. 81; *Schmidt-Aßmann*, in: FS-Niederländer (1991), S. 396; *Stern*, Staatsrecht III/1 (1988), S. 1170; *Zimmermann*, Jus 1991, 294, 299.

392 *Kremser*, AöR 121 (1996), 406, 422.

393 *Bethge*, Die Grundrechtsberechtigung juristischer Personen nach Art. 19 Abs. 3 GG (1985), S. 109 ff.; *Hartung*, Die Atomaufsicht (1992), S. 66 f.; *v. Mutius*, in: Bonner Kommentar, Art. 19 III Rn. 114 ff. u. 146 ff. m.w.N.

vatunternehmen im Wettbewerb stehen und den gleichen wettbewerbsrechtlichen Pflichten unterliegen.[394]

Daher ist die Grundrechtsfähigkeit auch der ehemaligen staatlichen Netzmonopolisten wie der Deutschen Telekom AG im Ergebnis zu bejahen. Die Telekom AG agiert in der Rechtsform der Aktiengesellschaft nach betriebswirtschaftlichen Prinzipien ebenso wie ihre privaten Konkurrenten und befindet sich dadurch in derselben grundrechtstypischen Gefährdungslage am Markt. Zudem sind neben der öffentlichen Hand eben auch eine Vielzahl privater Aktionäre an diesem Unternehmen beteiligt, deren mittelbarer Grundrechtsschutz durch die (Rest-) Beteiligung des Staates nicht verkürzt werden darf.

II. Dienstleistungsanbieter

Neben dem Netzbetreiber bedienen sich auch die Anbieter von Telekommunikationsdienstleistungen des Netzes und sind für ihre Tätigkeit auf dieses angewiesen. Telekommunikationsdienstleistungen sind gemäß § 3 Nr. 18 TKG das gewerbliche Angebot von Übertragungswegen für Dritte.[395] Der Dienstleistungsbegriff des TKG beschränkt sich folglich auf die reinen Transportdienstleistungen. Nicht erfasst von diesem Begriff sind die Teledienste und Mediendienste i.S.v. § 2 TDG[396] bzw. § 2 MDStV[397], also die inhaltlichen Angebote im Telekommunikationssektor. Die Abgrenzung ist im Einzelfall nicht ganz

---

[394] Vgl. *Tettinger*, in: FS-Börner (1992), S. 625, 630 ff.; *Fehling*, AöR 121 (1996), 59, 91. *Fuhr/Kerkhoff*, MMR 1998, 6, 9 vertreten zudem die Auffassung, dass sich die rein privatrechtliche Ausrichtung der Aufgaben der Telekom bereits unmittelbar aus Art. 87f Abs. 2 S. 1 GG ergebe.

[395] Siehe auch oben Seite 104.

[396] Gesetz über die Nutzung von Telediensten (Teledienstegesetz – TDG) v. 22. Juli 1997, BGBl. I, S. 1870, zul. geänd. durch Artikel 1 des Gesetzes über rechtliche Rahmenbedingungen für den elektronischen Geschäftsverkehr (Elektronischer Geschäftsverkehr-Gesetz - EGG) vom 14. Dezember 2001, BGBl. I, S. 3721.

[397] Staatsvertrag über Mediendienste (Mediendienstestaatsvertrag) vom 23.6.1997, zul. geänd. durch Staatsvertrag v. 6.7.-7.8.2000 (s.a. GVBl. Berlin 2000, S. 447).

einfach und muss letztlich funktional erfolgen: Zu trennen ist zwischen dem technischen Vorgang des Aussendens, Empfangens und Übermittelns selbst und den mittels dieses technischen Vorgangs übermittelten Inhalten. Kombinierte Dienstleistungen sind dabei im Zweifel entsprechend in ihre Bestandteile aufzuspalten und den unterschiedlichen Rechtsregimen zu unterwerfen.[398]

Diese vom TKG vorgegebene Abgrenzung ist auch für die grundrechtliche Betrachtung relevant, da bezüglich der Inhalte andere Grundrechte (insbes. des Art. 5 Abs. 1 und 3 GG) relevant sein können, als für die rein technischen Telekommunikationsdienstleistungen.

Die neuen EG-Richtlinien zur elektronischen Kommunikation haben zwar einen auf alle Formen der elektronischen Kommunikation erweiterten Anwendungsbereich. Es bleibt aber bei der Trennung von Inhalten und Übertragungswegen: Die Richtlinien gelten ausdrücklich nicht für die Regulierung der Inhalte.[399]

III. Nutzer

Die größte Gruppe, die an den Telekommunikationsnetzen partizipiert, ist schließlich die der Nutzer. Diese ist im TKG legaldefiniert als Nachfrager von Telekommunikationsdienstleistungen (§ 3 Nr. 11 TKG). Zudem ist die Wahrung der Interessen der Nutzer gemäß § 2 Abs. 2 Nr. 1 eines der Ziele der Regulierung nach dem TKG. Der Begriff umfasst nicht nur die Verbraucher, die Telekommunikationsdienstleistung nachfragen, sondern auch jeden gewerblichen Nachfrager.[400] Letztere können zugleich auch Wettbewerber auf dem Markt für Kommunikationsdienstleistungen sein, wenn sie für den Zugang zu

---

[398] Zu den Abgrenzungsproblemen *Schuster*, in: Büchner u.a. (Hg.), Beck'scher TKG-Kommentar (2000), § 4 Rn. 4 ff.

[399] Vgl. Erwägungsgrund (5) der Rahmenrichtlinie 2002/21/EG.

[400] Vgl. *Schuster*, in: Büchner u.a. (Hg.), Beck'scher TKG-Kommentar (2000), § 2 Rn. 6.

ihren Märkten auf Vorleistungen z.B. des marktbeherrschenden Unternehmens angewiesen sind.[401]

Die Gruppe der Nutzer ist daher gemäß ihrer spezifischen Interessen in zwei Untergruppen zu unterteilen: Abhängig davon, ob die Telekommunikationsdienstleistungen zu Zwecken der reinen Informationsübermittlung aus privaten Gründen oder zu gewerblichen Zwecken nachgefragt werden, ist zwischen privaten und gewerblichen Nutzern zu unterscheiden. Die Gruppe der gewerblichen Nutzer ist wiederum zu unterteilen: Einmal die gewerblichen Nutzer, die selber keine Telekommunikationsdienstleistungen erbringen und daher mit den Betreibern nicht im Wettbewerb stehen. Zum anderen die gewerblichen Anbieter von anderen Telekommunikationsdienstleistungen oder von Tele- oder Mediendiensten über die Telekommunikationsnetze.

B. Grundrechtseingriffe durch Netzzugangsregelungen

I. Netzbetreiber

Netzbetreiber sind durch die Netzzugangsregelungen des TKG sowohl verpflichtet als auch berechtigt.

Zum einen sind sie gemäß der Vorschriften des § 35 TKG zur Gewährung von allgemeinem und besonderem Netzzugang verpflichtet, soweit sie eine marktbeherrschende Stellung i.S.d. § 19 GWB innehaben.[402] Solche Betreiber unterliegen auch der besonderen Missbrauchsaufsicht nach § 33 TKG.[403]

Außerdem sind sie als Betreiber öffentlicher Telekommunikationsnetze – unabhängig von ihrer Stellung am Markt – gemäß § 36 TKG verpflichtet, mit jedem anderen öffentlichen Netzbetreiber auf dessen

[401] *Mestmäcker*, in: ders. (Hg.), Kommunikation ohne Monopole II (1995), S. 130.

[402] Oben Seite 100 ff.

[403] Oben Seite 112 ff.

Antrag über die Zusammenschaltung ihrer Netze zu verhandeln. Kommt eine Zusammenschaltungsvereinbarung nicht zustande, kann die Regulierungsbehörde eine Zusammenschaltungsanordnung gemäß § 37 TKG erlassen.[404]

Zum anderen profitiert natürlich auch jeder Netzbetreiber von den Regelungen über die Netzzusammenschaltung, da sie ihm äquivalent zur Zusammenschaltungspflicht auch einen Anspruch auf Zusammenschaltung einräumen.

Die Intensität der Beeinträchtigung bzw. Begünstigung ist aber in sich quasi antiproportional und abhängig von der Größe des eigenen Netzes. Der Betreiber eines großen, flächendeckenden Netzes, insbesondere also der etablierte Netzbetreiber auf einem Markt, profitiert bereits von den Größenvorteilen und Netzexternalitäten seines eigenen Netzes[405] und kann seinen Kunden auch ohne Zusammenschaltung ein weitgehend flächendeckendes Netz mit any to any connectivity anbieten. Daher wird er ein geringeres Interesse an der Zusammenschaltung mit anderen Netzen haben als dies bei Betreibern kleinerer Netze der Fall ist. Letztere sind auf die Zusammenschaltung in höherem Maß angewiesen, um von positiven Netzeffekten profitieren zu können und um ggf. am Markt zu bestehen. Umgekehrt dürften aus diesem Grund gerade die Betreiber großer Netze in besonderem Maß von den Betreibern kleinerer Netze auf Zusammenschaltung in Anspruch genommen werden.

Soweit Netzbetreiber gleichzeitig auch Telekommunikationsdienstleistungen anbieten oder nachfragen, entspricht ihre Position jener der Dienstleistungsanbieter oder Nutzer und wird folglich auch dort abgehandelt.

---

[404] Oben Seite 111.

[405] Oben Seite 28 ff.

1. Berufsfreiheit (Art. 12 Abs. 1 GG)

a) Netzzugang als Grundrechtseingriff

Die Pflicht, Netzzugang zu gewähren, ob in der Form des besonderen oder allgemeinen Zugangs oder der Netzzusammenschaltung, beeinträchtigt zunächst die Berufsausübung des betroffenen (gewerblichen) Netzbetreibers. Die Berufsfreiheit des Art. 12 Abs. 1 GG umfasst allgemein die Freiheit, Tätigkeiten auszuüben, die Erwerbszwecken zu dienen bestimmt sind.[406] Auf Art. 12 GG können sich gemäß Art. 19 Abs. 3 GG auch juristische Personen (und somit – wie oben gezeigt[407] – auch gemischt-wirtschaftliche juristische Personen unter Beteiligung der öffentlichen Hand) berufen, da diese gleich natürlichen Personen am erwerbswirtschaftlichen Leben teilnehmen können.[408] Insbesondere schützt Art. 12 Abs. 1 GG die Unternehmerfreiheit.[409] Hierunter sind insbesondere die Dispositionsfreiheit[410], die Preisfreiheit[411], die Produktionsfreiheit[412], die Wettbewerbsfreiheit[413] und die Vertragsfreiheit[414] zu zählen. Teilweise werden zwar einzelne Bereiche der Unternehmensführung der allgemeinen Handlungsfreiheit des Art. 2 Abs. 1

---

[406] *Tetinger*, in: Sachs (Hg.), GG (2002), Art. 12 Rn. 22; *Gubelt*, in: v. Münch/Kunig (Hg.), GG, Bd. 1 (2000), Art. 12 Rn. 6.

[407] Seite 122.

[408] BVerfGE 74, 129, 148; *Gubelt*, aaO, Art. 12 Rn. 6.

[409] BVerfGE 50, 290, 363 f.; *Breuer*, in: HdbStR VI (2001), § 147 Rn. 61; *Gubelt*, aaO, Art. 12 Rn. 18; *Wieland*, in: Dreier (Hg.), GG (1996), Art. 12 Rn. 61.

[410] *Scholz*, in: Maunz/Dürig, GG, Art. 12 Rn. 124.

[411] *H.P. Ipsen*, Kartellrechtliche Preiskontrolle als Verfassungsfrage (1976), S. 79 ff.

[412] *Breuer*, in: HdbStR VI (2001), § 147 Rn. 63.

[413] *Breuer*, in: HdbStR VI (2001), § 147 Rn. 63.

[414] *Scholz*, in: Maunz/Dürig, GG, Art. 12 Rn. 131 ff.

GG zugerechnet.[415] Diesem ist aber entgegenzuhalten, dass Art. 12 Abs. 1 GG die Berufsfreiheit umfassend schützt. Es widerspräche diesem Schutzumfang ebenso wie dem allgemeinen Grundsatz der Spezialität, wenn man einzelne Aspekte der berufsbezogenen Betätigung eines Unternehmers aus dem Schutzbereich ausklammern wollte.[416]

Durch die Netzzugangs- und Zusammenschaltungspflichten der §§ 33, 35-37 TKG wird dem betroffenen Netzbetreiber ein bestimmter Vertragspartner aufgedrängt.[417] Zudem ist der in die Pflicht genommene Netzbetreiber sowohl bei der Preisgestaltung als auch bei der technischen Ausgestaltung seines Netzes (Bereitstellung der nötigen Kapazitäten und technischer Schnittstellen, Einhaltung der technischen Normen, entbündelter Zugang) gebunden. Hierdurch wird in die Berufsfreiheit des betroffenen Netzbetreibers eingegriffen. Da lediglich Art und Weise der Berufsausübung geregelt werden[418] und die Belastungen auch nicht von einer derartigen Intensität sind, dass sie einer Berufszulassungsregel gleichkämen[419], handelt es sich dabei um Berufsausübungsregeln.[420]

b) Netzzugang als grundrechtliche Entstehenssicherung und Bestandsschutz

Daneben dienen die Netzzugangsregeln des TKG wie erwähnt aber auch der Grundrechtsbetätigung durch die Netzbetreiber. Insbesondere durch die Zusammenschaltungspflichten und den entbündelten Teilnehmerzugang wird für Newcomer, die dem etablierten Netzbetreiber auf dessen Markt Wettbewerb machen wollen, überhaupt

---

[415] Vgl. BVerfGE 8, 274, 328; 10, 89, 99; 12, 341, 347; 21, 87, 90 f.; *Dürig*, in: Maunz/Dürig (Hg.), GG Art. 2 Abs. 1 Rn. 43.

[416] Vgl. *Breuer*, in: HdbStR VI (2001), § 147 Rn. 63; *Kremser*, AöR 121 (1996), S. 406, 426.

[417] Vgl. auch zum Stromeinspeisungsgesetz (StreG) *Ossenbühl*, ET 1996, 94, 97.

[418] *Tettinger*, in: Sachs (Hg.), GG (2002), Art. 12 Rn. 57.

[419] BVerfGE 11, 30, 41 f.

[420] Vgl. zur ähnlichen Problematik des StreG *Kremser*, AöR 121 (1996), 406, 427.

erst die Möglichkeit der Berufsausübung eröffnet. Die Besonderheit des liberalisierten Netzmarktes besteht gerade darin, dass die Wettbewerber gleichzeitig auch Kunden sind, die auf die Leistungen des ehemaligen Alleinanbieters zurückgreifen müssen, um ihre Leistungen zu erbringen.[421] Die Netzzugangsregelungen sind insoweit vergleichbar mit dem sachverhaltsfördernden (bzw. nach Etablierung eines funktionierenden Wettbewerbs sachverhaltssichernden) Grundrechtsvoraussetzungsschutz: In diesen Fällen fördert der Staat durch entsprechende Maßnahmen (z.B. Beihilfen, Wohngeld, steuerliche Vergünstigungen) eine Grundrechtsbetätigung, die ohne diese Förderung zumindest nur eingeschränkt möglich wäre, oder er sichert eine solche Grundrechtsbetätigung gegen Gefährdungen durch Dritte ab.[422] Netzzugangsregeln stellen somit einen Eingriff in die Grundrechte der etablierten Netzbetreiber dar, dienen aber nach dem Willen des Gesetzgebers zugleich der grundrechtlichen Entstehenssicherung und dem grundrechtlichen Bestandsschutz[423] der neuen Wettbewerber, die auf einen Markt für Telekommunikationsdienstleistungen vordringen wollen. Gerade Art. 12 Abs. 1 GG schützt neben dem Bestand in Form der Berufsausübung auch das Entstehen von grundrechtlich Positionen in Form des freien Zugangs zu Berufen.[424]

2. Eigentum (Art. 14 Abs. 1 GG)

Netzbetreiber sind in der Regel auch Eigentümer des Netzes i.S.v. Art. 14 GG. Auch auf Art. 14 GG können sich gemäß Art. 19 Abs. 3 GG juristische Personen berufen.[425] Der Eigentumsbegriff des Art. 14

---

[421] *Mestmäcker*, in: ders. (Hg.), Kommunikation ohne Monopole II (1995), S. 126 ff.; *Schuster*, in: Büchner u.a. (Hg.), Beck'scher TKG-Kommentar (2000), § 2 Rn. 10.

[422] *Kloepfer*, Grundrechte als Entstehenssicherung und Bestandsschutz (1970), S. 18 ff.

[423] Zu dieser Begrifflichkeit *Kloepfer*, Grundrechte als Entstehenssicherung und Bestandsschutz (1970), S. 24 ff.

[424] *Kloepfer*, Grundrechte als Entstehenssicherung und Bestandsschutz (1970), S. 86 ff.

[425] BVerfGE 4, 7, 17; 53, 336, 345; 66, 116, 130; *Wieland*, in: Dreier (Hg.), GG, Bd. I (1996), Art. 14 Rn. 60.

GG ist weiter gefasst als der des Bürgerlichen Rechts und erfasst alle vermögenswerten Rechte jedenfalls des Privatrechts.[426] In Abgrenzung zur Berufsfreiheit schützt Art. 14 GG im Rahmen der wirtschaftlichen bzw. unternehmerischen Tätigkeit in erster Linie den durch eigene Leistung erworbenen Bestand an vermögenswerten Gütern, während Art. 12 Abs. 1 GG primär persönlichkeitsbezogen auf den Schutz der individuellen Leistung und Existenzerhaltung zielt. Anders ausgedrückt schützt Art. 14 GG objektbezogen und Art. 12 Abs. 1 GG zukunftsbezogen,[427] der Eigentumsschutz das Erworbene und die Berufsfreiheit den Erwerb.[428]

Neben dem Sacheigentum selbst, also der sachenrechtlichen Zuordnung, schützt Art. 14 GG dabei auch die Verfügungsbefugnis als das Recht, den Eigentumsgegenstand auch selbst zu nutzen.[429] Art. 14 GG verleiht dem Unternehmen zwar weder einen umfassenden Schutz der ökonomisch sinnvollen und rentablen Eigentumsnutzung noch des Betriebsvermögens.[430] Allerdings gehen die Zusammenschaltungs- und Netzzugangsverpflichtungen weiter: Der betroffene Netzeigentümer muss Konkurrenten die Mitbenutzung seines Netzes gestatten: Diese dürfen ihre Telekommunikationsdienstleistungen und somit ihren Datenverkehr auch über sein Netz leiten, erhalten also einen Zugriff auf das Eigentum des Netzbetreibers, über den der Eigentümer üblicherweise allein disponieren könnte. Besonders deutlich wird dieses beim entbündelten Netzzugang: Hier bleibt der Netzeigentümer zwar rechtlich Eigentümer der betroffenen Teilnehmeranschlussleitung. Diese

---

[426] So schon *M. Wolff*, in: FS-Kahl (1923), S. 3 zu Art. 153 WRV. Vgl. ferner *Papier*, in: Maunz/Dürig (Hg.), GG Art. 14 Rn. 8; *Bryde*, in: v. Münch/Kunig, GG, Art. 14 Rn. 11; *Kimminich*, in: Bonner Kommentar, Art. 14 Rn. 31 ff.; *Rittstieg*, in: Alternativkommentar zum GG, Art. 14 Rn. 60 ff., *Wieland*, in: Dreier (Hg.), GG, Art. 14 Rn. 38.

[427] *Wieland*, in: Dreier (Hg.), GG (1996), Art. 14 Rn. 152; *Kloepfer*, Presse-Grosso unter dem Schutz von Verfassungsrecht und Europarecht (2000), S. 61.

[428] BVerfGE 30, 292, 334 f.

[429] BVerfGE 79, 292, 304; *Leisner*, in: HdbStR VI (2001), § 149 Rn. 8 ff.; *Schmidt-Preuß*, AG 1996, 1, 6.

[430] BVerfGE 77, 84, 118; *Kloepfer*, Presse-Grosso unter dem Schutz von Verfassungsrecht und Europarecht (2000), S. 61.

wird aber rein technisch von seinem Netz abgetrennt und der alleinigen Nutzungsbefugnis des Zugang begehrenden Konkurrenten unterworfen. Selbst freie Kapazitäten könnte der Eigentümer nicht mehr selber nutzen.[431]

Netzzugang bedeutet zwar keinen Eingriff in das Sacheigentum des Netzinhabers als solches, denn die sachenrechtliche Zuordnung bleibt grundsätzlich erhalten. Eingeschränkt wird aber die Verfügungsbefugnis des Netzinhabers über sein Netz.[432] Diese Einschränkung erfolgt aufgrund eines allgemeinen Ordnungskonzepts, das den Wettbewerb im Netz stärken und die Monopolstellung der Telekom und anderer beherrschender Netzbetreiber in Teilbereichen ihrer Netze hierdurch entschärfen will.[433] Daher liegt in den Netzzugangsregelungen neben dem Eingriff in Art. 12 Abs. 1 GG zugleich auch ein Eingriff in den Eigentumsschutz des Art. 14 GG in Form einer Inhalts- und Schrankenbestimmung.[434]

3. Meinungsfreiheit und Freiheit der Massenmedien (Art. 5 Abs. 1 S. 1 und 2 GG)

Das sich die Tätigkeit der Netzbetreiber (zumindest nach der hier verwendeten Definition des TKG) ausschließlich auf den rein technischen Betrieb der Telekommunikationsnetze beschränkt, während die Übermittlung von Inhalten sich als Nutzung des Telekommunikationsnetzes darstellt, kommt ein Betroffensein inhaltsbezogener Grund-

---

[431] Siehe oben Seite 113.

[432] Hierzu *Schmidt-Preuß*, RdE 1996, 1, 3; *J. F. Baur/Moraing*, Rechtliche Probleme einer Deregulierung der Elektrizitätswirtschaft (1994), S. 59 f.

[433] Vgl. *Schmidt-Preuß*, RdE 1996, 1, 3.

[434] Vgl. auch (teilweise zum Energierecht) *Schmidt-Preuß*, AG 1996, 1, 6; *ders.*, RdE 1996, 1, 3; *Papier*, BB 1997, 1213, 1214 f.; *Arndt*, RIW-Beilage 7/1989, S. 24; *Büdenbender*, Die Kartellaufsicht über die Energiewirtschaft (1995), S. 328 ff. (anders aber noch *ders.*, RdE 1979, 14, 17); *Recknagel*, ET 1988, 385, 391. *Fehling* (AöR 121 (1996), S. 59, 72) vergleicht den Netzzugang auch bei Kapazitätsengpässen gar mit einer Sozialisierung gemäß Art. 15 GG.

rechte wie insbesondere der Meinungsäußerungsfreiheit oder der Freiheit der Massenmedien durch die Netzzugangsregelungen nicht in Betracht.[435] Selbst wenn Netzbetreiber auch Mehrwertdienste anbieten, ist dieses Angebot durch die Netzzugangsverpflichtungen jedenfalls nicht berührt, da diese nur zur rein technischen Zusammenschaltung verpflichten, aber keinen Einfluss auf die angebotenen Inhalte haben.

II. Dienstleistungsanbieter

1. Grundrechtseingriff durch § 33 TKG (Berufsfreiheit gemäß Art. 12 Abs. 1 GG)

Durch die Netzzugangsvorschriften der §§ 35-37 TKG werden die Anbieter von Telekommunikationsdienstleistungen nicht verpflichtet. Zwar sind Dienstleistungsanbieter oftmals gleichzeitig auch Netzbetreiber. Bei der Bewertung der Grundrechtsbetroffenheit ist jedoch entsprechend dem TKG zwischen Netzbetrieb und Dienstleistungserbringung zu trennen. Dienstleistungsanbieter unterfallen allerdings – soweit marktbeherrschend – der Pflicht zur Gewährung diskriminierungsfreien Zugangs gemäß § 33 Abs. 1 TKG und der allgemeinen Missbrauchsaufsicht nach § 33 Abs. 2 TKG.[436] Insoweit sind sie, ebenso wie die Netzbetreiber[437], in ihrer Vertrags-, Preis- und Dispositionsfreiheit aus Art. 12 Abs. 1 GG betroffen, so dass auch hier ein Grundrechtseingriff in Form einer Berufsausübungsregelung vorliegt.

---

[435] Anders wohl *Kloepfer*, Informationsrecht (2002), § 3 Rn. 96 a.E.

[436] Oben Seiten 112 ff. und 116 ff.

[437] Seite 129.

2. *Grundrechtliche Entstehenssicherung und Bestandsschutz (Berufsfreiheit gemäß Art. 12 Abs. 1 GG)*

Dienstleistungsanbieter gehören aber ebenfalls zu den Begünstigten der Netzzugangsregelungen. Sie haben sowohl einen Anspruch auf diskriminierungsfreien Zugang zu wesentlichen Leistungen anderer Dienstleistungsanbieter gemäß § 33 Abs. 1 TKG als auch gegenüber den Netzbetreibern auf Netzzugang gemäß § 35 TKG. Dieser ist für Dienstleistungsanbieter nötig, um auf den nachgeordneten Märkten mit den Dienstleistungsangeboten des etablierten Netzbetreibers in Wettbewerb treten zu können. Insoweit dienen die Netzzugangsregelungen wiederum insbesondere neuen bzw. kleinen Dienstleistungsanbietern zur Grundrechtsverwirklichung aus Art. 12 Abs. 1 GG in dessen Funktion als entstehens- und bestandsschützendes Grundrecht.[438]

III. Nutzer

Die Nutzer sind durch die Netzzugangsregelungen des TKG lediglich begünstigt. Sie haben dabei nicht nur einen Anspruch auf Netzzugang gegenüber dem marktbeherrschenden Netzbetreiber gemäß § 35 TKG. Vielmehr ist Ziel und Zweck des gesamten Regelungswerks, zu dessen Kernelementen auch die Netzzugangsregeln gehören, gerade die Sicherstellung eines chancengleichen und funktionsfähigen Wettbewerbs, auch in der Fläche, auf den Märkten der Telekommunikation[439] und die Wahrung der Interessen der Nutzer[440].

Hintergrund der Liberalisierung ist die Erkenntnis, dass Informations- und Kommunikationstechnik zunehmend das gesellschaftliche und wirtschaftliche Leben in den modernen Industrienationen bestimmen. Sie sind Basis für wesentliche Produktivitätssteigerungen, führen zu

---

[438] Oben Seite 130.

[439] Vgl. §§ 1 und 2 Nr. 3 TKG.

[440] § 2 Nr. 2 TKG.

erheblichen Verbesserungen der Qualität von Dienstleistungen und zu einem Angebot einer Vielzahl neuer Dienste.[441] Die Sicherstellung des freien Wettbewerbs soll (wie ausgeführt[442]) gewährleisten, dass Ineffizienzen und Innovationsstaus auf den Telekommunikationsmärkten vermieden werden. Hiervon profitieren vornehmlich auch die Nutzer in Form am Markt gebildeter Preise und technischer Innovationen.[443]

Somit besteht die Grundrechtsbetroffenheit der größten Gruppe der Netzbeteiligten, nämlich der Nutzer, in der Form der Grundrechtbetätigung bzw. Grundrechtsverwirklichung. Dieses macht deutlich, dass im Vordergrund die dienende Funktion der Netzzugangsregelungen des TKG steht.

1. Berufsfreiheit (Art. 12 Abs. 1 GG)

Je nachdem, mit welcher Motivation Nutzer Telekommunikationsdienstleistungen nachfragen, sind allerdings unterschiedliche Grundrechtsbereiche eröffnet. Ein Großteil der Nutzer verfolgt bei der Nachfrage von Telekommunikationsdienstleistungen selbst gewerbliche Zwecke, handelt also im Rahmen seiner Berufsausübung. Hierzu zählen zum einen Unternehmer, die selbst Leistungen auf anderen Märkten erbringen und sich bei der Ausübung ihres Berufes der Kommunikationstechnik bedienen. Des weiteren sind die Anbieter von Telediensten oder Mediendiensten[444] zu erwähnen, die Dienstleistungen erbringen, die notwendig auf die Nutzung von Telekommunikationsnetzen angewiesen sind. Und schließlich darf nicht vergessen werden, dass auch die Wettbewerber der Netzbetreiber

---

[441] *Schuster*, in: Büchner u.a. (Hg.), Beck'scher TKG-Kommentar (2000), § 1 Rn. 5.

[442] Oben Seite 35 ff.

[443] Vgl. *Schuster*, in: Büchner u.a. (Hg.), Beck'scher TKG-Kommentar (2000), § 2 Rn. 6 und 9.

[444] Oben Seite 125.

selbst zur Erbringung ihrer Dienstleistungen wieder Nutzer der Leistungen anderer Netzbetreiber sind.[445]

2. *Meinungsäußerungsfreiheit (Art. 5 Abs. 1 S. 1 Var. 1 GG)*

Wer kommuniziert, tut dies oftmals, um seine Meinung kundzutun. Die Meinungsfreiheit des Art. 5 Abs. 1 S. 1 Var. 1 GG schützt dabei nicht nur das reine Haben und Äußern einer Meinung, sondern auch alle Medien und Formen, durch welche die Meinungsäußerung und -verbreitung erfolgen kann. Die Aufzählung „in Wort, Schrift und Bild" ist dabei nicht abschließend, sondern nur beispielhaft zu verstehen.[446] Auch die Nutzung von Telefon oder anderen neuen Medien ist – soweit sie der Individualkommunikation dient – von Art. 5 Abs. 1 S. 1 Var. 1 GG geschützt.[447] Daher fällt auch die Meinungsäußerung, die mittels der Telekommunikationstechnik getätigt wird, unter den Schutzbereich dieses Grundrechts.[448]

Dabei ist zu berücksichtigen, dass die Kommunikation über Telekommunikationsnetze auch für die Verbreitung von Meinungen von wachsender Bedeutung ist. Insbesondere der Zugang zum Internet (über Telekommunikationsnetze) ermöglicht es Privatpersonen, einen äußerst umfangreichen Adressatenkreis zu erreichen, ohne sich dazu der nicht jedermann zugänglichen Massenmedien bedienen zu müssen.[449] Die Gewährleistung des offenen Netzzugangs dient mithin auch in nicht unbeträchtlichem Maße dem Freiheitsgebrauch bezüglich der Meinungsäußerungs- und -verbreitungsfreiheit.

---

[445] *Mestmäcker*, in: ders. (Hg.), Kommunikation ohne Monopole II (1995), S. 126 ff.; *Schuster*, in: Büchner u.a. (Hg.), Beck'scher TKG-Kommentar (2000), § 2 Rn. 10.

[446] *Herzog*, in: Maunz/Dürig, GG, Art. 5 Rn. 73; *Hesse*, Verfassungsrecht (1999), Rn. 392; *Hoffmann-Riem*, in: Alternativkommentar zum GG, Art. 5 I, II Rn. 25.

[447] *Schulze-Fielitz*, in: Dreier (Hg.), GG (1996) Art. 5 I, II Rn. 55.

[448] Zum informationsrechtlichen Gehalt des Art 5 Abs. 1 S. 1 GG auch *Kloepfer*, Informationsrecht (2002), § 3 Rn. 64 ff.

[449] Zum Einfluss der globalen Vernetzung auf lokale Wertvorstellungen z.B. *Engel*, AfP 2002, 119 ff.

3. Informationsfreiheit (Art. 5 Abs. 1 S. 1 Var. 2 GG)

In seiner zweiten Variante gewährt Art. 5 Abs. 1 S. 1 GG – quasi spiegelbildlich zur Meinungsäußerungsfreiheit[450] – das Recht eines jeden, sich ungehindert aus den allgemein zugänglichen Quellen zu unterrichten (Informationsfreiheit). Allgemein zugängliche Quellen sind Informationsträger beliebiger Art[451] oder der eigentliche Informationsgegenstand selbst[452], wenn sie technisch geeignet und bestimmt sind, der Allgemeinheit, d.h. einem individuell nicht bestimmbaren Personenkreis, Informationen zu verschaffen.[453] Von weiterhin wachsender Bedeutung als Informationsquelle sind dabei insbesondere über das Internet erreichbare Informationsangebote.[454] Da der Zugang hierzu gewöhnlich über Telekommunikationsnetze erfolgt, dient der Netzzugang also auch hier der Grundrechtsbetätigung.

4. Freiheit der Massenmedien (Art. 5 Abs. 1 S. 2 GG)

Letztlich ein Unterfall sowohl der Meinungsäußerungsfreiheit einerseits und der Informationsfreiheit andererseits[455] ist die Freiheit der Massenmedien gemäß Art. 5 Abs. 1 S. 2 GG. Die sprachlich vorgesehene Trennung zwischen Rundfunk, Presse und Film ist aufgrund der technischen Entwicklung nicht mehr klar nachzuvollziehen. Insbesondere elektronische Veröffentlichungen enthalten textliche, bildliche, filmische oder akustische Bestandteile. Ihnen gemein ist

---

[450] *Kloepfer*, Presse-Grosso unter dem Schutz von Verfassungsrecht und Europarecht (2000), S. 54; *Jarass/Pieroth*, GG Ar. 5 Rn. 19.

[451] *Bethge*, in: Sachs (Hg.), GG (2002), Art. 5 Rn. 54.

[452] BVerfG, JZ 2001, 704, 705; *Starck*, in: v. Mangoldt/Klein/Starck (Hg.), GG (1999), Art. 5 I, II Rn. 42 f.

[453] BVerfGE 27, 71, 83 f.; 90, 27, 32; BVerfG JZ 2001, 704, 705.

[454] Vgl. auch *Kloepfer*, Informationsrecht (2002), § 3 Rn. 76.

[455] Vgl. *Kloepfer*, Informationsrecht (2002), § 3 Rn. 81. So werden Pressefreiheit und Rundfunkfreiheit z.B. in Art. 19 IPBPR oder Art. 10 EMRK gar nicht gesondert erwähnt, sondern als selbstverständlicher Bestandteil der Meinungsfreiheit betrachtet.

aber die Meinungsverbreitung über Massenkommunikationsmittel.[456] Daher ist bei teleologischer Auslegung des Art. 5 Abs. 1 S. 2 GG von einem einheitlichen Grundrecht der Freiheit der Massenmedien auszugehen.[457] Diese können sich, wie oben ausgeführt, mittlerweile neben den traditionellen Verbreitungsformen auch der Publikation über Telekommunikationsnetze bedienen, so dass auch hier von einem Grundrechtsgebrauch ausgegangen werden kann. Die neuen EG-Richtlinien erstrecken ihren Anwendungsbereicht konsequenterweise ohnehin auf sämtliche elektronische Kommunikationsnetze.[458]

Zu erwähnen sind hier insbesondere auch die Anbieter von Mediendiensten gemäß § 2 MDStV.[459] Mediendienste sind gerade dadurch gekennzeichnet, dass Sie Massenmedieninhalte über Kommunikationsnetze verbreiten.

5. Allgemeine Handlungsfreiheit (Art. 2 Abs. 1 GG)

Dient die Nutzung von Telekommunikationsnetzen keinem der eben genannten Zwecke, so bleibt zumindest das Auffanggrundrecht der allgemeinen Handlungsfreiheit gemäß Art. 2 Abs. 1 GG. Dabei kommt der Kommunikation, auch wenn sie nicht der Verwirklichung spezieller Freiheitsrechte dient, eine hervorgehobene Bedeutung zu. Der

---

[456] Siehe zur Abgrenzung Massenmedien und Telekommunikation oben Seite 21.

[457] Vgl. auch *Kloepfer*, Informationsrecht (2002), § 3 Rn. 81; *Schulze-Fielitz*, in: Dreier (Hg.), GG (1996), Art. 5 I, II Rn. 65 ff.

[458] Oben Seite 70.

[459] Vgl. hierzu *Kloepfer*, Informationsrecht (2002), § 3 Rn. 93.

Mensch ist als soziales Wesen auf die Individualkommunikation angewiesen.[460] Diese muss zwar nicht notwendigerweise in Form der Telekommunikation stattfinden. Mit zunehmender Vernetzung der Gesellschaft kommt dieser Form der Kommunikation aber eine immer größere Bedeutung zu, die bei der Beurteilung der Freiheitsbetätigung im Sinne des Art. 2 Abs. 1 GG zu berücksichtigen ist.

[460] Vgl. etwa *Habermas*, Theorie des kommunikativen Handelns (1992); *ders.*, Moralbewusstsein und kommunikatives Handeln (1991); *Delhess*, Soziale Kommunikation (1994). Speziell zur sozialen Rolle von Computer-Netzwerken *Wellman*, Science 293 (2001), 2031 ff.

Wie sich gezeigt hat, sind Netze wie das Telekommunikationsnetz gekennzeichnet durch vielfache Interessenkorrelationen und -kollisionen bei Betrieb und Nutzung derselben. Diese korrespondieren mit einem vielfältigen, teilweise parallel gelagerten, teilweise entgegengesetzten Grundrechtsgebrauch auf Seiten aller Netzbeteiligten. Diese unterschiedlichen Grundrechtspositionen müssen bei der verfassungsrechtlichen Bewertung der Netzzugangsregelungen umfassend Berücksichtigung finden.

Dabei ist auch zu beachten, dass aufgrund der ökonomischen Netzfunktionen diese Grundrechtspositionen in besonderer Weise untrennbar miteinander verknüpft sind. Dieses kann sich zunächst bei der verfassungsrechtlichen Rechtfertigung der Eingriffe in die Grundrechte der Netzbetreiber und ggf. Dienstleistungsanbieter durch die Netzzugangsverpflichtungen bemerkbar machen.

A. Verfassungsrechtliche Rechtfertigung: Schranken und Schranken-Schranken

I. Berufsfreiheit (Art. 12 Abs. 1 GG)

Die Berufsfreiheit unterliegt der Schranke des Art. 12 Abs. 1 S. 2 GG. Dabei können Eingriffe, die wie hier als Berufsausübungsregeln ausgestaltet sind,[461] durch jede vernünftige Erwägung des Gemeinwohls legitimiert sein.[462] Die Berufsausübungsregel darf dabei den Betroffenen nicht übermäßig oder unzumutbar belasten.[463] Bei der Auswahl der verfolgten Ziele kommt dem Gesetzgeber ein weiter Gestaltungs-

---

[461] Oben Seite 129.

[462] BVerfGE 7, 377, 405 f.; 65, 116, 125; 70, 1, 28; 78, 155, 162.

[463] BVerfGE 85, 248, 259.

spielraum zu.[464] Dabei müssen wegen des Verhältnismäßigkeitsprinzips die verfolgten Gemeinwohlbelange in Beziehung zu den Freiheitseinschränkungen gesetzt werden.[465]

Letztlich entscheidet somit über die verfassungsrechtliche Rechtfertigung des Eingriffs die Frage, ob die ergriffene Maßnahme geeignet und erforderlich ist, die verfolgten Ziele zu erreichen, und ob eine umfassende Güterabwägung keine Disproportionalität des Eingriffs ergibt. Diese soll unten ausführlich behandelt werden.[466]

II. Eigentum (Art. 14 GG)

Neben der – hier nicht relevanten[467] – Möglichkeit der Enteignung gemäß Art. 14 Abs. 3 GG kann in das grundrechtlich geschützte Eigentum gemäß Art. 14 Abs. 1 S. 2 GG in Form der Inhalts- und Schrankenbestimmungen eingegriffen werden. Die materiellen Voraussetzungen für derartige Inhalts- und Schrankenbestimmungen ergeben sich dabei aus dem Zusammenspiel der Bestandsgarantie gemäß Art. 14 Abs. 1 S. 1 GG, des Regelungsauftrags des Art. 14 Abs. 1 S. 2 und der Sozialpflichtigkeit des Eigentums gemäß Art. 14 Abs. 2 GG.[468]

Der Gesetzgeber ist verpflichtet, sich bei der Inhalts- und Schrankenbestimmung am Wohl der Allgemeinheit zu orientieren. Die Verfassung gewährleistet ein sozial gebundenes Privateigentum, das ein ausgewogenes Verhältnis zwischen den Belangen der Gemeinschaft und den Individualinteressen des Eigentümers voraussetzt.[469] Daher reicht die Befugnis des Gesetzgebers um so weiter, je mehr das Ei-

---

[464] BVerfGE 81, 156, 189.

[465] *Wieland*, in. Dreier (Hg.), GG (1996), Art. 12 Rn. 114.

[466] Seite 143.

[467] Oben Seite 131.

[468] BVerfGE 50, 290, 340.

[469] BVerfGE 25, 112, 118.

gentumsobjekt in einem sozialen Bezug und einer sozialen Funktion steht.[470] Auch bei Eingriffen in das Eigentum kommt dem Verhältnismäßigkeitsprinzip die größte praktische Bedeutung zu.[471] Verfehlt der Gesetzgeber durch eine einseitige Bevorzugung oder Benachteiligung den gerechten Ausgleich, steht seine Regelung mit den verfassungsrechtlichen Vorstellungen eines sozial gebundenen Privateigentums nicht im Einklang.[472]

B. Verhältnismäßigkeit der Grundrechtseingriffe

Der Schwerpunkt der grundrechtlichen Prüfung der Eingriffe liegt hier somit bei der Verhältnismäßigkeitsprüfung[473] der Eingriffe und der dieser Prüfung innewohnenden Güterabwägung.[474]

Für die Prüfung der Verhältnismäßigkeit kann vorliegend (als eine Art „worst case scenario") davon ausgegangen werden, dass zumindest ein Netzbetreiber zugleich in seiner Eigentums- und in seiner Berufsfreiheit betroffen ist. Ist dieser Eingriff dann verhältnismäßig, gilt dies erst Recht für den Fall, dass nur ein isolierter Eingriff in Berufsfreiheit oder Eigentum (wegen des Auseinanderfallens von Netzeigentum i.S.d. Art. 14 GG und Netzbetrieb) vorliegt.

---

[470] BVerfGE 50, 290, 340.

[471] *Wieland*, in: Dreier (Hg.), GG (1996), Art. 14 Rn. 118; *ders.* (aaO Rn. 119) sieht die Verhältnismäßigkeit gar als das spezifische Strukturprinzip im Rahmen des Art. 14 Abs. 1 S. 2 GG. Vgl. auch BVerfGE 70, 278, 286 f.; 75, 78, 97 ff.; 76, 220, 238 ff.; *Bryde*, in: v. Münch/Kunig (Hg.), GG (2000), Art. 14 Rn. 63.

[472] BVerfGE 37, 132, 140 f.; 52, 1, 29; 87, 114, 138.

[473] Grundlegend zum Verhältnismäßigkeitsprinzip, wenn auch teilweise mit abweichender Begrifflichkeit *Lerche*, Übermaß und Verfassungsrecht (1961).

[474] *Fehling*, AöR 121 (1996), 59, 91.

I. Regelungsziel und Geeignetheit

Ziel (auch) der Netzzugangsregelungen des TKG ist es, im Bereich der Telekommunikation den Wettbewerb zu fördern und flächendeckend angemessene und ausreichende Dienstleistungen zu gewährleisten (vgl. § 1 TKG). Dahinter steht die Annahme, dass durch Wettbewerb auf den Telekommunikationsmärkten für die Nutzer am besten eine effiziente und innovationsorientierte Versorgung mit Telekommunikationsdienstleistungen bereitgestellt werden kann.

Dabei sind die Ermöglichung und Sicherung von freiem Wettbewerb durch eine Wettbewerbsordnung Ziele von Gemeinwohlbelang,[475] da der Grundrechtskatalog dem Einzelnen als Rechtsperson einen bestimmten Anteil an der Sozial- und Wirtschaftsgestaltung einräumt, der in einer marktwirtschaftlich ausgerichteten Gesellschaft nur gewährleistet ist, wenn der Marktzugang nicht durch Monopole oder Kartelle versperrt ist. Es besteht eine strukturelle Komplementarität zwischen Eigentums- und Wirtschaftsfreiheit einerseits und Marktwirtschaft und Wettbewerbsordnung andererseits.[476] Wie oben ausgeführt, sind die im TKG vorgesehenen Netzzugangsregeln aus ökonomischer Sicht geeignet, dieses Ziel der Ermöglichung und Sicherung von Wettbewerb auf Netzmärkten zu erreichen.[477]

II. Erforderlichkeit

Fraglich ist allerdings angesichts der Entwicklung der Telekommunikationsmärkte hin zu mehr Wettbewerb sowie der zunehmenden Bestreitbarkeit der Monopolstrukturen (Monopolerosion)[478] infolge der

---

[475] *Papier*, Die Regelung von Durchleitungsrechten (1997), S. 23 ff.

[476] *Papier*, Die Regelung von Durchleitungsrechten (1997), S. 24.

[477] Seite 35 ff.

[478] *Kruse*, in: Immenga/Kirchner/Knieps/Kruse (Hg.), Telekommunikation im Wettbewerb (2001), S. 73, 75 f.

Weiterentwicklung der Telekommunikationstechnik,[479] ob die im TKG vorgesehene (und von den neuen Kommunikationsrichtlinien im Grundsatz beibehaltene) umfassende Regulierung der Zugangs- und Zusammenschaltungsmärkten noch erforderlich ist, oder ob eine eingeschränkte Regulierung nur der verbliebenen monopolistischen Bottlenecks nicht ein gleich geeignetes, aber milderes Mittel[480] darstellt. Das TKG von 1996 entstand in Umsetzung der damaligen europäischen ONP-Richtlinien, die die Öffnung bislang monopolistischer, überwiegend von Staatsunternehmen bedienter Märkte zum Ziel hatte. Aus damaliger Sicht erschien eine umfassende Regulierung des Netzzugangs erforderlich, um Wettbewerbern überhaupt den Zugang zu dem von den damaligen Monopolisten beherrschten und durch Merkmale natürlicher Monopole gekennzeichneten Telekommunikationsmarkt zu ermöglichen.[481]

Mittlerweile haben sich jedoch die Wettbewerber etabliert und existieren resistente Monopole allenfalls noch in Teilbereichen der Ortsnetze.[482] Insoweit wird aufgrund neuerer ökonomischer Untersuchungen angenommen, dass ein disaggregierter Regulierungsansatz die gleichen wettbewerbserhaltenen Effekte hätte und dabei Ineffizienzen der derzeitigen Regulierung vermeiden könnte.[483]

Allerdings kommt dem (demokratisch legitimierten) Gesetzgeber bei derartigen Bewertungen mit prognostischem Charakter eine relativ weit gefasste Einschätzungsprärogative zu.[484] Gerade die Beurteilung der Erforderlichkeit enthält immer ein Wahrscheinlichkeitsurteil, das

---

[479] Hierzu oben Seite 40 ff.

[480] Vgl. zur Erforderlichkeit BVerfGE 17, 269, 279 f.; 19, 342, 351 ff.; 30, 292, 319 ff.; 53, 135, 145 ff.; 63, 88, 115 ff.; 69, 209, 218; 70, 278, 287; 81, 156, 192 ff.; 85, 97, 107; 90, 145, 172 ff.

[481] Oben Seite 35.

[482] Oben Seite 40.

[483] Oben Seite 43.

[484] BVerfGE 50, 290, 332 f.; 36, 1, 17; 37, 1, 20; 40, 196, 223; 25, 1, 12 f.; 30, 250, 263; 39, 210, 225 f.

nicht mit völliger wissenschaftlicher Gewissheit auf seine Richtigkeit überprüft werden kann.[485]

Zudem ist jedes Gesetz der Gefahr ausgesetzt, dass seine Eignung durch die im Lauf der Zeit eintretenden Änderungen der Lebenssachverhalte in Frage gestellt wird. Schon aufgrund erster Anzeichen der Entbehrlichkeit einer in Grundrechte eingreifenden gesetzlichen Vorschrift deren Verfassungswidrigkeit anzunehmen, wäre mit dem demokratischen Prinzip des Grundgesetzes (Art. 20 Abs. 1, 2 GG), das die Frage der Gesetzgebung und somit auch der Gesetzesänderung bzw. –anpassung in erster Linie dem demokratische gewählten Parlament überantwortet, nicht vereinbar.

Selbst wenn in Umsetzung der neuen EG-Richtlinien eine Änderung des TKG in Zukunft Anlass zu einer Neubewertung gibt[486], dürfte die Beibehaltung zum gegenwärtigen Zeitpunkt noch in den Bereich der gesetzgeberischen Einschätzungsprärogative fallen, wenn der Gesetzgeber zu dem Schluss gelangt, dass eine umfassende Netzzugangsregulierung eher geeignet ist, den Wettbewerb zu sichern.

III. Proportionalität

Es bleibt also die Frage, inwieweit eine umfassende Güterabwägung unter Berücksichtigung aller betroffenen Verfassungsgüter keine Disproportionalität der Zugangsregelungen erkennen lässt. Dabei steht bei der Eingriffsprüfung das Übermaßverbot im Vordergrund.[487]

Auf der Seite der vom Eingriff betroffenen Netzbetreiber und ggf. Dienstleistungsanbieter liegen mit der Berufsfreiheit und dem Eigentum zwei besonderes gewichtige Grundrechte auf der Waagschale.

---

[485] Ausführlich und grundlegend zur empirischen Einschätzungsprärogative des Gesetzgebers *Meßerschmidt*, Gesetzgebungsermessen (2000), S. 926 ff.

[486] Aufgrund des Inhalts der neuen EG-Richtlinien ist davon auszugehen, dass bezüglich des Netzzugangs keine wesentliche Rücknahme der Regulierung erfolgen wird, vgl. oben Seite 75.

[487] Zum Untermaßverbot unten Seite 174 ff.

Von besonderer Bedeutung ist dabei die Tatsache, dass der Netzbetreiber sein Netz im Fall der Zusammenschaltung gerade auch seinem Konkurrenten zur Verfügung stellen muss.[488] Insbesondere bezüglich Art. 14 GG hält daher z.B. *Schmidt-Preuß*[489] die Durchleitung im Energierecht nur unter sehr restriktiven Voraussetzungen für zulässig: Es müsse der prinzipielle Vorrang des Netzeigentümers vor der Förderung seines Konkurrenten gewahrt bleiben, die Durchleitung sei nur statthaft, wenn für den Newcomer keine Möglichkeit bestünde, eigene Leitungen zu bauen und genügend freie Kapazitäten vorhanden seien, so dass der Netzzugangsverpflichtete keine eigenen Leistungen abbauen oder neue Anlagen errichten müsse. Dabei dürften auch in Folge der Abwerbung von Kunden („Kundentausch") entstehende Kapazitäten nicht eingerechnet werden.[490] Andernfalls drohe dem Netzbetreiber der Konkurs.[491]

Eine solche Auffassung geht aber erkennbar zu weit. So würde ein ruinöser Wettbewerb wiederum durch das GWB aufgefangen werden. Vor einem Konkurs wegen schlechter Unternehmensführung schützt hingegen auch das GG nicht.[492] Auch Art. 14 GG schützt nicht den Erhalt des bisherigen Absatzes. Wenn ein Wettbewerber dem etablierten Anbieter Kunden abwirbt, ist dieses gerade der Ausdruck freien Wettbewerbs. Bloße Chancen und Risiken erwachsen nicht zu eigentumskräftigen Rechtspositionen. Für den Bereich der Telekommunikation ist außerdem zu berücksichtigen, dass der Gesetzgeber mit

---

[488] Vgl. *Schmidt-Preuß*, AG 1996, 1, 6; *Scholz/Langer*, Europäischer Binnenmarkt und Energiepolitik (1992), S. 257 ff.; *Baur/Moraing*, Rechtliche Probleme der Deregulierung der Elektrizitätswirtschaft (1994), S. 37.

[489] AG 1996, 1, 7 f.; RdE 1996, 1 ff.

[490] *Schmidt-Preuß*, AG 1996, 1, 8; a.A. *Papier*, Die Regelung von Durchleitungsrechten (1997), S. 37.

[491] *Schmidt-Preuß*, RdE 1996, 1, 5; *ders.*, AG 1996, 1, 8.

[492] vgl. auch *Papier*, Die Regelung von Durchleitungsrechten, S. 35 f.; *Monopolkommission*, 10. Hauptgutachten 1992/1993, BT-Drs. 12/8323, S. 358.

der Normierung der Netzzugangsrechte gerade seinem Gewährleistungsauftrag aus Art. 87f Abs. 1 GG nachkommt.[493]

IV. Grundrechtsnetze

1. Grundrechtsbeziehungen im Netz

Zudem trägt diese nur auf den Netzbetreiber und seine Wettbewerber fokussierte Betrachtungsweise nicht der Tatsache Rechnung, dass Zweck des Netzzugangs nicht etwa die Förderung des Konkurrenten gegenüber dem etablierten Anbieter ist, sondern dieser nur das Mittel zur Erreichung des eigentlichen Zwecks ist: Im Bereich der Telekommunikation den Wettbewerb zu fördern und flächendeckend angemessene und ausreichende Dienstleistungen zu gewährleisten. Hiervon wiederum profitieren, wie gezeigt, neben den konkurrierenden Dienstleistungsanbietern vornehmlich die Nutzer mit ihren oben beschriebenen[494] unterschiedlichen grundrechtsgeschützten Interessen.[495]

So sind erstens die konfligierenden Grundrechtspositionen der Wettbewerber zu berücksichtigen, da Netzzugang auf der einen Seite zwar einen Grundrechtseingriff darstellt, auf der anderen Seite aber ohne Netzzugangsrechte die Grundrechte der am Wettbewerb gehinderten Unternehmer keine Berücksichtigung fänden.[496] Zweitens ist dem in seinen Grundrechten eingeschränkten Netzbetreiber das Interessenkonglomerat der verschiedenen Nutzergruppen entgegenzuhalten.

---

[493] Vgl. hierzu *Schuppert*, Deutscher Bundestag, Rechtsausschuss, Protokoll 12/117, Anlage S. 68 ff., 74 ff.; *Stern*, DVBl. 1997, 309, 312 ff.; *Wieland*, in: Dreier (Hg.), GG, Bd. 3 (2000), Art. 87f Rn. 11 ff. Ausführlich zur Bedeutung von Art. 87f Abs. 1 GG unten Seite 169 ff.

[494] Seite 135 ff.

[495] *Papier* (BB 1997, 1213, 1216 f.) nennt darüber hinaus noch den Umweltschutz (Art. 20a GG), da ein doppelter Leitungsbau vermieden werde.

[496] *Papier*, Die Regelung von Durchleitungsrechten (1997), S. 39.

Dabei kommt in Netzmärkten hinzu, dass all diese Interessen – so wie das Netz selber – untereinander verknüpft sind und in wechselseitigen, untrennbaren Abhängigkeiten stehen. Dieser Befund wird durch die verschiedenen, von Größe und Interkonnektivität abhängigen Netzeffekte noch verschärft. So profitieren die Nutzer eines Netzen einerseits von den Größenvorteilen auf der Kostenseite[497] und der Distanzkostendegression, soweit sich diese in niedrigeren Kosten der Netznutzung und einer besseren Netzqualität niederschlagen. Vor allem aber führen die positiven Netzexternalitäten dazu, dass die Nutzer bei einem größeren, zusammengeschalteten Netz einen überproportional höheren Nutzen haben.[498]

2. *Vernetzung der Grundrechtspositionen und Netzeffekte*

Diese Netzeffekte dürfen auch bei der Beurteilung der vernetzten Grundrechtspositionen[499] der am Netz Beteiligten nicht außer Acht gelassen werden.[500] Infrastrukturnetze wie das Telekommunikationsnetz dienen, wie gezeigt, dem vielfachen Grundrechtsgebrauch, dem der Netzbetreiber ebenso wie dem der Dienstleistungsanbieter und der Nutzer.[501] Typisch für das Netz ist, dass es zu einer Vielzahl von Grundrechtsinanspruchnahmen und Grundrechtsbeziehungen kommt, die keine gleichgerichtete, kollektive Grundrechtsnutzung im her-

---

[497] Seite 28.

[498] Seite 30 ff.

[499] *Schmidt-Aßmann/Schoch* (Bergwerkseigentum und Grundeigentum im Betriebsplanverfahren (1994), S. 85 ff.) verwenden diesen Begriff ebenfalls, um die Besonderheiten der Grundrechtkollisionen beim Zusammentreffen Grundeigentum und Bergrecht zu verdeutlichen.

[500] Während andere Verfassungsgüter, wie etwa der Umweltschutz (Art. 20a GG) wegen der Umweltschädlichkeit von doppeltem Leitungsbau als Rechtfertigung für den Netzzugang eher in den Hintergrund treten dürften (so aber *Papier*, Die Regelung von Durchleitungsrechten (1997), S. 27 ff.; *ders.*, BB 1997, 1213, 1216 f.).

[501] Vgl. *Kloepfer*, Presse-Grosso unter dem Schutz von Verfassungsrecht und Europarecht (2000), S. 57 f.; *Kloepfer/Kutzschbach*, AfP 1999, 1, 4 zum Presse-Grosso als Grundrechtsverwirklichungsnetz.

kömmlichen Sinn[502] darstellen, sondern in ihrem Grundrechtsgebrauch jeweils individuell geprägt sind. So finden sich oftmals auch widerstreitende Grundrechtspositionen im Netzaufbau wieder.[503] Das Netz ermöglicht infolge seiner raumüberwindenden und kostendegressiven Wirkung[504] gerade erst diese Vielzahl unterschiedlicher Grundrechtsbetätigungen.

Der Zwang zu Zusammenschluss und Kooperation lässt wiederum Netze mit neuen wechselseitigen Abhängigkeiten entstehen.[505] Daher können Netze nicht lediglich als Addition individueller Grundrechtsbetätigungen betrachtet werden und kann die Grundrechtsrelevanz von Netzen nicht auf die jeweiligen Individualinteressen beschränkt werden. Vielmehr wird bei einer überindividualistischen Grundrechtssicht offenbar, dass die Bereitstellung von Netzen und die Gewährung des Netzzugangs für die Allgemeinheit (oder zumindest eine Mehrzahl interessierter Grundrechtsträger) gerade erst Voraussetzung für die Grundrechtsbetätigung des Einzelnen ist, dass es sich hier um eine Form der Grundrechtsorganisation und der Grundrechtssicherung handelt[506], was letztlich wieder der individuellen grundrechtlichen Netznutzung zugute kommt.

3. *Modell der Grundrechtsnetze*

a) *Grundrechtsverstärkung und Grundrechtsdämpfung*

Diesem soll mit dem hier zu entwickelnden Modell der Grundrechtsnetze Rechnung getragen werden. Das Netz muss selbst als grund-

---

[502] Hierzu *Kloepfer*, Grundrechte als Entstehenssicherung und Bestandsschutz (1970), S. 79 f.

[503] *Kloepfer/Kutzschbach*, AfP 1999, 1, 4.

[504] *C. von Weizsäcker*, Wettbewerb in Netzen, WuW 1997, 572 ff.

[505] *Di Fabio*, VVDStRL 56 (1997), 235, 255.

[506] *Kloepfer*, Presse-Grosso unter dem Schutz von Verfassungsrecht und Europarecht (2000), S. 58.

rechtsrelevante Einrichtung betrachtet werden, die in ihrer grundrechtsdienenden Funktion ein Mehr darstellt gegenüber der bloßen Summe der betroffenen Grundrechtsinteressen. Die ökonomischen Größenvorteile und Netzexternalitäten können quasi auf die Beurteilung der grundrechtlichen Kollisionsfrage übertragen werden.

Dadurch tritt bezüglich bestimmter Grundrechtspositionen (hier namentlich der Nutzer) eine Verstärkungswirkung ein, wenn die zu beurteilende gesetzliche Regelung eine Verbesserung der Netzinfrastruktur zur Folge hat, etwa infolge der Förderung des Wettbewerbs. Bezüglich anderer Grundrechtspositionen (hier namentlich der Netzbetreiber) ist hingegen eine Dämpfungswirkung zu verzeichnen, wenn der Schutz ihrer Grundrechte im Ergebnis zu Ineffizienzen im Netzwerk führen würde.

b) *Ganzheitliche Betrachtung des Grundrechtsnetzes*

In einem Grundrechtsnetz kann die Güterabwägung bei der Verhältnismäßigkeitsprüfung im Einzelfall durch eine Betrachtung des Grundrechtsnetzes als Ganzem substituiert werden. Anstatt die Vielzahl einzelner mehrpoliger grundrechtlicher Wirkungsbeziehungen zu lokalisieren, zu gewichten und gegeneinander abzuwägen, genügt die Untersuchung der Wirkung des Grundrechtseingriffs auf das Netz. Führt dieser zu einer Steigerung der Allokationseffizienz, wobei Effizienz im Sinne der Wohlfahrtstheorie[507] (stark verkürzt ausgedrückt) als eine Steigerung des individuellen Nutzens in der Summe verstanden wird[508], so ist auch im Ergebnis von einem Überwiegen der posi-

---

[507] Zur Begründung dieser Theorie *Pareto*, Cours d'économie politique (1897); *Robbins*, An essay on the nature of economic science (1932); *Bergson*, Quarterly Journal of Economics 52 (1938), 30 ff.; *Samuelson*, Foundations of Economic Analysis (1963); *ders.*, Economica 17 (1950), 355 ff.; *Arrow*, Journal of Political Economy 58 (1950), 328 ff.; *ders.*, Social Choice and Individual Values (1951); *Rawls*, Eine Theorie der Gerechtigkeit (1979); *Sen*, Economic Journal 89 (1979), 537 ff.; *ders.*, Collective Choice and Social Welfare (1979); *Coleman*, Markets, Morals and the Law (1988).

[508] Vgl. *C. v. Weizsäcker*, Wirtschaftliche Effizienz und gerechte Verteilung (1999); *Schäfer/Ott*, Lehrbuch der ökonomischen Analyse des Zivilrechts (2000), S. 24 ff., 29.

tiven Grundrechtseffekte und somit von einem Überwiegen der Gemeinwohlbelange auszugehen. Führt die Regelung hingegen zu Ineffizienzen, so überwiegen im Ergebnis die negativen Grundrechtseffekte, so dass die mit dem Grundrechtseingriff bezweckten Ziele nicht mehr proportional zur Verkürzung der grundrechtlich geschützten Freiheiten ist.

c) Grundrechtseffizienz

Dieses Modell kann dabei auch den unterschiedlichen Gewichtungen, die das Grundgesetz den einzelnen Grundrechten und sonstigen Verfassungsgütern untereinander zukommen lässt, gerecht werden. Diese können nämlich bereits im Rahmen des Effizienzbegriffs im Sinne einer Grundrechtseffizienz Berücksichtigung finden.

Überwiegen unter Berücksichtigung der grundrechtsverstärkenden und grundrechtsdämpfenden Netzeffekte die durch staatliche Eingriffe in die Netzordnung verursachten Stärkungen grundrechtlicher Positionen der Netzbeteiligten die gleichzeitig erfolgenden Grundrechtseingriffe, ist die Regelung grundrechtseffizient. In diesem Fall sind die einzelnen Grundrechtseingriffe verfassungsrechtlich gerechtfertigt und insbesondere verhältnismäßig.

Denn Grundrechtseffizienz bedeutet nichts anderes, als dass in der Summe der Grundrechtsgebrauch mittels Netz derart gefördert wird, dass die grundrechtsgeschützten Interessen der negativ vom Eingriff in das Netz Betroffenen hinter den verfolgten grundrechtsfördernden Zielen des Eingriffs zurückstehen müssen.

An der Grundrechtseffizienz würde es allerdings trotz einer Vielzahl in ihrem Grundrechtsgebrauch unterstützter Netzbeteiligter auch dann fehlen, wenn der Eingriff für einen einzelnen besonders schwer und unerträglich wäre. Ein solcher Eingriff könnte aufgrund seiner hohen Gewichtung trotz Grundrechtsdämpfung auf der einen und Grundrechtsverstärkung auf der anderen Seite nur noch schwerlich ausgeglichen werden.

V. Ergebnis

Wendet man dieses Modell des Grundrechtsnetzes nun auf die Beurteilung der Grundrechtseingriffe durch die Netzzugangsregeln an, muss man die oben beschriebenen ökonomischen Effekte in Folge der Eröffnung des Wettbewerbs durch diese Regelungen berücksichtigen. Demnach hat der Wettbewerb in Netzmärkten eine Nutzensteigerung auf Seiten der Netznutzer und somit eine hohe Effizienzsteigerung auf dem Telekommunikationsmarkt zur Folge. Dasselbe gilt für Netzbetreiber, die als Newcomer mit einem etablierten Anbieter in Wettbewerb treten wollen.

Dies führt dazu, dass trotz der empfindlichen Grundrechtseingriffe auf Seiten zumindest des etablierten Netzbetreibers kein Verstoß gegen das Übermaßverbot festgestellt werden kann. Die Netzzugangsregelungen des TKG sind wesentlicher Bestandteil eines ganzheitlichen Regelungskonzepts, das die Ermöglichung und die Sicherung des Wettbewerbs auf den Telekommunikationsmärkten zum Ziel hat. Dieser wiederum zieht nach dem derzeitigen Stand der Wissenschaft die Steigerung von Effizienz und Innovationsbereitschaft im Netz nach sich. Alternative Regelungsmodelle, wie die Preisregulierung innerhalb eines Monopols oder die Verstaatlichung der Infrastrukturen, führen letztlich zu einer Senkung der Allokationseffizienz[509] und somit zu einem gesamtgesellschaftlichen Wohlfahrtsverlust gegenüber dem Wettbewerbsmodell des TKG. Die Eingriffe in die Grundrechtspositionen der Netzbetreiber durch die im TKG normierte staatliche Regulierung treten daher hinter den positiven Grundrechtseffekten auf Seiten der Nutzer und Wettbewerber zurück: Die Regulierung durch das TKG ist – jedenfalls zum gegenwärtigen Zeitpunkt – grundrechtseffizient.

Allerdings kann eine Änderung des Telekommunikationsmarktes eine Neubewertung dieses Ergebnisses erforderlich machen. So ist, wie geschildert, der freie Wettbewerb auf dem Telekommunikationssektor

---

[509] Vgl. hierzu die Erläuterungen von *Schäfer/Ott*, Lehrbuch der ökonomischen Analyse des Zivilrechts (2000), S. 24 ff.

mittlerweile hergestellt und in vielen Bereichen auch nicht mehr durch den ehemaligen Monopolisten gefährdet.[510] Dieses macht möglicherweise eine Regulierung bestimmter Bereiche obsolet. Eine Regulierung trotz funktionierenden Wettbewerbs, also ohne Regulierungsbedarf, birgt die Gefahr von Ineffizienzen, da es hier als Folge der Regulierung zu Wettbewerbsverzerrungen kommen kann. Damit würde die bestehende Regelung grundrechtsineffizient. Tritt dieser Effekt ein, träfe den Gesetzgeber eine Anpassungspflicht[511], sofern die Aufrechterhaltung der Regulierung nicht aus anderen, nicht im Grundrechtsnetz selbst liegenden Gründen gerechtfertigt wäre. Kommt der Gesetzgeber dieser Anpassungspflicht nicht innerhalb einer angemessenen Zeitspanne nach, könnte dieses die (Teil-)Verfassungswidrigkeit der Regelung nach sich ziehen.[512]

Der letzte Befund dürfte insbesondere im Rahmen der anstehenden Novellierung des TKG besondere Bedeutung erlangen. Denn der Gesetzgeber, der ein Gesetz ändert, ist eher verpflichtet, solchen geänderten Rahmenbedingungen Rechnung zu tragen, als der Gesetzgeber, der eine jedenfalls einstmals verfassungsmäßige Regelung unverändert belässt. Denn der handelnde Gesetzgeber muss die geplante Regelung und deren Auswirkungen zu dem Zeitpunkt bewerten, zu dem er sein Gesetz erlässt. Zu diesem Stichtag hat er daher auch die tatsächlichen Begebenheiten, die er seiner Regelung zugrundelegt, zu ermitteln und zu bewerten.

Hat der Gesetzgeber aber eine verfassungskonforme Regelung gefunden, so braucht er nicht fortwährend die ihr zugrundelegenden Begebenheiten neu zu bewerten. Hierzu kann er erst dann verpflichtet sein, wenn Änderungen in diesem Bereich offenbar werden oder er sich selbst entsprechende Pflichten auferlegt hat, sei es durch eine Befristung der Regelung oder eine gesetzliche Evaluierungspflicht, wie sie ansatzweise in § 100e Abs. 2 StPO vorgesehen ist.

---

[510] Oben Seite 40 ff.

[511] Hierzu *Brandner*, Gesetzesänderung (2003, i. E.).

[512] Vgl. auch zur Entwicklungsgarantie aus Art. 87f Abs. 1 GG *Stern*, DVBl. 1997, 309, 315; *Wieland*, in: Dreier (Hg.), GG (2000), Art. 87f Rn. 15.

Dem Gesetzgeber steht auch im Rahmen der Proportionalität eine Einschätzungsprärogative[513] zu. Die Fragen, in welchem Maße der Telekommunikationsmarkt für den freien, unregulierten Wettbewerb reif ist, in welchem Maße die theoretische Angreifbarkeit eines Monopols tatsächlichen Wettbewerb ersetzen kann und ob ein disaggregierter, auf monopolistische Bottlenecks beschränkter Regulierungsansatz tatsächlich effizienter ist, sind nicht mit eindeutiger Sicherheit zu beantworten. Auch in der wirtschaftswissenschaftlichen Literatur haben sich hierzu noch keine Positionen derart verfestigt, dass man von wissenschaftlichen Allgemeinplätzen sprechen könnten, die dem demokratischen Gesetzgeber eine (nicht willkürliche) abweichende Beurteilung verbieten würden.

[513] Hierzu oben Seite 145.

Infolge des zunehmenden Konturverlustes zwischen hoheitlich-staatlicher Wahrnehmung öffentlicher Aufgaben und der Erfüllung öffentlicher Aufgaben durch private Dritte sowie der Regulierung privatwirtschaftlicher Unternehmungen zum Zweck der Infrastrukturgewährleistung wird die Forderung nach einer neuen Grundrechtsdogmatik laut. Den politik- und wirtschaftswissenschaftlich entwickelten neuen Steuerungsmodellen sei durch die überkommene Grundrechtsdogmatik, die in erster Linie das Verhältnis zwischen Staat und Bürger im Blick habe, nur schwer beizukommen.[514]

In der Tat kann infolge einer komplizierter gewordenen Ordnung und Organisation des Staates sowie der Möglichkeit, aufgrund wissenschaftlichen Erkenntnisgewinns wirtschaftliche und soziale Abläufe in ihrer Komplexität besser erfassen und beschreiben zu können, die Grundrechtslehre nicht auf der rein bipolaren Betrachtungsweise der Grundrechte als Abwehrrechte gegen staatliche Eingriffe verharren. Die Ablösung des bipolaren Grundrechtsverhältnisses Staat / Bürger durch mehrpolige grundrechtliche Wirkungsbeziehungen verlangt auch nach einer multipolaren[515] Grundrechtsdogmatik, die in der Lage ist, den Grundrechten auch im Mehrpersonenverhältnis Geltung zu verschaffen.

Die oben beschriebenen Besonderheiten netzgebundener Infrastrukturen[516] haben möglicherweise zur Folge, dass den Staat auch eine besondere Verantwortung bezüglich der Bereithaltung von Infrastrukturnetzen und Gewährleistung ihrer Zugänglichkeit und Verfügbarkeit trifft. Die Basisfunktion insbesondere netzgebundener Infrastrukturen wurde schon häufiger zum Anlass genommen, dem Staat

---

[514] Vgl. *Di Fabio*, VVDStRL 56 (1997), 235, 252 f. Bezüglich der schon länger bestehenden Kollision von Grundeigentum und Bergwerkseigentum auch *Schmidt-Aßmann/Schoch*, Bergwerkseigentum und Grundeigentum im Betriebsplanverfahren (1994), S. 87.

[515] Vgl. auch *Wegmann* (DVBl. 2002, 1446 ff.) zur Rechtsschutzproblematik bei multipolaren Beziehungen im Telekommunikationsrecht.

[516] Oben Seite 26 ff.

die Rolle eines Garanten für einen ausreichenden Standard an infrastruktureller Grundversorgung zuzuweisen.[517] Insbesondere wird so in Bezug auf Infrastrukturnetze wie dem Telekommunikationsnetz überlegt, ob dem Staat hier auch nach der Liberalisierung eine – wie auch immer ausgestaltete – verfassungsrechtliche Gewährleistungs-, Regulierungs-, oder Infrastrukturverantwortung zukomme.[518] Als Anknüpfungspunkt dienen hierbei – neben dem Gewährleistungsauftrag des Art. 87f Abs. 1 GG – insbesondere auch grundrechtliche Schutzpflichten, die dem Staat, beispielsweise in Form der Daseinsvorsorge, Leistungspflichten auferlegen könnten.

In Bezug auf Netzstrukturen bietet sich hier wieder das Modell der Grundrechtsnetze[519] an. Dieses trägt den Besonderheiten der komplexen multipolaren Grundrechtsbeziehungen im Netz Rechnung, indem es diese durch eine Gesamtbetrachtung des Netzes ersetzt. Wie bei der Güterabwägung im Rahmen der Eingriffsprüfung – unter Berücksichtigung der Größenvorteile und positiven Netzexternalitäten – die Wirkung staatlicher Regelungen auf das Netz stellvertretend für die Wirkung auf die Netzbeteiligten untersucht wird, so kann die Wirkung des Netzes auf die Grundrechtspositionen, unter Berücksichtigung grundrechtlicher Verstärkungs- oder Dämpfungseffekte, Rückschlüsse für die Auslegung grundrechtlich begründeter staatlicher Gewährleistungs-, Schutz- oder Leistungspflichten zulassen.

A. Drittwirkung von Grundrechten

In Rechtsprechung und Lehre hat sich eine vorsichtige Erweiterung des engen, rein abwehrrechtlichen Grundrechtsverständnisses schon lange durchgesetzt. So werden aus Grundrechten längst Leistungs- und Teilhaberechte hergeleitet, staatliche Schutz- und Handlungspflichten begründet. Besondere Bedeutung kommt für die Beurteilung

---

[517] *Osterloh*, VVDStRL 54 (1995), S. 204, 208; *Hermes*, Staatliche Infrastrukturverantwortung (1998), S. 344 ff.

[518] Unten Seite 165 ff.

[519] Oben Seite 148 ff.

der Grundrechtsfunktionen in Kommunikationsnetzen dabei zunächst der Diskussion über die Drittwirkung oder Horizontalwirkung[520] von Grundrechten zu. Denn eine staatliche Netzverantwortung ließe sich um so eher begründen, wenn Netzzugangsrechte und –pflichten zwischen den privaten Netzbetreibern, Dienstleistungsanbietern und Nutzern schon unmittelbar aus den Grundrechten hergeleitet werden können.

Nach der traditionellen Lehre des 19. und frühen 20. Jahrhunderts dienten die Grundrechte lediglich dem Schutz der Bürger vor dem Staat, im Verhältnis der Bürger untereinander hatten sie keine Bedeutung.[521] Diesem entspricht zunächst auch der Wortlaut von Art. 1 Abs. 3 GG, demzufolge zunächst nur Gesetzgebung, vollziehende Gewalt und Rechtsprechung als Adressaten unmittelbar an die Grundrechte gebunden sind. Allerdings kann das Individuum Grundrechtsbeeinträchtigungen auch durch das Verhalten Privater erfahren. Daher wurde in Rechtsprechung und Literatur seit Bestehen des Grundgesetztes die Frage aufgeworfen, inwieweit die Grundrechtsordnung über den Wortlaut von Art. 1 Abs. 3 GG hinaus auch in der Beziehung zwischen Privatrechtssubjekten, die keine hoheitlichen Aufgaben wahrnehmen, Wirksamkeit erlangt.[522]

---

[520] Von der *Horizontalwirkung* der Grundrechte ist z.B. die Rede bei *Saladin*, Grundrechte im Wandel (1975), S. 307; *Denninger*, in: Alternativkommentar zum GG, Bd. 1 (1984), Vor Art. 1 Rn. 31; *Bethge*, Zur Problematik der Grundrechtskollisionen (1977), S, 19; *Alexy*, Theorie der Grundrechte (1985), S. 475. Durchgesetzt hat sich allerdings der auf *H.P. Ipsen* (Die Grundrechte, Bd. II, S. 111, 143 m.w.N.) zurückzuführende Begriff der *Drittwirkung*, der im Folgenden verwendet werden soll.

[521] Vgl. hierzu *K. Hesse*, Verfassungsrecht und Privatrecht (1988), S. 7 ff.; *P. Krause*, JZ 1984, 656, 657; *Leisner*, Grundrechte und Privatrecht (1960), S. 4 ff.; *Starck*, JuS 1981, 237, 243 f.

[522] Zur historischen Entwicklung der Drittwirkungsdiskussion *Stern*, Staatsrecht III/1 (1988), § 76 I 2 ff., insbes. 4.

I. Unmittelbare Drittwirkung von Grundrechten

1. Begründung

Die Lehre von der unmittelbaren Drittwirkung geht dabei im Grundsatz davon aus, dass Grundrechte auch im Rechtsverkehr unter Privaten und nicht erst aufgrund von Gesetzen oder wie immer gearteten Zwischenschritten Wirksamkeit entfalten können.[523] Dies gelte allerdings nicht absolut für jeden Fall der Grundrechtsbeeinträchtigung unter Privaten, sondern sei für jede Grundrechtsnorm einzeln zu prüfen.

Zur Begründung werden unterschiedliche Ansätze herangezogen. Zum einen wurde in einem Erst-Recht-Schluss aus Art. 1 Abs. 3 GG gefolgert, wenn schon der Staat verpflichtet sei, müsse dieses auch für den Privaten gelten.[524] Diese Argumentation, die letztlich die Funktion des Grundgesetzes als Verfassung der staatlichen Ordnung auf den Kopf stellt, wird heute nicht weiterverfolgt.

Des weiteren wird argumentiert, dass die Grundrechte nur dann ihre Wirkung effektiv entfalten könnten, wenn sie auch innerhalb der Privatrechtsordnung unmittelbare Wirkung entfalten.[525] Die Grundrechtsordnung enthalte neben ihrer Funktion als Abwehrrecht einen unteilbaren positiven Gehalt, der unmittelbar in der gesamten Rechtsordnung wirke.[526]

---

[523] *Nipperdey*, in: Enneccerus-Nipperdey, AT des bürgerlichen Rechts 1 (1959), S. 94 ff.; *ders.*, Grundrechte und Privatrecht (1961), S. 12 ff.; *ders.*, DVBl. 1958, 445, 447; *Huber;* ZSchwR 74 n.F. (1955), 173, 202; *Laufke*, FS-Lehmann, Bd. I (1956), 145, 155; BAG, NJW 1955, 684, 685 f. (keine st. Rsp., vgl. *v. Münch*, in v. Münch/Kunig (Hg.), GG, Bd. 1 (2000), vor Art. 1, Rn. 30). In jüngerer Zeit insbes. *Hager*, JZ 1994, 373 ff.

[524] *Nipperdey*, RdA 1950, 121, 125; *Gamillscheg*, AcP 164 (1964), 385, 406.

[525] *Nipperdey*, RdA 1950, 121, 125; *Laufke*, FS-Lehmann, Bd. I (1956), S. 145, 154; *Hamel*, Die Bedeutung der Grundrechte (1957), S. 21 f.

[526] *Hamel*, aaO S. 20; *Huber*, ZSchwR 74 n.F. (1955), 173, 183; BAGE 1, 185, 193.

Nach *Leisner* schließlich hatten die Grundrechte seit jeher auch unmittelbare Drittwirkung, da sie in „allseitiger Tendenz“ entstanden seien, die lediglich im 19. Jahrhundert durch die stärkere Ausrichtung auf den Staat vorübergehend zurückgedrängt wurde, und unter dem Grundgesetz nunmehr wieder Entfaltung finde.[527]

Neuerdings wird vorgebracht, die Unterteilung in Abwehrrechte und Schutzpflichten würde nach der herkömmlichen Grundrechtsdogmatik zu unterschiedlichen Schutzmaßstäben bei Eingriffen Dritter führen. Derjenige, der wegen eines Eingriffs in Rechte Dritter gerichtlich belangt würde, könnte sich im Falle eines Unterliegens auf seine Abwehrrechte berufen, während der Geschädigte die Judikative nur aus grundrechtlichen Schutzpflichten in Anspruch nehmen könnte. Dies führte letztlich zu einer Asymmetrie des Grundrechtsschutzes zwischen Privaten zugunsten desjenigen, der in die Sphäre anderer eingreift.[528] Dieser zufälligen Ungleichbehandlung sei nur durch die unmittelbare Anwendbarkeit der Grundrechte zwischen Privaten zu begegnen.[529]

Auf die Telekommunikationsordnung bezogen könnte die unmittelbare Drittwirkung beispielsweise insoweit Bedeutung erlangen, als bereits eine unmittelbare, aus den Grundrechten abzuleitende Verpflichtung des Netzinhabers bestehen könnte, Diensteanbietern oder Konkurrenten Netzzugang zu gewähren.

Da sich diese Ansicht nicht wirklich durchgesetzt hat, sind die Kriterien, welche Grundrechte unter welchen Voraussetzungen Drittwirkung entfalten, nicht genau definiert. Das BAG hat die Drittwirkung beispielsweise für die Meinungsfreiheit (Art. 5 Abs. 1 S. 1 GG), den Schutz von Ehe und Familie (Art. 6 GG), den Gleichheitssatz (Art. 3 GG) sowie die Menschenwürde (Art. 1 GG) und die Grundrechte aus Art. 2 GG angenommen.[530] Allerdings hat auch die Lehre von der un-

---

[527] *Leisner*, Grundrechte und Privatrecht (1960), S. 332 f.

[528] *Hager*, JZ 1994, 373, 381.

[529] *Hager*, JZ 1994, 373, 381 ff.

[530] BAGE 4, 274, 276 f. m.w.N.

mittelbaren Drittwirkung die Wirkung der Grundrechte im Privatrecht nie so weit verstanden, dass privatrechtliche Anspruchsgrundlagen unmittelbar aus den Grundrechten hergeleitet werden könnten. Hierfür bedürfte es nach wie vor einer privatrechtlichen Anspruchsgrundlage,[531] die allerdings durch die Grundrechtswirkung über ihren ursprünglichen Anwendungsbereicht hinaus erweitert werden könnte. So hat das BAG in den zitierten Entscheidungen lediglich „Ordnungsgrundsätze für das soziale Leben" hergeleitet, also Grundprinzipien des einfachen Rechts, die bei der Konfliktlösung zwischen Privatleuten zu beachten seien.[532]

2. *Kritik*

An diesem Ergebnis muss auch die Kritik an der Lehre von der unmittelbaren Drittwirkung ansetzen. Unmittelbare verfassungsrechtliche Ansprüche zwischen Privaten widersprechen Wesen und Zweck des verfassungsrechtlichen Grundrechtskataloges. Wenn eine Privatperson durch einen Dritten in ihrem Eigentum verletzt wird, so stellt dies eben keinen Eingriff in deren Grundrecht aus Art. 14 GG dar, der im Rahmen der verfassungsrechtlichen Schranken gerechtfertigt werden müsste. Ebenso kann er nicht wegen dieser Grundrechtsverletzung Ersatz seines Schadens verlangen, sondern wegen der Verletzung eines absoluten Rechts im Sinne von § 823 Abs. 1 BGB oder einer Vermögensschädigung unter den Voraussetzungen der positiven Forderungsverletzung.

Die Privatrechtsordnung ist darauf angewiesen, dass die Teilnehmer dieser Ordnung ihre Verhaltensregeln den einfachen Gesetzen – ergänzt ggf. durch das Gewohnheitsrecht – entnehmen können, und sich nicht bei jedem Handeln am strengen, auf den Staat und nicht auf den Bürger ausgerichteten Maßstab der Grundrechtsordnung orientieren

---

[531] Vgl. hierzu *Rüfner*, in: HdbStR V (2000), § 117 Rn. 59; *K. Hesse*, Grundzüge des Verfassungsrechts (1999), Rn. 355; *Rupp*, AöR 101 (1976), 161, 168; *Isensee*, Das Grundrecht auf Sicherheit (1983), S. 35 f.; aus diesem Grund lehnt BVerfGE 52, 131, 173 eine unmittelbare Drittwirkung auch ab.

[532] BAGE 1, 185, 194.

müssen. Denn jeder Anspruch, den eine Privatperson gegen eine andere Privatperson durchzusetzen versucht, müsste bei unmittelbarer Drittwirkung der Grundrechte als Grundrechtseingriff gewertet werden, der jedoch seine Rechtfertigung möglicherweise nur im einfachen Recht, nämlich der fraglichen Anspruchsgrundlage, oder gar nur in einem Vertrag fände, und so zumindest theoretisch immer unter dem Verdikt der möglichen Grundrechtswidrigkeit stünde.

Daher ist die Konfliktbewältigung zwischen Privaten grundsätzlich dem einfachen Recht vorbehalten.[533] Die Grundrechte und die ihnen immanente Werteordnung können allenfalls bei Anwendung und Auslegung des einfachen Rechts Wirkung entfalten. Um dieses zu erreichen, bedarf es jedoch nicht der unmittelbaren Drittwirkung von Grundrechten. Die Ausstrahlung der Grundrechte in die Privatrechtsordnung ist gerade auch das wesentliche Ergebnis der herrschenden Meinung von der mittelbaren Drittwirkung, das zudem – wie sogleich zu zeigen ist – mit eine dogmatisch überzeugenderen Begründung erreicht wird. Die lediglich mittelbare Drittwirkung bevorzugt auch nicht, wie teilweise vorgebracht,[534] einseitig den Beklagten in einem Privatrechtsstreit, da das Urteil als Eingriff in die Rechte des Beklagten nur an dessen Grundrechtspositionen zu messen sei. Dessen Verurteilung durch ein staatliches Gericht muss zwar am Grundrechtsmaßstab gemessen werden, wobei zunächst der Grundrechtseingriff im Vordergrund stehen mag. Dabei darf aber nicht übersehen werden, dass regelmäßig die Grundrechte des Klägers bereits durch die geschaffene Rechtsordnung einen ersten Schutz erfahren. Vor allem aber stellt ein abweisendes Urteil gleichermaßen einen Eingriff in die Grundrechte des Klägers dar, wie ein stattgebendes Urteil die Grundrechte des Beklagten tangiert. Die Beachtung der Grundrechte durch das Gericht hat sich daher nicht am Gläubigerschutz zu orientieren, sondern muss gerade zu einem gerechten Ausgleich der Interessen beider Parteien führen.

---

533 *Schmidt-Aßmann/Schoch*, Bergwerkseigentum und Grundeigentum (1994), S. 85.

534 *Hager*, JZ 1994, 373, 381 ff.

II. Mittelbare Drittwirkung von Grundrechten

Die herrschende Meinung lehnt eine unmittelbare Drittwirkung daher zu Recht ab. Die Grundrechte gelten zunächst nur für das Verhältnis zwischen Bürger und Staat. Wirkung zwischen Privatrechtssubjekten entfalten die Grundrechte nur mittelbar. Da sowohl Gesetzgebung als auch Rechtsprechung an die Grundrechte gebunden sind, müssen diese bei Erlass und vor allem Auslegung des einfachen Rechts Berücksichtigung finden.[535] Denn ein Gesetz, das die Grundrechte missachtet, wäre nichtig, sofern sich nicht die Möglichkeit einer grundrechtskonformen Auslegung bietet. Soweit darüber hinaus eine Norm den Gerichten einen gewissen Auslegungsspielraum bietet, darf die Rechtsprechung wiederum keine Auslegung wählen, die einen der Betroffenen in seinen Grundrechten verletzte. Insoweit werden insbesondere die zivilrechtlichen Generalklauseln zu einem „Einfallstor der Grundrechte in die Privatrechtsordnung".[536]

Die – mittelbare – Wirkung der Grundrechte ergibt sich aber nicht allein daraus, dass ein staatliches Organ – ein Gericht oder der Gesetzgeber – entscheidet, das an die Grundrechte unmittelbar gebunden ist. In einer Grundrechtsdemokratie strahlen die Grundrechte vielmehr auf die gesamte Rechtsordnung aus. Dies geschieht zwar nicht im Sinne einer unmittelbaren subjektiven Wirkung. Aber den Grundrechten wohnt neben ihrer subjektiv-rechtlichen Funktion auch eine objektive Wertentscheidung inne, die sich nur dann entfalten kann, wenn sie in allen Bereichen des Rechts Beachtung findet.[537] Andernfalls würde die Rechtsordnung in einen Selbstwiderspruch geraten, der ihre Legitimität letztlich in Frage stellen würde.[538]

---

[535] Vgl. insbes. *Dürig*, FS-Nawiasky (1956), 157, 183; *v. Münch*, Grundbegriffe des Staatsrechts, Bd. 1 (1986), Rn. 187; *Stern*, Staatsrecht III/1 (1988), § 76 II 2.

[536] *Krüger*, NJW 1949, 163.

[537] Vgl. BVerfGE 33, 303, 330 f.; *Hesse*, Verfassungsrecht und Privatrecht (1988), S. 23.

[538] *Canaris*, AcP 184 (1984), S. 201, 226 ff.; *Rüfner*, in: HdbStR V (2000), § 117, Rn. 60; *Krause*, JZ 1984, 656, 663; *Stern*, Staatsrecht III/1, S. 1560 f., 1570, 1573 ff.; *Klein*, NJW 1989, 1633, 1639 f.

Die mittelbare Drittwirkung der Grundrechte ruht mithin auf zwei Polen: Der unmittelbaren Grundrechtsbindung der rechtssetzenden und rechtsanwendenden staatlichen Gewalten sowie der Einheit der Rechtsordnung.

III. Folgerungen

Die Lehre von der Drittwirkung der Grundrechte bleibt so im Ergebnis für die Beurteilung vernetzter Grundrechtspositionen fruchtlos: Unmittelbare Ansprüche der Netzbetroffenen untereinander lassen sich aus den Grundrechten nicht herleiten. Die Netzordnung muss nach wie vor vom Gesetzgeber geschaffen werden, womit die Problematik zunächst wieder auf die klassische, bipolare Eingriffssituation zwischen Bürger und Staat reduziert wird. Die schützenswerten Grundrechtspositionen der anderen Netzteilnehmer finden dabei keine unmittelbare Berücksichtigung, sondern können wiederum nur über das Vehikel der Allgemeininteressen, denen nicht unbedingt Verfassungsrang zukommen muss, in die Verfassungsauslegung einfließen.

Dieser immer wieder aufgegriffenen Ansatz der Drittwirkung von Grundrechten ist daher nur bedingt geeignet, Abhilfe zu schaffen, verlagert er doch letztlich die Grundrechtsfrage vom bipolaren Verhältnis Bürger ./. Staat auf ein anderes bipolares Verhältnis Bürger ./. Bürger[539] und umgeht wiederum die Aufgabe, gerade die Verflechtung von mehr als zwei Grundrechtssubjekten grundrechtsdogmatisch aufzufangen.

B. Staatliche Schutz- und Leistungspflichten

In erster Linie wird die Diskussion um den verfassungsrechtlichen Umgang mit Netzinfrastrukturen daher, wenn auch mit den unterschiedlichsten Ansätzen, unter dem Gesichtspunkt staatlicher Schutz-

---

539 Wenn auch bei der mittelbaren Drittwirkung mit einem Umweg über den Staat.

und Leistungspflichten geführt.[540] Die aus den staatlichen Schutzpflichten folgende staatliche Rahmenverantwortung für einen gesellschaftlichen Interessenausgleich bietet nach wie vor einen ausreichenden Grundrechtschutz auch gegenüber Privaten, die Infrastrukturen vorhalten.[541]

Derartige Ansätze finden sich im Zusammenhang mit den nicht immer einheitlich verwendeten Begriffen der Infrastrukturverantwortung[542], Gewährleistungsverantwortung[543] oder Regulierungsverantwortung[544].

I. Gewährleistungsverantwortung / Regulierungsverantwortung

1. Dogmatische Begründung

Nach einer Auffassung sollen bestimmte verfassungsrechtliche Eckwerte, insbesondere die grundrechtlichen Schutzpflichten, dem Rückzug des Staates aus seinen Tätigkeitsbereichen im Rahmen der Privatisierung Grenzen setzen.[545] Je mehr der Staat zugunsten selbstregulativer Beiträge auf ein eigenes Tätigwerden verzichtet und je größer die damit verbundenen Risiken sind, desto stärker treffe ihn eine aus den Schutzpflichten folgende Gewährleistungsverantwortung. Diese

---

540 Vgl. allgemein zu grundrechtlichen Schutzpflichten *Unruh*, Zur Dogmatik grundrechtlicher Schutzpflichten (1996).

541 Vgl. *Trute*, DVBl. 1996, 950, 958.

542 *Hermes*, Staatliche Infrastrukturverantwortung (1998), passim.

543 *Hoffmann-Riem*, DÖV 1997, 433, 442; *Schuppert*, DÖV 1995, 761, 768 (mit der Unterteilung der Gewährleistungsverantwortung in Überwachungsverantwortung, Finanzierungsverantwortung, Beratungsverantwortung, Organisationsverantwortung, Einstandsverantwortung sowie, für den Untersuchungsgegenstand von besonderer Bedeutung, Rahmensetzungs- und Abfederungsverantwortung); *Trute*, DVBl. 1996, 950, 953 f.

544 *Trute*, DVBl. 1996, 950, 953 f. spricht von der Ersetzung der staatlichen Erfüllungsverantwortung durch ein Regulierungsverwaltungsrecht und die staatliche Überwachung der Selbstregulierung.

545 *Schmidt-Preuß*, VVDStRL 56 (1997), 160, 172 m.w.N. in Fn. 36.

äußere sich insbesondere in Beobachtungspflichten, denen der Staat durch Wahrnehmung einer Begleitkontrolle nachkommen müsse.

Vergleichbar ist dieses Modell mit den im Produkthaftungsrecht entwickelten Produktbeobachtungspflichten:[546] Entlässt der Staat vormals eigene Aufgabenbereiche quasi als Produkt in den Bereich der privaten Verantwortungsübernahme, bleibt er im Sinne einer Produktbeobachtungspflicht dafür verantwortlich, dass aufgrund dieser Entlassung keine Gefährdung für Gemeinwohlbelange eintritt. Tritt dieser Fall ein, müsste der Staat entweder regulierend nachbessern oder gar – vergleichbar dem produkthaftungsrechtlichen Rückruf – die Verantwortung für diesen Bereich wieder unmittelbar selbst übernehmen. Denn nur der Staat ist dem öffentlichen Interesse verpflichtet. Leitmotiv privaten Handelns bleibt hingegen die legitime Verfolgung eigennütziger Ziele im Rahmen der Gesetze.[547]

Kennzeichnend für die Privatisierung ist, dass der Staat zur Hervorbringung von Gemeinwohlergebnissen Privatinteressen mobilisiert, sich aber zugleich vorbehält, sie - wenn im öffentlichen Interesse geboten - zu kanalisieren.[548] Die Vertreter dieser Auffassung verlangen daher konsequenterweise auch, dass sich der Staat, abhängig vom jeweiligen Steuerungssystem und seinen Funktionsbedingungen, eine entsprechende Zugriffsoption vorbehalten müsse.[549]

Eine weitere Auffassung sieht die Gewährleistungsverantwortung des Staates aus einem anderen Blickwinkel, dem der Legitimation staatlichen Handelns. Wenn der Staat öffentliche Aufgaben nicht mehr selber wahrnimmt, fällt die klassische Legitimation durch die hierarchisch aufgebaute und kontrollierte sowie auf Ministerialebene unmittelbar dem Parlament verantwortliche Verwaltung weg. An deren Stelle soll die Ergebnisverantwortung im Sinne einer Gewährleis-

---

[546] Vgl. BGHZ 80, 199 ff.

[547] *Schmidt-Preuß*, VVDStRL 56 (1997), 160, 166 m.w.N.

[548] *Schmidt-Preuß* VVDStRL 56 (1997), 160, 169 m.w.N.

[549] *Schmidt-Preuß*, VVDStRL 56 (1997), 160, 174; *Badura*, in: FS-Großfeld (1999), S. 35, 37 f.

tungsverantwortung des Staates treten, die sich darauf beschränken darf, einen Rahmen bereitzustellen, innerhalb dessen die Gesellschaft ihre Angelegenheiten in möglichst gemeinwohlverträglicher Weise selbstverantwortlich erledigt (Bereitstellungsfunktion des Rechts).[550] Dann ist er aber auch verpflichtet, durch Rahmensetzung und strukturierte Vorgaben das Verhalten Dritter so zu steuern, dass die Verfolgung und Erreichung gemeinwohlorientierter Ziele gewährleistet ist.[551] An die Stelle der Erfüllungsverantwortung treten Gewährleistungsverantwortung[552] und Regulierungsverantwortung[553].

Diese Auffassungen verzichten allerdings weitgehend auf eine genaue Definition dieser die Gewährleistungsverantwortung auslösenden öffentlichen Aufgaben.[554] Diese Verantwortung wird vielmehr vorausgesetzt, indem gerade darauf abgestellt wird, welche Aufgaben der Staat bislang eigenverantwortlich wahrgenommen hat. Die Grenze der Gewährleistungsverantwortung wird teilweise schon dort angenommen, wo ein staatlicher Entscheidungsverzicht und damit eine echte Privatisierung vorliegt.[555]

Noch nicht entschieden ist aber regelmäßig, wann der Staat auf die Wahrnehmung bislang von der öffentlichen Hand erfüllter Aufgaben verzichten kann, respektive wann den Staat die Pflicht zur Verantwortungsübernahme und damit zur Regelung oder zu eigenverantwortlichem Tätigwerden trifft. Ob eine Aufgabe bislang vom Staat oder von Privaten wahrgenommen wurde, kann dabei allenfalls als ein erstes Indiz für eine Gewährleistungsverantwortung gedeutet werden.

---

[550] Hierzu auch *Schuppert*, Verwaltungsrechtswissenschaft als Steuerungswissenschaft, in: Hoffmann-Riem/Schmidt-Aßmann/Schuppert (Hg.), Reform des allgemeinen Verwaltungsrechts (1993), S. 65, 98 ff.; *ders.*, DÖV 1995, 761, 768.

[551] *Hoffmann-Riem*, DÖV 1997, 433, 441 f. („enabling statt providing“).

[552] *Hoffmann-Riem*, DÖV 1997, 433, 442; *Schuppert*, DÖV 1995, 761, 768; *Trute*, DVBl. 1996, 950, 953 f.

[553] *Trute*, DVBl. 1996, 950, 953 f.

[554] Zu dieser Problematik *Di Fabio*, JZ 1999, 585 ff.

[555] *Trute*, DVBl. 1996, 950, 956.

2. *Gewährleistung von Telekommunikationsdienstleistungen gemäß Art. 87f Abs. 1 GG*

Für die dogmatische Figur der Gewährleistungsverantwortung spricht allerdings, dass der Begriff der Gewährleistung auch in Art. 87f Abs. 1 GG Einzug gehalten hat.[556] Diese Vorschrift wird allgemein als verfassungsrechtliche Normierung der Gewährleistungsverantwortung angesehen, quasi als Ersatz für die frühere Leistungsverwaltung in den Privatisierungsfolgenbereichen.[557]

Art. 87f Abs. 1 GG weist dem Bund die Aufgabe zu, dort für das notwendige Angebot an Dienstleistungen Sorge zu tragen, wo der Markt Telekommunikationsdienstleistungen nicht in dem politisch als erforderlich angesehenen Umfang erbringt.[558] Dabei muss der Bund gewährleisten, dass die Dienstleistungen flächendeckend, angemessen und ausreichend durch die privaten Dienstleistungsanbieter erbracht werden. Dies umfasst sowohl die Qualität als auch die Quantität des Angebots, die Leistungen müssen also in angemessener Beschaffenheit und ausreichender Menge erbracht werden.[559]

Welches Angebot an Dienstleistungen i.S.d. Art. 87f Abs. 1 GG ausreicht, ist abhängig von der technischen und gesellschaftlichen Entwicklung und lässt sich nicht unmittelbar der Verfassung entnehmen.

---

[556] Zu den Gesetzgebungsmotiven *Schuppert*, Deutscher Bundestag, Rechtsausschuss, Protokoll 12/117, Anlage S. 68, 74 ff.; BT-Drs. 12/7269, S. 5.

[557] *Wieland*, in: Dreier (Hg.), GG (2000), Art. 87f Rn. 11; *Stern*, DVBl. 1997, 309, 312 ff.; *ders.*, ArchPT 1996, 148, 149; *Rottmann*, ArchPT 1994, 193, 194; *Scherer*, CR 1994, 418, 421; vgl. auch *Lerche*, FS-Friauf (1996), S. 251, 258; *Schmidt-Aßmann/Röhl*, DÖV 1994, 577, 584 (zu Art. 87e Abs. 1 S. 1 GG); *Windthorst*, in: Sachs (Hg.), GG (2002), Art. 87f Rn.14; *Fehling*, AöR 121 (1996), 59, 78. Siehe zu Art. 87e GG auch *Brosius-Gersdorf*, DÖV 2002, 275 ff.

[558] Vgl. *Fehling*, AöR 121 (1996), S. 59, 81 f.

[559] *Bundesregierung*, BT-Drs. 12/7269, S. 8, 10. Vgl. näher zu den Anforderungen *Lerche*, in: FS-Friauf (1996), S. 251, 253 ff.; *Gramlich*, NJW 1994, 2785, 2787; *Königshofen*, ArchPT 1995, 112, 117; *Rottmann*, ArchPT 1994, 193, 194; *Scherer*, CR 1994, 418, 421; *Müller-Using*, ArchPT 1995, 46 f.

Der Gesetzgeber ist vielmehr verpflichtet, auf Änderungen der tatsächlichen Gegebenheiten zu reagieren und zu überprüfen, ob die Festsetzungen des TKG den Erfordernissen noch entsprechen.[560] Die Konkretisierung dessen, was i.S.d. Art. 87f Abs.1 GG angemessen, flächendeckend und ausreichend ist, obliegt dem Gesetzgeber, denn gemäß Art. 87f Abs. 1 GG kommt der Bund nach Maßgabe eines Gesetzes seiner Gewährleistungsverantwortung nach.[561] Dabei kommt dem Gesetzgeber ein weiter Gestaltungsspielraum zu.[562]

Art. 87f Abs. 1 GG konstituiert also eine staatliche Gewährleistungsverantwortung ausdrücklich für den Bereich der Post und Telekommunikation. Zu klären bleibt die Frage, ob auch ohne eine konkrete Anordnung in der Verfassung die Gewährleistungsverantwortung als allgemeines Verfassungsprinzip für bestimmte Bereiche der öffentlichen Aufgabenerfüllung durch Private existiert.

II. Infrastrukturverantwortung

Einen anderen Ansatz verfolgt diesbezüglich das im wesentlichen von *Hermes* zur Energiewirtschaft vertretene Modell der staatlichen Infrastrukturverantwortung.[563] Aufbauend auf der raumüberwindenden Bedeutung und den ökonomischen Besonderheiten[564] von Infrastrukturnetzen[565] versucht er eine (vom Grundgesetz vorausgesetzte[566]) be-

---

[560] *Stern*, DVBl. 1997, 309, 315; *Wieland*, in: Dreier (Hg.), GG (2000), Art. 87f Rn. 15; *Windthorst*, in: Sachs (Hg.), GG (2002), Art. 87f Rn. 20.

[561] *Wieland*, in: Dreier (Hg.), GG (2000), Art. 87f Rn. 15.

[562] *Windthorst*, in: Sachs (Hg.), GG (2002), Art. 87f Rn. 19.

[563] *Hermes*, Staatliche Infrastrukturverantwortung (1998). Hierzu *Dilcher*, NJW 1998, 3690, 3691 f.; *Lecheler*, NVwZ 1999, 1167 f.; *Pielow*, RdE 2000, 45 ff. Vgl. auch den Begriff der „Infrastrukturgesellschaft" bei *Burgi/Brauner*, MMR 2001, 429 ff.

[564] Wobei *Hermes* teilweise auf ältere Theorien zurückgreift.

[565] *Hermes*, Staatliche Infrastrukturverantwortung (1998), S. 329 ff.

[566] *Hermes*, Staatliche Infrastrukturverantwortung (1998), S. 353.

sondere Gewährleistungs- bzw. Infrastrukturverantwortung des Staates zu begründen.

Dazu trennt er zunächst die Infrastrukturnetze von den darauf erbrachten Leistungen.[567] Wegen besonderer Knappheitsbedingungen beim Aufbau von Infrastrukturnetzen (Grund und Boden, Frequenzen, Slots im Flugverkehr)[568] unterlägen diese einer besonderen Gewährleistungspflicht und müsse sich der Staat hier selbst dann beteiligen, wenn diese sich in privater Trägerschaft befinden,[569] da sie typischerweise nur mit Hilfe der Enteignung zu errichten seien.[570] Daher vermittle Art. 14 Abs. 3 S. 1 GG eine Gemeinwohlbindung des Netzes, die sich beispielsweise in Netzöffnungspflichten niederschlage.[571] Mit anderen Worten: Weil der Staat rechtlich zugunsten des Netzeigentümers, aber mit dem von Art. 14 Abs. 3 S. 1 GG vorgegebenen Ziel der Gemeinwohlbelange Grund und Boden für den Leitungsbau enteignet habe, sei der Netzeigentümer nunmehr der Allgemeinheit gegenüber in der Pflicht.[572]

Folge dieses Durchschlagens der Gemeinwohlbindung ist, dass sich der Staat im Rahmen seiner Infrastrukturverantwortung für eine beliebige rechtliche Ausgestaltung entscheiden kann (z.B. die Vergabe ausschreibungspflichtiger Netzbetriebslizenzen oder eines Common-Carrier-Modells[573]), ohne dass sich der private Netzbetreiber diesen Eingriffen gegenüber auf Grundrechte berufen könnte.[574] Die Entscheidung für eine entsprechende Regulierung wird als verfas-

---

[567] *Hermes*, Staatliche Infrastrukturverantwortung (1998), S. 348 ff., 390 ff.

[568] *Hermes*, Staatliche Infrastrukturverantwortung (1998), S. 345.

[569] *Hermes*, Staatliche Infrastrukturverantwortung (1998), S. 358 ff., 370.

[570] *Hermes*, Staatliche Infrastrukturverantwortung (1998), S. 370.

[571] *Hermes*, Staatliche Infrastrukturverantwortung (1998), S. 380 ff.

[572] *Pielow* (RdE 2000, 45, 48) spricht von einer „Publifizierung" der Netze bei Hermes. Schon *O. Mayer* (AöR 16 (1901), 38, 65 ff.) hat Infrastrukturen (Eisenbahn und Wegerecht) als öffentliche Sachen angesehen. Vgl. zur Kritik *Fehling*, AöR 121, 83 f.

[573] *Hermes*, Staatliche Infrastrukturverantwortung (1998), S. 483 ff.

[574] Vgl. zu dieser Einschätzung *Pielow*, RdE 2000, 45, 48.

sungsrechtlich vorprogrammierte und dementsprechend mit dem Verhältnismäßigkeitsprinzip oder dem Grundsatz praktischer Konkordanz kontrollierbare Optimierungsaufgabe gesehen.[575]

III. Lösungsansatz

Den vorgestellten Theorien gemeinsam ist, dass eine wie auch immer geartete Gewährleistungs- oder Infrastrukturverantwortung, will man diese auch außerhalb der expliziten Anordnung des Art. 87f Abs. 1 GG in der Verfassung verorten, darauf gestützt wird, dass bestimmte Aufgaben, zu denen auch die Bereithaltung von Infrastrukturen gehört, als primär staatliche Aufgaben verstanden werden. Beschrieben werden diese Aufgaben dabei als öffentliche Aufgaben, Aufgaben der Daseinsvorsorge[576] oder über die Figur der Infrastruktur als „öffentliche Einrichtung"[577]. Betrachtet man die gegebenen Beispiele, fallen im Ergebnis hauptsächlich solche Aufgaben in den Bereich der Gewährleistungsverantwortung, die ursprünglich vom Staat wahrgenommen wurden und nunmehr in private Regie übergeben werden.

1. Begriff der öffentlichen Aufgaben

Die Anknüpfung an den Begriff der öffentlichen Aufgaben ist insoweit problematisch, als dieser in seinen Konturen unscharf[578] und in

---

575 *Hermes*, Staatliche Infrastrukturverantwortung (1998), S. 500.

576 Vgl. zum Begriff *Löwer*, Energieversorgung zwischen Staat, Gemeinde und Wirtschaft (1989), S. 109 ff. Zum Spannungsfeld zwischen Daseinsvorsorge und Wettbewerb zuletzt *Broß*, JZ 2003, 874 ff.

577 *Hermes*, Staatliche Infrastrukturverantwortung (1998), S. 9, 380 f.: Die Privatheit eines Netzträgers erschöpfe sich darin, „dass für seine Tätigkeit die flexibleren Handlungsinstrumente des Vertragsrechts zur Verfügung stehen und dass mit dem Versprechen eines ‚angemessenen' Gewinns nach Maßgabe staatlicher Nutzungsentgelte oder auch staatlicher Zuschüsse privates Kapital an der öffentlichen Einrichtung beteiligt wird." (S. 380).

578 *Di Fabio*, JZ 1999, 585, 586; *Stammler*, Die Presse als soziale und verfassungsrechtliche Institution (1970), S. 209.

seiner verfassungsrechtlichen Verankerung zweifelhaft[579] ist. Der hier zugrundeliegende Gedanke ist, dass öffentliche Aufgaben auch unabhängig von einer gesetzlichen Aufgabenzuweisung, quasi vorrechtlich, feststehen und dann vom Gesetzgeber entweder als Staatsaufgabe in eigener Verantwortung wahrgenommen oder als öffentliche Aufgabe kooperativ mit gesellschaftlichen Kräften bzw. gänzlich durch Private erfüllt werden.[580] Ist ein Privatunternehmer dann im Bereich der Wahrnehmung öffentlicher Aufgaben tätig, kann dieser stärker in die Pflicht genommen und im Ergebnis um den vollen Genuss seiner grundrechtlich verbürgten Freiheiten gebracht werden.[581] Wann eine Aufgabe öffentlich ist, soll sich danach bestimmen, ob sie im Einzel- oder im Allgemeininteresse erfüllt wird.[582]

Diese Definition macht deutlich, dass der Begriff der öffentlichen Aufgaben als Anknüpfungspunkt für die Gewährleistungsverantwortung juristisch nicht handhabbar ist. Der Staat hat sich in der Vergangenheit im Rahmen der sog. Daseinsvorsorge immer weiter in die Wirtschaft vorgewagt und neue Aufgaben an sich gezogen. Wenn er sich jetzt – aus welchen Beweggründen auch immer – aus einzelnen Bereichen wieder zurückzieht, gibt er letztlich nur Bereiche individueller Freiheitsbetätigung wieder frei.[583]

Nun aufgrund dieser Verschiebung von Aufgaben eine staatliche Gewährleistungsverantwortung anzunehmen, würde dem Anwendungsbereich dieser Rechtsfigur letztlich eher aleatorische Konturen an-

---

579 Vgl. *Schneider*, Pressefreiheit und Staatssicherheit (1968), S. 125 f.; *Streinz*, AfP 1997, 857, 864; *Hennemann*, Pressefreiheit und Zeugnisverweigerungsrecht (1978), S. 110 ff.; *Forsthoff*, Der Verfassungsschutz der Zeitungspresse (1969), S. 20 f.

580 Vgl. *Peters*, in: FS-Nipperdey, Bd. II (1965), S. 877, 880.

581 Zu dieser Einschätzung *Di Fabio*, JZ 1999, 585, 586; *ders.*, VVDStRL 56 (1997), 235, 258 f.

582 *Kirmer*, Der Begriff der öffentlichen Aufgaben (1995), S. 59 ff.; *Flitsch*, Die Funktionalisierung der Kommunikationsgrundrechte (1998), S. 73; *Peters*, in: FS-Nipperdey, Bd. II (1965), S. 877, 878. Vgl. zum Begriff der öffentlichen Aufgaben auch *Klein*, DÖV 1965, 755 ff. Das Bundesverfassungsgericht gebraucht den Begriff eher uneinheitlich, vgl. BVerfGE 68, 193, 206 f.; 17, 371, 376 f.; 30, 292, 311.

583 Vgl. auch *Di Fabio*, JZ 1999, 585, 586.

stelle eines abgrenzbaren Tatbestandes verleihen. Letztlich liegt die Zuweisung von Aufgaben in der Hand des Gesetzgebers, sei es der einfache oder der verfassungsändernde.

Die Verfassung setzt – abgesehen von ausdrücklichen Aufgabenzuweisungen wie in Art. 87f Abs. 1 GG – einer Neuverteilung von Aufgaben im Verhältnis von Staat und Gesellschaft nur geringe Widerstände entgegen. Lediglich im engeren Bereich des staatlichen Gewaltmonopols, also in Strafverfolgung, Strafvollzug oder im Kernbereich der Gefahrenabwehr, ist der Staat in der Wahrnehmungspflicht, da hier eine Wahrnehmung durch Dritte (abgesehen vom engen Bereich der Beleihung) ausgeschlossen ist.[584] Ansonsten sind die materiellen Grenzen des staatlichen Handelns, unabhängig davon, in welcher Richtung Aufgaben verlagert werden, nur durch die Grundrechte gesetzt.

2. *Grundrechtsnetze und Untermaßverbot*

Zieht der Staat eine neue Aufgabe an sich, die bislang von Grundrechtsträgern wahrgenommen wurde, macht er diesen entweder Konkurrenz oder entzieht ihnen gar die Befugnis zum weiteren Tätigwerden. Dieses stellt einen Grundrechtseingriff dar, der im konkreten Fall gerechtfertigt werden muss. Ebenso verhält es sich, wenn der Staat die Aufgabenwahrnehmung zwar dem Grundrechtsträger belässt, diesem aber bestimmte Verhaltensregeln bzw. gesetzliche Rechte oder Pflichten auferlegt, um im Gemeinwohlinteresse die Aufgabenwahrnehmung in eine bestimmte Richtung zu lenken.

Die Grundrechte sind aber nicht auf diese rein subjektive Abwehrfunktion beschränkt. Vielmehr kommen ihnen auch (zunächst) objektiv-rechtliche Normgehalte zu, die die Grundrechtsbedeutung erweitern. Neben der bereits erwähnten Drittwirkung[585] gehören hierzu Institutsgarantien[586], Verfahrensgarantien[587] und vor allem grundrechtli-

---

[584] *Di Fabio*, JZ 1999, 585, 592.

[585] Oben Seite 158 ff.

[586] Vgl. hierzu *Dreier*, in: ders. (Hg.) GG (1996), Vorb. Rn. 68 f. m.w.N.

che Schutzpflichten. Während die Abwehrfunktion den Staat in seinem Handeln einschränkt, können Schutzpflichten spiegelbildlich hierzu dem Staat in bestimmten Situationen ein Handeln auferlegen. So sind Grundrechtsgüter im Einzelfall so hochrangig, dass dem Staat nicht nur verwehrt ist, in diese einzugreifen, sondern er darüber hinaus verpflichtet ist, die grundrechtlich geschützten Güter durch geeignete Maßnahmen vor Gefährdungen durch Dritte zu schützen.[588] Dem Staat ist also in Einzelfällen verwehrt, sich gänzlich aus der Verantwortung zurückzuziehen, er muss vielmehr ein Mindestmaß an legislativen oder exekutiven Maßnamen zum Schutz der Grundrechtssubjekte ergreifen. So wie der Staat bei Eingriffen dem Übermaßverbot unterliegt, muss er auch das aus den Schutzpflichten resultierende Untermaßverbot beachten.[589]

Aus diesem Grund wird (naheliegend) auch die staatliche Gewährleistungsverantwortung teilweise auf grundrechtliche Schutzpflichten gestützt[590] und insbesondere der offene Netzzugang als Ausprägung der grundrechtlichen Schutzpflichten charakterisiert.[591] Kombiniert man die grundrechtlichen Schutzpflichten nun wiederum mit dem Modell des Grundrechtsnetzes und dessen grundrechtsverstärkender Wirkung, so könnte hieraus in der Tat eine staatliche Netzverantwortung abgeleitet werden:

---

[587] *Dreier*, in: ders. (Hg.) GG (1996), Vorb. Rn. 66 f. m.w.N.

[588] Vgl. *Isensee*, in: HdbStR V (2000), § 111 Rn. 3.

[589] Hierzu BVerfGE 88, 203, 254; *Canaris*, AcP 184 (1984), 201, 228; *ders.*, JuS 1989, 161 ff.; *L. Michael*, JuS 2001, 148 ff.; *Brüning/Helios*, Jura 2001, 155 ff.; *Kruis*, DVBl. 2000, 441 ff.; *Sodan*, NVwZ 2000, 601 ff.; *Brüning*, JuS 2000, 955 ff.; *Rixen*, NJW 1999, 3389 ff.; *Wollenteit/Wenzel*, NuR 1997, 60 ff.; *Erichsen*, Jura 1997, 85 ff.; *Dietlein*, ZG 1995, 131 ff.; *Geiger/Lampe*, Jura 1994, 20 ff.; *Gropp*, GA 1994, 147 ff.; *Jean d'Heur*, RdJB 1994, 91 ff.; *Starck*, JZ 1993, 816 ff.; *ders.*, Praxis der Verfassungsauslegung (1994), 1. Teil, 1. Kap., III.; *Weiß*, JR 1993, 449 ff.; *Unruh*, Zur Dogmatik der grundrechtlichen Schutzpflichten (1996); *Scherzberg*, Grundrechtsschutz und „Eingriffsintensität" (1989), 3. Kap., C. II. 4; kritisch zu diesem Begriff *Dreier*, in: ders. (Hg.), GG (1996), Vorb. Rn. 64; speziell zum Problem der verfassungsgerichtlichen Geltendmachung von Schutzpflichten *Möstl*, DÖV 1998, 1029 ff.

[590] *Schmidt-Preuß*, VVDStRL 56, 160, 172.

[591] *Grote*, KritV 1999, 27.

Kommt dem Netz bei der Grundrechtsbetätigung gerade eine hervorgehobene Rolle zu, hat es zudem aufgrund der Netzexternalitäten die Eigenschaft, die Grundrechtsgehalte der Nutzer zu verstärken, wenn es in netzoptimierender Weise (in Richtung Grundrechtseffizienz) gefördert wird, so kann dies für den grundrechtsgebundenen Staat eine Netzförderungspflicht begründen. Voraussetzung hierfür ist, dass ihn bezüglich der im Netz verwirklichten und von den Netzexternalitäten betroffenen Grundrechtspositionen ein Handlungsgebot infolge grundrechtlicher Schutzpflichten trifft. Auch hier kann bei der Sachverhaltsbeurteilung die Förderung der Individualinteressen durch die Förderung des Netzes quasi substituiert werden.[592]

3. Derivative Verantwortung zur Missbrauchsaufsicht statt originärer Infrastrukturverantwortung

Zu klären bleibt allerdings die Frage, ob und in welchem Umfang den Staat überhaupt verfassungsrechtliche Schutzpflichten gegenüber den Netznutzern treffen. Die wichtigsten Entscheidungen des Bundesverfassungsgerichts haben grundrechtliche Schutzpflichten bislang vornehmlich beim Schutz von Leben und Gesundheit gemäß Art. 2 Abs. 2 GG behandelt.[593] Daneben nennt das Gericht auch noch Freiheit und Eigentum als möglichen Gegenstand grundrechtlicher Schutzpflichten.[594] Allgemein wird aber eine zumindest theoretische Erstreckung dieser dogmatischen Figur auf sämtliche Grundrechte angenommen.[595]

---

[592] Vgl. entsprechend zur Eingriffsproblematik oben S. 151.

[593] BVerfGE 39, 1 (Schwangerschaftsabbruch I); 47, 160 (Schleyer); 49, 89 (Kalkar I); 53, 30 (Mühlheim-Kärlich); 56, 54 (Fluglärm); 77, 170 (Lagerung chemischer Waffen); 79, 174 (Straßenverkehrslärm); 88, 203 (Schwangerschaftsabbruch II); BVerfG, NJW 1983, 2931 (Waldschäden), NJW 1987, 2287 (AIDS).

[594] BVerfGE 39, 1; 56, 54.

[595] *Stern*, Staatsrecht III/1 (1988), S. 904; *Isensee*, in: HdbStR V (2000), § 111 Rn. 86; *Dirnberger*, Recht auf Naturgenuss und Eingriffsregelung (1991), S. 119 ff.; *Manssen*, Staatsrecht I (1995), Rn. 49. Vgl. auch BVerfGE 89, 276, 286 zu den Gleichheitsrechten.

a) Originäre Leistungspflichten?

Betrachtet man die Rechtsprechung des Bundesverfassungsgerichts, lässt sich erkennen, dass sich die Schutzpflichten zunächst darauf beschränken, die Rechte und Freiheiten des Einzelnen durch hinreichende Rechtsverordnungen des Verwaltungsrechts und auch durch Gebote und Verbote des Strafrechts angemessen zu sichern.[596] Des weiteren kann sich die grundrechtliche Schutzpflicht darauf richten, das der Privatautonomie zugrundeliegende Prinzip der Selbstbestimmung durch ausgleichende Regelungen des Zivilrechts zu sichern, wenn es in einer Vertragsbeziehung an einem annähernden Kräftegleichgewicht der Parteien fehlt.[597]

Bei der Wahl der Maßnahmen zur Erfüllung der Schutzpflichten kommt dem Gesetzgeber ein weiter Einschätzungs-, Wertung- und Gestaltungsspielraum zu, der auch Raum lässt, etwa konkurrierende öffentliche und private Interessen zu berücksichtigen.[598] Es ist insbesondere Aufgabe der Legislative, die Gefahr einzuschätzen, die betroffenen Belange abzuwägen und über die zu ergreifenden Maßnahmen zu entscheiden. Eine Verletzung der Schutzpflichten kann erst dann positiv festgestellt werden, wenn die staatlichen Organe gänzlich untätig geblieben sind oder wenn offensichtlich ist, dass die getroffenen Maßnahmen völlig ungeeignet oder unzulänglich sind.[599]

Nur in bestimmten Gefahrenkonstellationen kann sich das Ermessen auf ein einziges zwecktaugliches Mittel reduzieren,[600] so nach Ansicht des Bundesverfassungsgerichts beim Schutz von ungeborenem Leben auf diejenigen des Strafrechts.[601] Regelmäßig kommt der Staat seinen

---

[596] Vgl. *Badura*, Staatsrecht (1996), C Rn. 22.

[597] BVerfGE 81, 242; hierzu *Hermes*, NJW 1990, 1764 ff.

[598] BVerfGE 56, 54, 80 f.; 77, 170, 214 f.; 77, 381, 405; *Isensee*, in: HdbStR V (2000), § 111 Rn. 162.

[599] BVerfGE 56, 54, 71, 80 ff.; 77, 170, 214 f.; 77, 381, 404 f.

[600] BVerfGE 77, 170, 215.

[601] BVerfGE 39, 1, 52 ff.

Schutzpflichten durch die Gewährleistung der überkommenen Straf-, Verwaltungs- und Zivilrechtsordnung nach. Eine Schutzpflichtverletzung ist allenfalls dort zu konstatieren, wo entweder der Staat das Schutzniveau zurücknimmt oder neue, von der Rechtsordnung noch nicht hinreichend berücksichtigte Gefahren auftreten.

Die bei Nutzung von Telekommunikationsnetzen getätigten Grundrechtsverwirklichungen, die in erster Linie, wie ausgeführt, von Art. 5 Abs. 1, 12 Abs. 1 und 2 Abs. 1 GG geprägt sind, stehen nicht gänzlich auf gleicher Höhe mit der vom Bundesverfassungsgericht zitierten Gewährleistung von Leben, körperlicher Unversehrtheit, Eigentum und Freiheit.

Dennoch können sie grundsätzlich Anknüpfungspunkte für Schutzpflichten sein. Dies gilt zwar nicht in dem Sinne, dass der Staat eine Pflicht hätte, für die Schaffung oder Bereitstellung von Infrastrukturnetzen Sorge zu tragen. Die flächendeckende Versorgung mit Telekommunikationsdienstleistungen ist zwar in Art. 87f Abs. 1 GG festgeschrieben. Eine Versorgung entlegener ländlicher Gebiete mag darüber hinaus auch politisch sinnvoll sein. Eine Verpflichtung des Staates, diese Versorgung sicherzustellen, auch wenn sie ökonomisch unsinnig ist, kann aber trotz der Grundrechtsverstärkungsfunktion von Grundrechtsnetzen nicht mehr angenommen werden. Eine solche Auslegung würde in ihrer Konsequenz letztlich auf eine originäre grundrechtliche Leistungspflicht hinauslaufen, die aber von der herrschenden Meinung zu Recht auf den Bereich der bloßen existenzsichernden Lebenshilfe gemäß Art. 1 Abs. 1 GG i.V.m. mit dem Sozialstaatsprinzip beschränkt wird.[602]

Auch kann die Privatisierung staatlicher Aufgaben nicht mit einer Rücknahme des Schutzniveaus vergleichbar der Straffreistellung früher strafbaren Verhaltens oder dem Auftreten neuer Gefahrensituationen verglichen werden. Eine Infrastrukturverantwortung des Staates dahingehend, dass er die Gewährleistung für die Bereitstellung von Infrastrukturdienstleistungen übernehmen muss, ist daher nicht zu

---

[602] Vgl. BVerfGE 40, 121, 133 f.; 45, 187, 228; 82, 60, 85; 87, 153, 170; 91, 93, 111; *Dreier*, in: ders. (Hg.), GG (1996), Vorb. Rn. 50; *Lübbe-Wolff*, Grundrechte als Eingriffsabwehrrechte (1988), S. 15, 115; *Murswieck*, in: HdbStR V (2000), § 112 Rn. 99.

verorten. An diesem Befund vermag auch das Modell des Grundrechtsnetzes nichts zu ändern. Denn wenn schon keine Grundrechtsgefährdung dergestalt existiert, dass sie eine staatliche Handlungspflicht auslösen würde, kann auch die Verstärkungsfunktion des Grundrechtsnetzes nicht eingreifen.[603]

b) Handlungspflichten bei Gefährdung des Grundrechtsnetzes

Kommt es aber in marktwirtschaftlich ausgestalteten Grundrechtsnetzen zu Wettbewerbsverzerrungen mit der Folge, dass auf dem Markt für Telekommunikationsdienstleistungen resistente monopolistische Bereiche entstehen, ist das Grundrechtsnetz als solches in Gefahr. Denn hier drohen in Folge der Marktmacht des beherrschenden Unternehmens Ineffizienzen, die für die Nutzer den Verlust der aus den Netzexternalitäten gezogenen Netzvorteile beim Grundrechtsgebrauch zur Folge hätten. Hier erst entsteht eine neue Gefährdungslage, die möglicherweise grundrechtliche Schutzpflichten auslösen könnte.

Denn die Grundrechte, insbesondere die allgemeine Handlungsfreiheit und die wirtschaftsspezifischen Freiheitsrechte, enthalten die leitbildhaften Elemente der Privatinitiative, des Wettbewerbs und der individuellen Risikoübernahme, die sich in der Summe zu einem Postulat größtmöglicher Aktivierung selbstregulativer Beiträge verdichten.[604] Erst wenn das durch den Markt regulierte und bereitgestellte Angebot an Telekommunikationsdienstleistungen aufgrund von Wettbewerbsverzerrungen in Gefahr gerät, kann es zu einer Gefährdung der individuellen Grundrechtsbetätigungen im Netz kommen. Erst hier setzt die Verstärkungsfunktion des Grundrechtsnetzes ein, so dass sich erst in diesem Augenblick die Grundrechtsordnung für den Staat hin zu einer Realisation des Untermaßverbots verdichtet.

---

[603] Denn auch ein Vielfaches von Null ergibt Null.

[604] Vgl. *Schmidt-Preuß*, VVDStRL 56 (1997), 160, 171; *Isensee*, in: HdbStR III (1996), § 57 Rn. 165 ff.; *Schmidt-Aßmann*, in: Hoffmann-Riem/Schmidt-Aßmann (Hg.), Öffentliches Recht und Privatrecht als wechselseitige Auffangordnungen (1996), S. 7, 36 ff.; *Hoffmann-Riem*, ebenda, S. 261, 310 ff.

Wettbewerbsverzerrungen sind allerdings eine Gefahr, vor der ohnehin die Rechtsordnung in Form der Regelungen des GWB zu schützen versucht. Soweit auch auf dem Markt für Telekommunikationsdienstleistungen Wettbewerb grundsätzlich möglich ist, beinhaltet die grundrechtliche Verpflichtung des Staates also kein Mehr gegenüber anderen, nicht durch Infrastrukturnetze geprägten Märkten. Auch hier wäre er zur Sicherung des Wettbewerbs aufgrund der insbesondere aus Art. 12 Abs. 1 GG erwachsenden Schutzpflichten verpflichtet.

Für die aktuellen Telekommunikationsmärkte besteht den oben zitierten wissenschaftlichen Untersuchungen[605] zur Folge lediglich im Bereich monopolistischer Bottlenecks eine greifbare Gefahr von Wettbewerbsverzerrungen und somit einer Schädigung des Grundrechtsnetzes. Hier greift die Grundrechtsverstärkungsfunktion des Netzes und verpflichtet den Staat zu einem Eingreifen. Dieser Pflicht kommt der Staat mit den derzeitigen Regelungen des TKG nach. Es wäre aber aus Sicht des Grundrechtsnetzes auch denkbar, soweit Wettbewerb bereits hergestellt ist, die sektorspezifische Regulierung aufzugeben und das Netz der „normalen" Wettbewerbsaufsicht zu unterstellen.[606]

IV. Ergebnis

Die verfassungsrechtliche „Infrastrukturverantwortung" stellt sich folglich (jenseits des Normbefehls von Art. 87f Abs. 1 GG) aus der Sicht des Grundrechtsnetzes als eine bloße, vom Netz in seinem tatsächlichen Bestand abgeleitete Verpflichtung des Staates zur Missbrauchsaufsicht dar. Anstelle einer (originären) Infrastrukturverantwortung besteht also lediglich eine derivative Verantwortung zur Missbrauchsaufsicht.

Eine originäre Pflicht des Staates, von sich aus Infrastrukturen zur Verfügung zu stellen, besteht hingegen nicht. Diese liefe auf einen

---

605 Seite 40 ff.

606 Vgl. *Immenga/Kirchner/Knieps/Kruse*, in: dies., Telekommunikation im Wettbewerb (2001), S. 3 f.

völlig überzogenen verfassungsrechtlichen Leistungsanspruch hinaus, den der Staat unter Umständen schon aus rein tatsächlichen Gründen gar nicht erfüllen könnte.

Vielmehr greift eine verfassungsrechtliche Verantwortung erst dann, wenn ein bestehendes Infrastrukturnetz aufgrund beispielsweise von Wettbewerbsstörungen (grundrechts-) ineffizient zu werden droht, so dass zu Gunsten weniger Monopolisten die Grundrechtswertigkeit des Netzes für die Mehrzahl der Netzbeteiligten abnähme und unter Berücksichtigung der Netzeffekte in der Summe eine deutlich negative Grundrechtsbilanz zu ziehen wäre.

Die grundrechtliche Netzverantwortung beschränkt sich daher auf die bloße Missbrauchsaufsicht. So lange und soweit der Wettbewerb im Netz funktioniert, besteht für den Staat keine Handlungspflicht. Weitergehende Pflichten können allenfalls aus Art. 87f Abs. 1 GG[607] hergeleitet werden, was hier aber nicht näher erörtert werden soll.

---

[607] Oben S. 169 ff.

A. Ausblick

Das Modell der Grundrechtsnetze kann in vielerlei Hinsicht Hilfe bei der modernen Verfassungsinterpretation bieten. Dabei ist sein Anwendungsbereich nicht auf Telekommunikationsnetze beschränkt.

So existieren Grundrechtsnetze zunächst auch in Bezug auf andere vernetzte Infrastrukturen, also insbesondere im leitungsgebundenen Energiemarkt, im Eisenbahnbereich, im Straßenbau oder im Bereich der zivilen Luftfahrt. Will man staatliche Regulierungsvorhaben in diesen Infrastruktursektoren beurteilen, ist das Modell der Grundrechtsnetze ebenso anwendbar wie bei Telekommunikationsnetzen, lediglich die ökonomischen Vorgaben könnten im Rahmen der Sachverhaltsermittlung gegebenenfalls – den abweichenden Rahmenbedingungen entsprechend – unterschiedlich ausfallen.

Aber auch außerhalb der klassischen Infrastrukturnetze sind multipolare Grundrechtsbeziehungen denkbar, die derart miteinander verknüpft sind und zueinander in wechselseitigen Beziehungen stehen, dass ein Grundrechtsnetz entsteht. Zu denken wäre etwa an besondere Vertriebsnetze, wie sie z.B. im Presse- oder Buchgroßhandel[608] oder im Pharmaziebereich existieren, aber auch an bestimmte (wesentliche) Einrichtungen oder technische Standards, die für grundrechtsrelevante Lebensbereiche derart prägend geworden sind, dass der Zugang hierzu zur Grundrechtsvoraussetzung erwächst.

Hier bedarf es allerdings zur Beurteilung der Frage, ob ein Grundrechtsnetz vorliegt, noch entsprechender Untersuchungen über die in diesen Systemen existierenden Wechselwirkungen zwischen den einzelnen Grundrechtsträgern. In anderen Grundrechtsnetzen ist beispielsweise durchaus denkbar, dass hier die Schaffung von Sonderrechten gegenüber freiem Wettbewerb gerade die größere Grund-

---

[608] Zum Presse-Grosso siehe *Kloepfer/Kutzschbach*, AfP 1999, 1 ff.

rechtseffizienz mit sich brächte. Insbesondere wäre die Frage zu klären, ob auch in diesen Systemen den für das Grundrechtsnetz bestimmenden grundrechtsdämpfenden und grundrechtsverstärkenden Netzfunktionen eine derart hervorgehobene Bedeutung zukommt, dass die Beurteilung der Grundrechtseffizienz tatsächlich Rückschlüsse auf die individuellen Grundrechtsbetroffenheiten zulässt.

B. Ergebnis

I.

Telekommunikationsnetze sind neben dem Schienenverkehr oder dem Energiesektor ein Beispiel für die Liberalisierung von Infrastrukturmärkten:

Diese vormals durch Monopole oder staatliche Organisationen wahrgenommenen Aufgaben wurden – nicht zuletzt aufgrund eines Paradigmenwechsels in Politik und Wirtschaftswissenschaften – in Deutschland und den meisten anderen Ländern in den letzten 10 Jahren in freien Wettbewerb überführt. Wichtigstes Instrument im Rahmen der Liberalisierung ist dabei die Regulierung des Netzzugangs – insbesondere von Konkurrenten – zu diesen Infrastrukturnetzen. Zum gegenwärtigen Zeitpunkt kann der Liberalisierungsprozess als in wesentlichen Teilen abgeschlossen gelten. Daher stehen die getroffenen regulatorischen Maßnahmen aktuell zur Überprüfung hinsichtlich der Notwendigkeit ihrer Beibehaltung an, auch wenn die kürzlich erlassenen EG-Richtlinien diesbezüglich keine wesentlichen Änderungen vorsehen.

II.

Hintergrund für das Erfordernis einer Regulierung der Netzmärkte sind die ökonomischen Netzeffekte: Infrastrukturnetze wie die Kommunikationsnetze heben sich durch verschiedene Besonderheiten von anderen Wettbewerbsmärkten ab. Zum einen bietet ein Netz erhebliche Größenvorteile, sowohl auf der Kosten- als auch auf der Nutzenseite. Ein großes Netz kann bessere Leitungen zu deutlich geringeren Preisen anbieten. Ein Telekommunikationsnetz bietet dem Nutzer zudem regelmäßig nur dann Vorteile, wenn es über das Kriterium der „any to any connectivity" verfügt, also jeder Nutzer jeden anderen Nutzer über dieses Netz erreichen kann. Hierdurch können sogenannte Lock-in-Effekte entstehen, da ein Wechsel in ein anderes System gerade mit dem Verlust dieser Vorteile einherginge.

Aufgrund dieser ökonomischen Besonderheiten von Netzmärkten ist ein etabliertes Netz durch neu auf den Markt drängende Konkurrenten nur schwer angreifbar, da diese aufgrund ihrer zunächst geringen Größe und Verbreitung weder von den kostenseitigen Größenvorteilen profitieren können, noch ihren Nutzern auch nur annähernd den Nutzen eines etablierten Netzes bieten können. Der Nutzen des einzelnen Netzbenutzers steigt überproportional mit der Größe des Netzes. Zusätzliche Marktzutrittsbarrieren bestehen aufgrund der Spezifität der Investitionen, da diese bei einem Scheitern des Markteintritts in der Regel für den Newcomer verloren sind.

Wurden Netze aus diesem Grund früher als natürliche Monopole betrachtet, die aus diesem Grund staatlicher Aufsicht zu unterstellen seien, wird dies in der neueren wirtschaftswissenschaftlichen Literatur als überholt angesehen. Denn diese Besonderheiten haben nur in bestimmten Bereichen der Netze tatsächlich monopolfördernde Wirkungen (monopolistische Bottlenecks), die allerdings auf die übrigen Netzbereiche ausstrahlen können. In den übrigen Bereichen ist grundsätzlich Wettbewerb möglich, entweder durch den Aufbau paralleler Netzstrukturen oder zumindest durch entsprechende Drohungen.

Ein etabliertes Netz kann daher durch Regulierung für den Wettbewerb geöffnet werden. Hierzu ist insbesondere die Verpflichtung des etablierten Netzbetreibers zur Zusammenschaltung und zur Gewährung von Netzzugang nötig, damit auch die Nutzer der neuen Netze von den Größenvorteilen des Gesamtnetzes gleichermaßen profitieren können und der etablierte Netzbetreiber seine Monopolstellung nicht zur Verdrängung der Konkurrenten ausnutzen kann. Die Eröffnung des Wettbewerbs führt diesen wirtschaftswissenschaftlichen Untersuchungen zufolge zu einer höheren Effizienz des Netzes, die Nutzer können zu geringeren Preisen von einem besseren und innovationsfreudigerem Angebot profitieren.

III.

Dieser wirtschaftswissenschaftliche Paradigmenwechsel hat auch zu einer Änderung des Telekommunikationsrechts in den letzten 25 Jahren beigetragen. Wie die Beispiele USA, Großbritannien und Deutschland sowie die EG-Telekommunikationspolitik zeigen, wurden in fast allen Rechtsordnungen Regelungen geschaffen, um die monopolistisch geprägten Netzmärkte für den Wettbewerb im Netz und um die Netze zu öffnen.

Maßgebliches Instrument war in allen untersuchten Rechtsordnungen, wenngleich teils mit unterschiedlicher Schwerpunktsetzung, die Verpflichtung der Netzbetreiber, anderen Betreibern, Diensteanbietern auf nachgeordneten Netzmärkten und Kunden allgemein Netzzugang zu gewähren und ihre Netze zusammenzuschalten. Außerdem wurde ein Anspruch insbesondere kleinerer Netzbetreiber dahingehend geschaffen, auch besondere, für den freien Wettbewerb auf einem relevanten Markt erforderliche Einrichtungen marktbeherrschender Netzbetreiber zu nutzen (besonderer Netzzugang, entbündelter Netzzugang). Ergänzt wurden diese Netzzugangsregelungen außerdem durch die Preisregulierung bei marktbeherrschenden Netzbetreibern und Dienstleistungsanbietern.

Derzeit wird diskutiert, ob nunmehr ein Maß an Wettbewerb im Telekommunikationsmarkt erreicht ist, dass auf eine umfassende Regulierung zugunsten einer allgemeinen Missbrauchsaufsicht, ergänzt möglicherweise durch eine zielgerichtete Regulierung verbleibender monopolistischer Engpassbereiche, verzichtet werden kann.

Die im Jahr 2002 verabschiedeten neuen EG-Richtlinien für elektronische Kommunikationsdienste und –netze greifen diese Diskussion nur vorsichtig auf. Diese ist daher insbesondere im Rahmen der Umsetzung der Richtlinien in das TKG weiterzuführen.

IV.

Bei der Beurteilung der verfassungsrechtlichen Zulässigkeit der mit der Regulierung notwendigerweise verbundenen Grundrechtseingriffe, insbesondere in die Freiheit der Berufsausübung und in das Eigentum der von Netzzugangspflichten betroffenen Netzbetreiber, muss im Ergebnis eine sorgfältige Abwägung aller mit diesen Eingriffen verbundenen verfassungsrechtlich geschützten Interessen vorgenommen werden.

Im Rahmen dieser Abwägung kommt das Modell des Grundrechtsnetzes zum Tragen: Dieses erweitert den Blickwinkel von der Betrachtung der bipolaren Grundrechtsbeziehungen zwischen Bürger und Staat, wie sie durch die hergebrachte Grundrechtsdogmatik weitestgehend vorgegeben sind, hin zu einer übergreifenden, ganzheitlichen Betrachtung der vielfältig miteinander verknüpften multipolaren Grundrechtsbeziehungen im Netz.

An die Stelle der einzelfallbezogenen Beurteilung eines Grundrechtseingriffs tritt die Beurteilung des netzbezogenen Eingriffs hinsichtlich seiner Grundrechtseffizienz. Denn ein Eingriff in das Netz beeinflusst dessen Parameter. Dies führt auf der einen Seite zu Einschränkungen, auf der anderen Seite zur Verstärkung der Grundrechtsbetätigung im Netz. Die Grundrechtsbetroffenheit wird dabei nicht nur durch Intention und Intensität des Eingriffs an sich bestimmt, sondern noch in ihrer Wirkung durch die (grundrechtsdämpfenden oder grundrechtsverstärkenden) Netzfunktionen verändert.

Erforschung und Beschreibung dieser Netzfunktionen ist Aufgabe der Wirtschaftswissenschaften. Die Bewertung der wirtschaftswissenschaftlichen Erkenntnisse obliegt dem Gesetzgeber im Rahmen seiner Einschätzungs- und Beurteilungsprärogative. Auf der Grundlage des sich dann ergebenden Sachverhalts kann der Jurist anhand des Modells des Grundrechtsnetzes die Verfassungsmäßigkeit des Eingriffs in das Grundrechtsnetz beurteilen.

V.

Unter Berücksichtigung dieser Prämissen ist die gegenwärtige Regulierung des Telekommunikationsmarktes verfassungsgemäß. Netzzugangsrechte stellen auf Seiten der hiervon betroffenen Netzbetreiber zwar Eingriffe in deren Grundrechte und somit auch Eingriffe in das Grundrechtsnetz dar. Diese dienen aber der Öffnung der Telekommunikationsmärkte für den Wettbewerb, die eine Steigerung des Nutzens für die übrigen Netzbeteiligten zur Folge hat, die den Grundrechtseingriff verfassungsrechtlich zu rechtfertigen vermag. Unter Berücksichtigung der positiven und negativen Netzeffekte überwiegt der Nutzen für das Grundrechtsnetz, ist die Regulierung also grundrechtseffizient.

Diese Beurteilung kann sich aber im Lauf der Zeit ändern: Die bereichsspezifische Regulierung kann mit zunehmender Angreifbarkeit der monopolistischen Netzbereiche grundrechtsineffizient werden, wenn sie für die Schaffung des ursprünglich verfolgten Ziels der Marktöffnung für den Wettbewerb nicht mehr notwendig ist und eine allgemeine wettbewerbsrechtliche Missbrauchsaufsicht, die mit geringeren Netzeingriffen einher käme, für die Erhaltung des freien Wettbewerbs auf den Telekommunikationsmärkten in gleichem Maße genügen würde. Dies wäre dann der Fall, wenn ein funktionierender Wettbewerb erreicht ist und keine resistenten monopolistischen Bereiche mehr existieren, die den Wettbewerb im Gesamtnetz gefährden können.

VI.

Das Modell des Grundrechtsnetzes ist dabei gleichermaßen auf das Übermaßverbot wie auf das Untermaßverbot anwendbar. So wie bei der Beurteilung von netzbezogenen Eingriffen die Frage der Verhältnismäßigkeit des Eingriffs durch Betrachtung der Grundrechtseffizienz des Netzeingriffs beantwortet werden kann, kann auch das Überschreiten der Schwelle zur Handlungspflicht aufgrund grundrechtlicher Schutzpflichten anhand der Gefahren, die dem Netz und somit den Grundrechtspositionen der Betroffenen drohen, anhand des Grundrechtsnetzes beurteilt werden:

Eingriffe durch Private in das Netz, beispielsweise das wettbewerbswidrige Verhalten von Netzbetreibern in Ausnutzung einer marktbeherrschenden Stellung, sei es durch Dumpingpreise, erhöhte Zusammenschaltungsentgelte oder gar die Verweigerung des Netzzugangs, wirken sich nämlich über das Netz auf die Grundrechte der Netzbeteiligten aus. Auch wenn die Grundrechtsbetroffenheit jedes einzelnen nicht so schwer wiegt, dass den Staat tatsächlich eine Pflicht zum Eingreifen träfe, kann diese Schwelle schneller überschritten sein, wenn man die Grundrechtsbetroffenheit im Netz unter Berücksichtigung der Verknüpfungen und der grundrechtsverstärkenden Netzeffekte betrachtet.

Somit erübrigt sich auch die Figur einer – dogmatisch nicht überzeugend herleitbaren – originären grundrechtlichen Infrastrukturverantwortung. Außerhalb konkreter verfassungsrechtlicher Normbefehle (für den Telekommunikationssektor beispielsweise die Gewährleistungsverantwortung aus Art. 87f Abs. 1 GG) trifft den Staat keine Pflicht, von sich aus Infrastrukturen zu schaffen oder bereitzustellen.

Erst wenn Infrastrukturnetze bereits bestehen – sei es aufgrund freiwilliger Leistungen des Staates oder aufgrund privatwirtschaftlicher Initiative – trifft den Staat wegen der grundrechtsverstärkenden Funktionen des Grundrechtsnetzes eine hiervon abgeleitete Pflicht, Schieflagen innerhalb des Netzes auszugleichen, wenn diese die Grundrechtseffizienz nachhaltig stören, wenn also der Nutzen des Netzes für den Grundrechtsgebrauch zugunsten der Vorteile Einzelner, insbesondere zugunsten von Netzbetreibern mit monopolistischer Stellung, zurückgedrängt würde. Diese abgeleiteten Schutzpflichten kann der Staat in der Regel im Rahmen seiner Missbrauchsaufsicht erfüllen, ihm stehen aber auch andere Handlungsoptionen, wie die Erfüllung von Infrastrukturaufgaben in eigener Regie, zur Verfügung.

LITERATURVERZEICHNIS

Aberle, Gerd: Infrastruktur, in: Staatslexikon, Bd. 3, 7. Auflage, Freiburg 1987, Sp. 78 ff.

Alexy, Robert: Theorie der Grundrechte, 2. Auflage, Frankfurt 1994

Alternativkommentar: Kommentar zum Grundgesetz der Bundesrepublik Deutschland (hg. von Erhard Denninger), 3. Auflage, Neuwied u.a. (Loseblatt)

Areeda, Phillip: Essential Facilities: An Epithet in Need of Limiting Principles, 58 Antitrust L.J. (1990), 841 ff.

Arndt, Hans-Wolfgang*:* RIW-Beilage 7/1989,

Arnold, Andreas von: Grundrechtsfragen im Bereich von Postwesen und Telekommunikation. Ein Beitrag zur Geltung der grundrechte für und gegen gemischtwirtschaftliche Unternehmen und staatliche Eigengesellschaften, DÖV 1998, 437 ff.

Arrow, Kenneth Joseph: A Difficulty in the Concept of Social Welfare, Journal of Political Economy 58 (1950), 328 ff.

ders.: Social Choice and Individual Values, New York u.a. 1951

Badura, Peter: Wettbewerbsaufsicht und Infrastrukturgewährleistung durch Regulierung im Bereich der Post und der Telekommunikation, in: Ulrich Hübner/Werner f. Ebke (Hg.), Festschrift für Bernhard Großfeld zum 65. Geburtstag, Heidelberg 1999, S. 35 ff.

ders.: Unternehmenswirtschaftlichkeit und Infrastrukturgewährleistung im Bereich des Postwesens – Ausgleichsfonds, Exklusivlizenz und offener Netzzugang bei Universaldienstleistungen, ArchPT 1997, 277 ff.

ders.: Verwaltungskompetenz und Organisationsrecht des Bundes (Art 87 Abs. 1 GG) im Hinblick auf eine Beteiligung an Unternehmen in einer Rechtsform des privaten Rechts, betrachtet am Beispiel der Postreform von 1989, in: Werner Pfister / Michael R. Will (Hg.), Festschrift zum siebzigsten Geburtstag von Werner Lorenz, Tübingen 1991, S. 3 ff.

ders.: Rechtsfragen der Telekommunikation, in: Hans Peter Bull / Otfried Seewald / Bernd Becker (Hg.), Festschrift für Werner Thieme zum 70. Geburtstag, München 1993, S. 877 ff.

ders.: Die wirtschaftliche Betätigung der öffentlichen Hand mit besonderer Berücksichtigung der öffentlich-rechtlichen Wettbewerbs-Versicherungsunternehmen, ZHR 146 (1982), S. 448 ff.

ders.: Staatsrecht. Systematische Erläuterung des Grundgesetzes für die Bundesrepublik Deutschland, 2. Auflage, München 1996

Bauer, Helmut G.: Kabelrundfunk, in: Ernst W. Fuhr/Walter Rudolf/Klaus Wassermann (Hg.), Recht der neuen Medien: Ein Handbuch, Heidelberg 1989, S. 1 ff.

Baur, Jürgen F. / Moraing, Markus: Rechtliche Probleme einer Deregulierung der Elektrizitätswirtschaft, Baden-Baden 1994

Bechtold, Rainer: Anmerkung zu EuGH, Rs. C-241 und 242/91 P (RTE und ITP/Kom.), EuZW 1995, 345 ff.

Benz, Hanspeter: Postreform II und Bahnreform - Ein Elastizitätstest für die Verfassung- Zu den Folgen der Neuregelungen in Art. 143a und 143b GG, DÖV 1995, 679 ff.

Berger, Ernst Georg: Netzbetreiber und Zusammenschaltung im Telekommunikationsrecht. Zum Stand der Diskussion um die Netzbetreiber-Definition im TKG, CR 1999, 222 ff.

Berger, Heinz: Zwischen Postreform I und Postreform II, ZögU 1993, 80 ff.

Berger, Heinz / Schöttner, Hubert: Auswirkungen der Poststruktur-Reform auf Telekommunikation und Information, ZögU 1991, 223 ff.

Bergson, Abram: A Reformulation of Certain Aspects of Welfare Economics, Quarterly Journal of Economics 52 (1938), 30 ff.

Bethge, Herbert: Zur Problematik von Grundrechtskollisionen, München 1977

ders.: Die Grundrechtsberechtigung juristischer Personen nach Art. 19 Abs. 3 GG, Passau 1985

Blankart, Charles Beat / Knieps, Günter: Netzökonomik, in: Jahrbuch für neue politische Ökonomie 1992, S. 73 ff.

dies.: Grenzen der Deregulierung im Telekommunikationsbereich? Die Frage des Netzwettbewerbs, Berlin 1988

dies.: Path dependence, network externalities and standardization, Wirtschaftswissenschaftliche Dokumentation der TU Berlin, 1991

dies.: Regulierung von Netzen? Diskussionspapiere der Humboldt-Universität Nr. 80, Berlin 1996

Blanke, Thomas / Sterzel, Dieter: Ab die Post? Die Auseinandersetzung um die Privatisierung der Deutschen Bundespost, KJ 1993, 278 ff.

Bleckmann, Albert: Europarecht. Das Recht der Europäischen Union und der Europäischen Gemeinschaften, 6. Aufl., Köln 1997

ders.: Staatsrecht II – Die Grundrechte, 4. Auflage, Köln 1997

Bloech, Jürgen: Infrastruktur, in. Handwörterbuch der öffentlichen Betriebswirtschaft, Stuttgart 1989, Sp. 637 ff.

Bock, Matthias.: Die Regulierung der britischen Telekommunikationsmärkte, Baden-Baden 1995

Bock, Matthias / Völcker, Sven: Regulatorische Rahmenbedingungen für die Zusammenschaltung von Telekommunikationsnetzen, CR 1998, 437 ff.

Bonin, Andreas von: Kabelnetze und Europäische Regulierung, K&R 2002, 565 ff.

Bonner Kommentar zum Grundgesetz (hg. von Christoph Göpel / Jürgen Hidien / Rudolf Dolzer / Klaus Vogel), Bonn (Loseblatt)

Bothe, Michael / Heun, Sven-Erik / Lohmann, Torsten: Rechtsfragen des Errichtens und Betreibens von Fernmeldeanlagen, ArchPT 1995, 5 ff.

Brandner, Thilo: Gesetzesänderung - Eine rechtstatsächliche und verfassungsrechtliche Untersuchung anhand der Gesetzgebung des 13. Deutschen Bundestages, Berlin 2003 (im Erscheinen)

Breuer, Rüdiger: Freiheit des Berufs, in: Josef Isensee/Paul Kirchhof, Handbuch des Staatsrecht für die Bundesrepublik Deutschland, Band VI: Freiheitsrechte, Heidelberg 1989, § 147

Brosius-Gersdorf, Frauke: Wettbewerb auf der Schiene? Zu den verfassungsrechtlichen Rahmenbedingungen für den Eisenbahnsektor im Vergleich zum Post- und Telekommunikationssektor, DÖV 2002, 275 ff.

Broß, Siegfried: Daseinsvorsorge – Wettbewerb – Gemeinschaftsrecht, JZ 2003, 874 ff.

Bruhn, Dirk: Die Sicherstellung öffentlicher Aufgaben im Bereich der deutschen Telekommunikation unter dem Einfluss der europäischen Marktöffnung. Vom Monopol zum Universaldienst, Hamburg 1999

Brüning, Christoph: Voraussetzungen und Inhalt eines grundrechtlichen Schutzanspruchs (BVerwG, NVwZ 1999, 1234), JuS 2000, 955 ff.

Brüning, Christoph / Helios, Marcus: Die verfassungsprozessuale Durchsetzung grundrechtlicher Schutzpflichten am Beispiel des Internets, Jura 2001, 155 ff.

Büchner, Lutz Michael: Liberalisierung und Regulierung im Post- und Telekommunikationssektor. Vom Monopol zum Wettbewerb, CR 1996, 581 ff.

ders.: Vom Sondervermögen zur Aktiengesellschaft – Strukturen der „Postreform II", DZWir 1995, 120 ff.

Büchner, Wolfgang / Ehmer, Jörg / Geppert, Martin (Hg.): Beck'scher TKG-Kommentar, 2. Auflage, München 2000

Büdenbender, Ulrich: Die Kartellaufsicht über die Energiewirtschaft, Baden-Baden 1995

ders.: Lässt sich der Wettbewerb in der Elektrizitätswirtschaft mit Hilfe von Durchleitungen elektrischer Energie über fremde Leitungsnetze einführen?, RdE 1979, 14 ff.

Bullinger, Martin: Durchleitungsrechte, Mitbenutzungsrechte und Planfeststellung für konkurrierende Telekommunikationsnetze, ArchPT 1998, 105 ff.

ders.: Deregulierung des Rundfunks als Folge technischer Konvergenz? die rechtswissenschaftliche Sicht, Köln 2001

Bullinger, Martin / Mestmäcker, Ernst-Joachim: Multimediadienste – Struktur und staatliche Aufgaben nach deutschem und europäischem Recht, Baden-Baden 1997

Burchard, Friedrich v.: Third Party Access and European Law, EuZW 1992, 693 ff.

Burgi, Martin / Brauner, Roman J.: Die Infrastrukturgesellschaft im Anwendungsbereich des § 50 TKG, MMR 2001, 429 ff.

Burr, Wolfgang: Netzwettbewerb in der Telekommunikation. Chancen und Risiken aus Sicht der ökonomischen Theorie, Wiesbaden 1995

Canaris, Wilhelm: Grundrechte und Privatrecht, AcP 184 (1984), S. 201 ff.

ders.: Grundrechtswirkungen und Verhältnismäßigkeitsprinzip in der richterlichen Anwendung und Fortbildung des Privatrechts, JuS 1989, 161 ff.

Cole, Barry G.: After the breakup. Assessing the new post-AT%T divestiture era, New York 1991

Coleman, Jules L.: Markets, Morals and the Law, Cambridge u.a. 1988

Delhess, Karl H.: Soziale Kommunikation. Psychologische Grundlagen für das Miteinander in der modernen Gesellschaft, Opladen 1994

Deselaers, Wolfgang: Die „Essential Facilities"-Doktrin im Lichte des Magill-Urteils des EuGH, EuZW 1995, 563 ff.

Di Fabio, Udo: Verwaltung und Verwaltungsrecht zwischen gesellschaftlicher Selbstregulierung und staatlicher Steuerung, VVDStRL 56 (1997), 235 ff.

ders.: Privatisierung und Staatsvorbehalt. Zum dogmatischen Schlüsselbegriff der öffentlichen Aufgabe, JZ 1999, 585 ff.

ders.: Richtlinienkonformität als ranghöchstes Normauslegungsprinzip?, NJW 1990, 947 ff.

Dietlein, Johannes: Das Untermaßverbot. Bestandsaufnahme und Entwicklungschancen einer neuen Rechtsfigur, ZG 1995, 131 ff.

Dilcher, Gerhard: Die juristischen Bücher des Jahres. Eine Leseempfehlung, NJW 1998, 3690 ff.

Dirnberger, Franz: Recht auf Naturgenuss und Eingriffsregelung. Zugleich ei Beitrag zur Bedeutung grundrechtlicher Achtungs- und Schutzpflichten für das subjektive öffentliche Recht, Berlin 1991

Dreier, Horst (Hg.): Grundgesetz-Kommentar, Bd. 1, Tübingen 1996

ders.: Grundgesetz-Kommentar, Bd. 3, Tübingen 2000

Dürig, Günther: Grundrechte und Zivilrechtsprechung, in: Theodor Maunz (Hg.), Vom Bonner Grundgesetz zur gesamtdeutschen Verfassung. Festschrift zum 75. Geburtstag von Hans Nawiasky, München 1956, S. 157 ff.

Eckert, Lutz: Die Vorschläge der EG-Kommission zu „Third Party Access" in der Gaswirtschaft, RdE 1992, 56 ff.

Eifert, Martin: Grundversorgung mit Telekommunikationsleistungen im Gewährleistungsstaat, Baden-Baden 1998

Ellinghaus, Ulrich: Erste Stufe der TKG-Novelle: Umsetzung des TK-Richtlinienpakets durch Zeitablauf. Eine Analyse zu Art und Umfang der unmittelbaren Wirkung des TK-Richtlinienpakets, CR 2003, 657 ff.

Emmerich, Volker: Das Wirtschaftsrecht öffentlicher Unternehmen, Zürich u.a. 1969

Engel, Christoph: Globale Netze und lokale Werte, AfP 2002, 119 ff.

Engel, Christoph / Knieps, Günter: Die Vorschriften des Telekommunikationsgesetzes über den Zugang zu wesentlichen Leistungen. Eine juristisch-ökonomische Untersuchung, Baden-Baden 1998

Engel, Christoph / Seelmann-Eggbert, Sebastian: Kommunikation und Medien, in: Manfred A. Dauses (Hg.), Handbuch des EG-Wirtschaftsrechts, München (Loseblatt), Kap. E. V.

Enneccerus, Ludwig / Nipperdey, Hans-Carl: Allgemeiner Teil des Bürgerlichen Rechts, Halbband 1, 15. Auflage, 1959

Erichsen, Hans-Uwe: Das zweite Urteil des Bundesverfassungsgerichts zur Reform der §§ 218ff - ein Schritt zurück?, Jura 1997, 85 ff.

Eschweiler, Wilhelm: Regulierung der Telekommunikation und erste Entscheidungspraxis der Regulierungsbehörde für Telekommunikation und Post, K&R 1998, 530 ff.

Etling-Ernst, Martina: Praxiskommentar zum Telekommunikationsgesetz, 2. Auflage, Ratingen 1999

Europäische Kommission: Die Konvergenz der Branchen Telekommunikation, Medien und Informationstechnologie und ihre ordnungspolitischen Auswirkungen – Ergebnisse der öffentlichen Konsultation zum Grünbuch. Mitteilung der Kommission an den Rat, das Europäische Parlament, den Wirtschafts-

und Sozialausschuss und den Ausschuss der Regionen, KOM (1999) 108

dies.: Entwicklungen neuer Rahmenbedingungen für elektronische Kommunikationsinfrastrukturen und zugehörige Dienste. Kommunikationsbericht 1999. Mitteilung der Kommission an das Europäische Parlament, den Ministerrat, den Wirtschafts- und Sozialausschuss und den Ausschuss der Regionen, KOM (1999) 539

Ewers, Hans-Jürgen / Meyer, Henning: Privatisierung und Deregulierung bei den Eisenbahnen, in: Jahrbuch für Neue Politische Ökonomie 1994, S. 178 ff.

Fangmann, Helmut: Postreform und Verbraucherinteresse, VuR 1988, 241 ff.

Fehling, Michael: Mitbenutzungsrecht Dritter bei Schienenwegen, Energieversorgungs- und Telekommunikationsleitungen vor dem Hintergrund staatlicher Infrastrukturverantwortung, AöR 121 (1996), S. 59 ff.

Fleischer, Holger / Weyer, Hartmut: Neues zur „essential facilities"-Doktrin im Europäischen Wettbewerbsrecht. Eine Besprechung der Bronner-Entscheidung des EuGH, WuW 1999, 350 ff.

Flitsch, Michael: Die Funktionalisierung der Kommunikationsgrundrechte, Berlin 1998

Forsthoff, Ernst: Der Verfassungsschutz der Zeitungspresse, Frankfurt/Main 1969

Freytag, Andreas / Jäger, Bernd: Der künftige Ordnungsrahmen des deutschen Telekommunikationsmarktes: Anmerkungen vor dem Hintergrund des Telekommunikationsgesetzes, in: Jahrbuch für die Ordnung von Wirtschaft und Gesellschaft 1996, S. 215 ff.

Fuhr, Karl-Michael / Kerkhoff, Bärbel: Regulierung als Voraussetzung für Wettbewerb in den Telekommunikationsmärkten. Eine Replik, MMR 1999, 213 ff.

dies.: Entbündelter Zugang – Vereinbarkeit mit der Eigentumsgarantie des Art. 14 GG?, MMR 1998, 6 ff.

Furse, Mark: The "Essential Facilities" Doctrine in Community Law, 8 ECLR (1995), 469 ff.

Gamillscheg, Franz: Die Grundrechte im Arbeitsrecht, AcP 164 (1964), 385 ff.

Geiger, Jutta / Lampe, Claudia: Das zweite Urteil des Bundesverfassungsgerichts zum Schwangerschaftsabbruch. Ein Schritt vorwärts, zwei Schritte zurück, Jura 1994, 20 ff.

Geppert, Martin / Ruhle, Ernst-Olav / Schuster, Fabian: Handbuch Recht und Praxis der Telekommunikation. EU, Deutschland, Österreich, Schweiz, 2. Auflage, Baden-Baden 2002

Gerpott, Torsten: Reregulierung der Telekommunikation in Deutschland? Im Blockpunkt: Die Diskussion um einen ordnungspolitischen Richtungswechsel auf einem Schlüsselmarkt der deutschen Volkswirtschaft, K&R 1999, 49 ff.

Gerber, David J.: Rethinking the monopolist's duty to deal: A legal and economic critique of the doctrine of „essential facilities", 74 Virg. L. Rev. (1988), 1069 ff.

Gewessler, Roland: Das neue US-Telekommunikationsgesetz, CR 1996, 626 ff.

Glasl, Daniel: Essential Facilities Doctrine in EC Anti-trust Law: A Contribution to the Current Debate, 6 ECLR (1994), 306 ff.

Götting, Horst-Peter: Anmerkung zu EuGH, Rs. C-241 und 242/91 P (RTE und ITP/Kom.), JZ 1996, 307 ff.

Gounalakis, Georgios: Konvergenz der Medien – Sollte das Recht der Medien harmonisiert werden?, NJW 2002, Beilage zu Heft 23, S. 20 ff.

Grabitz, Eberhard / Hilf, Meinhard (Hg.): Kommentar zur Europäischen Union, 3. Auflage, München (Loseblatt)

Graf, Gerhard: Regulierung und innovatorische Prozesse, in: Jahrbuch der Sozialwissenschaften 1981 (32), S. 311 ff.

Gramlich, Ludwig: Rechtsfragen bei Zusammenschaltungsvereinbarungen, CR 1997, 65 ff.

ders.: Entwicklungen der staatlichen Wirtschaftsaufsicht – Das Telekommunikationsrecht als Modell?, VerwArch 88 (1997), S. 598 ff.

ders.: Von der Postreform zur Postneuordnung. Zur erneuten Novellierung des Post- und Telekommunikationswesens, NJW 1994, 2785 ff.

ders.: Rechtsschutzprobleme auf den Märkten für Postdienstleistungen, NJW 1996, 617 ff.

Grande, Edgar: Vom Monopol zum Wettbewerb? Die neokonservative Reform der Telekommunikation in Großbritannien und der Bundesrepublik Deutschland, Wiesbaden 1989

Groeben, Hans von der / Thiesing, Jochen / Ehlermann, Claus-Dieter: Kommentar zum EU-/EG-Vertrag, 5. Aufl., Baden-Baden 1999

Gropp, Walter: Das zweite Urteil des Bundesverfassungsgerichts zur Reform der §§ 218 ff. - ein Schritt zurück?, GA 1994, 147 ff.

Großfeld, Bernhard / Schmitz, Rochus: Der Wettbewerb auf dem Markt für Telekommunikations-Endgeräte, JZ 1992, 150 ff.

Grote, Rainer: Kommunikative Selbstbestimmung im Internet und Grundrechtsordnung, KritV 1999, 27 ff.

Haag, Marcel: Transeuropäische Telekommunikationsnetze im Recht der Europäischen Gemeinschaft, ArchPT 1994, S. 109 ff.

Haar, Brigitte: Marktöffnung in der Telekommunikationswirtschaft. Zum Verhältnis zwischen Wirtschaftsaufsicht und Normen gegen Wettbewerbsbeschränkungen im US-amerikanischen

Recht, im europäischen Gemeinschaftsrecht und im deutschen Recht, Baden-Baden 1995

dies.: Offener Netzzugang in der Telekommunikation. Kartell- und regulierungsrechtliche Problemlösungen, CR 1996, 713 ff.

Haas, Joachim C.: „Essential Facilities Doctrine" und offene Netze. Eine vergleichende institutionenökonomische Analyse von Regulierungsalternativen für den Zugang zu Netzen im Bereich der Telekommunikation, Baden-Baden 2000

Habermas, Jürgen: Moralbewusstsein und kommunikatives Handeln, Frankfurt/Main 1991

ders.: Theorie des kommunikativen Handelns, Bd. 1, Frankfurt/Main 1992

Haff, Dieter: Technische Konvergenz. Fakten und Perspektiven, Köln 2001

Hager, Johannes: Grundrechte im Privatrecht, JZ 1994, 373 ff.

Hallenga, Reiner: Europarechtliche Vorgaben für die Liberalisierung von Telekommunikationsnetzmärkten und die Umsetzung in nationales Recht, ArchPT 1996, 239 ff.

Hausman, Jerry: Regulation by TSLRIC: Economic Effects in Investment and Innovation, MMR, Beilage 3/1999, 22 ff.

Hamel, Walter: Die Bedeutung der Grundrechte im sozialen Rechtsstaat, Berlin 1957

Hartung, Sven: Die Atomaufsicht, Baden-Baden 1992

Hefekäuser, Hans-Willi: Telekommunikationsmärkte zwischen Regulierung und Wettbewerb, MMR 1999, 144 ff.

Hefekäuser, Hans-Willi / Wehner, Andrea: Regulierungsrahmen in der Telekommunikation. Überlegungen aus der Sicht der Unternehmen, CR 1996, 698 ff.

Heine, Robert / Neun, Andreas: Konkurrentenklage im Telekommunikationsrecht. Die gerichtliche Kontrolle von Entscheidungen der RegTP, MMR 2001, 352 ff,

Henck, Fred W. / Strassburg, Bernard: A slippery slope. The long road to the breakup of AT&T, New York 1988

Hendricks, John K.: The information technology revolution: the next phase, in: Barry E. Hawk (Hg.), Annual proceedings of the Fordham Corporate Law Institute, International Antitrust Law & Policy, The Hague 1996, S. 549 ff.

Hennemann, Ludwig: Pressefreiheit und Zeugnisverweigerungsrecht, Berlin 1978

Hermes, Georg: Staatliche Infrastrukturverantwortung: rechtliche Grundstrukturen netzgebundener Transport- und Übertragungssysteme zwischen Daseinsvorsorge und Wettbewerbsregulierung am Beispiel der leitungsgebundenen Energieversorgung in Europa, Tübingen 1998

ders.: Grundrechtsschutz durch Privatrecht auf neuer Grundlage? Das BVerfG zu Schutzpflicht und mittelbarer Drittwirkung der Berufsfreiheit, NJW 1990, 1764

Hesse, Konrad: Verfassungsrecht und Privatrecht, Heidelberg 1988

ders.: Grundzüge des Verfassungsrechts der Bundesrepublik Deutschland, 20. Auflage, Heidelberg 1999

Hoeren, Thomas / Sieber, Ulrich (Hg.): Handbuch Multimedia Recht. Rechtsfragen des elektronischen Geschäftsverkehrs, München (Loseblatt)

Hoff, Dieter: Technische Konvergenz. Fakten und Perspektiven, Köln 2001

Hoffmann-Riem, Wolfgang: Tendenzen in der Verwaltungsrechtsentwicklung, DÖV 1997, 433 ff.

Hoffmann-Riem, Wolfgang / Schmidt-Aßmann, Eberhard (Hg.): Öffentliches Recht und Privatrecht als wechselseitige Auffangordnungen, Baden-Baden 1996

Hoffmann-Riem, Wolfgang / Schmidt-Aßmann, Eberhard / Schuppert, Gunnar Folke: Reform des allgemeinen Verwaltungsrechts. Grundfragen, Baden-Baden 1993

Holznagel, Bernd: Konvergenz der Medien – Herausforderungen an das Recht, NJW 2002, 2351 ff.

Hoppe, Werner / Spoerr, Wolfgang: Bergrecht und Raumordnung: Einflüsse des Bau- und Raumordnungsgesetzes 1998 auf bergrechtliche Rechtspositionen und die eigentumsrechtlichen Grenzen (Bochumer Beiträge zum Berg- und Energierecht Bd. 31), Stuttgart u.a. 1999

Huber, H: ZSchwR Bd. 74 n.F. (1955), 173 ff.

Humpert, Christian: Regulierung des Telekommunikationsmarktes in Großbritannien, K&R 1999, 457 ff.

Hylton, Keith N.: Economic Rents and essential Facilities, 1991 Brigham Y.U.L.Rev., 1243 ff.

Ickenroth, Bernd: Ökonomische und regulatorische Aspekte von Interconnection, in: Herbert Kubicek/Dieter Klumpp/Günter Müller/Karl-Heinz Neumann/Eckart Raubold/Alexander Roßnagel (Hg.), Jahrbuch Telekommunikation und Gesellschaft 1996 – Öffnung der Telekommunikation: Neue Spieler – Neue Regeln, Heidelberg 1996, S. 162 ff.

Immenga, Ulrich: Auslegung des Marktbeherrschungsbegriffs im TKG, MMR 2000, 141 ff.

ders.: Relevante Märkte und Marktbeherrschung in der Regulierungspraxis, MMR 2000, 196 ff.

Immenga, Ulrich / Lübben, Natalie / Schwintowski, Hans-Peter (Hg.): Telekommunikation: Vom Monopol zum Wettbewerb, Baden-Baden 1998

Immenga, Ulrich / Kirchner, Christian / Knieps, Günter / Kruse, Jörn: Telekommunikation im Wettbewerb. Eine ordnungspolitische Konzeption nach erfolgreicher Marktöffnung, München 2001

Immenga, Ulrich / Mestmäcker, Ernst-Joachim: Gesetz gegen Wettbewerbsbeschränkungen. Kommentar, 3. Auflage, München 2001

Immick, Matthias: Entwicklung und aktuelle Tendenzen im Post- und Telekommunikationswesen. Wettbewerb soll die Regel sein, StG 1993, 150 ff.

Ipsen, Hans Peter: Die Grundrechte. Handbuch der Theorie und Praxis der Grundrechte, Bd. II

Ipsen, Hans Peter: Kartellrechtliche Preiskontrolle als Verfassungsfrage, Baden-Baden 1976

Isensee, Josef: Das Grundrecht auf Sicherheit, Berlin 1983

Isensee, Josef / Kirchhof, Paul: Handbuch des Staatsrechts der Bundesrepublik Deutschland, Band III: Das Handeln des Staates, 2. Auflage, Heidelberg 1996 (zit: *Bearbeiter,* in: HdbStR III)

dies..: Handbuch des Staatsrechts der Bundesrepublik Deutschland, Band V: Allgemeine Grundrechtslehren, 2. Auflage, Heidelberg 2000 (zit: *Bearbeiter,* in: HdbStR V)

dies.: Handbuch des Staatsrecht für die Bundesrepublik Deutschland, Band VI: Freiheitsrechte, 2. Auflage, Heidelberg 2001 (zit: *Bearbeiter*, in: HdbStR VI)

Jäger, Bernd: Ökonomische Analyse der Reformgründe und –eckpunkte, Zeitschrift für Wirtschaftspolitik 43 (1994), 15 ff.

Jarass, Hans D.: Europäisches Energierecht. Bestand - Fortentwicklung - Umweltschutz, Berlin 1996

ders.: Richtlinienkonforme bzw. EG-rechtskonforme Auslegung nationalen Rechts, EuR 1991, 211 ff.

Jarass, Hans D. / Pieroth, Bodo: Grundgesetz für die Bundesrepublik Deutschland, 6. Auflage, München 2002

Jeand'Heur, Bernd: Grundrechte, staatliche Schutzpflichten und Untermaßverbot, RdJB 1994, 91 ff.

Jestaedt, Thomas: Anmerkung zum Urteil in der Sache Magill (Radio Telefis Eirann und Independent Television Publications gegen Kommission), WuW 1995, 483 ff.

Joachimsen, Reimut: Theorie der Infrastruktur, Tübingen 1966

Kampmann, Frank: Wettbewerbsanalyse der Normung der Telekommunikation in Europa, Frankfurt/Main 1993

Kämmerer, Jörn Axel: Gemeingüter unter dem Hammer? Die Versteigerung von Lizenzen für die Nutzung knapper Ressourcen im Lichte des Verfassungs- und Gemeinschaftsrechts, NVwZ 2002, 161 ff.

Kaufmann, Donatus: Rechtsanspruch auf Zugang zu Mehrwertdiensten im Rahmen einer Netzzusammenschaltung mit dem marktbeherrschenden Netzbetreiber, CR 1998, 728 ff.

Kemmler, Anne: Telekommunikationsgesetz (TKG) – Einführung und Stand der Umsetzung, ArchPT 1996, 321 ff.

Kirmer, Petra: Der Begriff der öffentlichen Aufgaben in der Rechtsprechung des Bundesverfassungsgerichts, München 1995

Klaue, Siegfried: Zur Rezeption der amerikanischen „essential-facilities-doctrine" in das europäische und deutsche Kartellrecht, RdE 1996, 51 ff.

Klein, Eckart: Grundrechtliche Schutzpflichten des Staates, NJW 1984, 1633 ff.

Klein, Hans H.: Die Teilnahme des Staates am wirtschaftlichen Wettbewerb, Stuttgart 1968

ders.: Zum Begriff der öffentlichen Aufgabe, DÖV 1965, 755 ff.

Klimisch, Annette / Lange, Markus: Zugang zu Netzen und anderen wesentlichen Einrichtungen als Bestandteil der kartellrechtlichen Missbrauchsaufsicht, WuW 1998, 15 ff.

Klöck, Oliver: Rechtliche Probleme der Versteigerung von UMTS-Lizenzen, RTkom 2000, 280 ff.

Klodt, Henning: Regulating Network Based Industries: The Case Of Telecommunication, Kiel Working Paper No. 766, Kiel 1996

Klodt, Henning / Laaser, Claus-Friedrich/Lorz, Jens Oliver / Maurer, Rainer: Wettbewerb und Regulierung in der Telekommunikation, Tübingen 1995

Kloepfer, Michael: Informationsrecht, München 2002

ders.: Grundrechte als Entstehenssicherung und Bestandsschutz, München 1970

ders.: Presse-Grosso unter dem Schutz von Verfassungsrecht und Europarecht. Zur Stellung des Pressevertriebs im deutschen und europäischen Verfassungsrecht, Baden-Baden 2000

Kloepfer, Michael / Kutzschbach, Gregor: Presse-Grosso zwischen Kartell- und Verfassungsrecht. Zu den Verfassungsgrenzen kartellrechtlicher Maßnahmen im Pressevertriebsraum, AfP 1999, 1 ff.

Klös, Hans-Peter: Öffentliches Infrastrukturmonopol - noch zeitgemäß?, Köln 1989

Klotz, Robert: Die neuen EU-Richtlinien über elektronische Kommunikation – Annäherung der sektorspezifischen Regulierung an das allgemeine Kartellrecht, K&R 2003, Beilage 1 zu Heft 1, S. 3 ff.

Knauth, Peter: Regulierungsschwerpunkte und offene Fragen bei der Umsetzung der Telekommunikationsrichtlinien. Die Eckpunkte der Bundesregierung zum Sondergutachten der Monopolkommission, K&R 2003, 24 ff.

Knauth, Peter / Husch, Gertrud: Ordnungspolitische Neugestaltung des Postsektors, ArchPT 1997, 5 ff.

Knieps, Günter / Müller, Jürgen / Weizsäcker, Carl Christian von: Die Rolle des Wettbewerbs im Fernmeldebereich, Baden-Baden 1981

Knothe, Matthias: Konvergenz der Medien – eine rechtliche Betrachtung, Bonn 1999

Koenig, Christian: Die öffentlich-rechtliche Verteilungslenkung, Berlin 1994

ders.: Die Beurteilung der Marktmacht vertikal integrierter Unternehmen auf dem Telekommunikationssektor (Art. 14 Abs. 3 Rahmenrichtlinie), K&R 2003, 19 ff.

Koenig, Christian / Kühling, Jürgen: Liberalisierung der Telekommunikationsordnungen. Ein Rechtsvergleich, Heidelberg 2000

Koenig, Christian / Neumann, Andreas: Telekommunikationsrechtliche Optimierung künftiger Lizenz- und Frequenz-Versteigerungen, ZRP 2001, 252 ff.

Königshofen, Thomas: Die Deutsche Telekom im Spannungsfeld der Ordnungspolitik. Rechtliche Grundlagen der Regulierung im Bereich der Telekommunikation nach der Postreform II, ArchPT 1995, 112 ff.

Koppensteiner, Hans-Georg: Zur Grundrechtsfähigkeit gemeinwirtschaftlicher Unternehmungen, NJW 1990, 3105 ff.

Kötter, Matthias: Wettlauf der Abgabepflichtigen? – Zum Versteigerungsverfahren in § 11 Abs. 4 TKG, DVBl. 2001, 1556 ff.

Krakowski, Michael: Theoretische Grundlagen der Regulierung, in: ders. (Hg.), Regulierung in der Bundesrepublik Deutschland, Hamburg 1988, S. 19 ff.

Krattenmaker, Tomas G.: Telecommunications law and policy, 2. Aufl., Durham 1998

Krause, Peter: Die Rechtsprechung des Bundesverfassungsgerichts zum Privatrecht, JZ 1984, 656 ff.

Kreile, Johannes: Das neue amerikanische Telekommunikationsrecht, ZUM 1996, 227 ff.

Kremser, Holger: Verfassungsrechtliche Fragen des Stromeinspeisungsgesetzes, AöR 121 (1996), S. 406 ff.

Krüger, Herbert: Die Verfassungen in der Zivilrechtsprechung, NJW 1949, 163 ff.

Krüger, Reinald: Marktabgrenzung im Telekommunikationssektor und die Definition von beträchtlicher Marktmacht (SMP), K&R 2003, 9 ff.

Krüger, Reinald / Tetens, Gönke / Voß, Axel: Markteintrittsmöglichkeiten und ordnungspolitische Alternativen für deutsche Telekommunikationsnetzmärkte, Baden-Baden 1995

Kruis, Konrad: Der gesetzliche Ausstieg aus der Atomwirtschaft und das Gemeinwohl, DVBL 2000, 441 ff.

Kruse, Jörn: Lizenzierung und Wettbewerb im Mobilfunk, Berlin u.a. 1993

Kühne, Gunther: Zur Frage, ob und inwieweit juristische Personen grundrechtsfähig sind, JZ 1990, 335 f.

Kuhnt, Dietmar: Aktuelle Rechtsfragen der Energiewirtschaft, RdE 1992, 125 ff.

Kurth, Matthias: Marktabgrenzung und Marktbeherrschung im Spannungsfeld zwischen Wettbewerb und Regulierung, MMR 2002, Beilage zu Heft 7, S. 3 ff.

Laaser, Claus-Friedrich: Wettbewerb im Verkehrswesen. Chancen für eine Deregulierung in der Bundesrepublik, Tübingen 1991

Ladeur, Karl-Heinz: Europäisches Telekommunikationsrecht im Jahre 2001, K&R 2002, 110 f.

Lampert, Thomas: Der Begriff der Marktbeherrschung als geeignetes Kriterium zur Bestimmung der Normadressaten für das sektorspezifische Kartellrecht nach dem TKG?, WuW 1998, 27 ff.

Laufke, Franz: Vertragsfreiheit und Grundgesetz, in: Hans C. Nipperdey (Hg.), Das deutsche Privatrecht in der Mitte des 20. Jahrhunderts (Festschrift für H. Lehmann zum 80. Geburtstag), Bd. I, Berlin 1956, S. 145 ff.

Lecheler: NVwZ 1999, 1167 f.

Leisner, Walter: Grundrechte und Privatrecht, München 1960

Lenz, Carl Otto: Kommentar zu dem Vertrag zur Gründung der Europäischen Gemeinschaften, 2. Aufl., Köln 1999

Lerche, Peter: Übermaß und Verfassungsrecht. Zur Bindung des Gesetzgebers an die Grundsätze der Verhältnismäßigkeit und der Erforderlichkeit, Köln 1961

ders.: Infrastrukturelle Verfassungsaufträge, in: Rudolf Wendt (Hg.), Staat, Wirtschaft, Steuern. Festschrift für Karl Heinrich Friauf zum 65. Geburtstag, Heidelberg 1996, S. 251 ff.

Löwer, Wolfgang: Energieversorgung zwischen Staat, Gemeinde und Wirtschaft, Köln u.a. 1989

Lübbe-Wolff, Gertrude: Die Grundrechte als Eingriffsabwehrrechte. Struktur und reichweite der Eingriffsdogmatik im Bereich staatlicher Leistung, Baden-Baden 1988

Ludl, Anton / Ludl, Andreas: Liberalisierung der Telekommunikation – Gesetze und Verordnungen, DZWir 1997, 170 ff.

Luttermann, Claus: UMTS-Milliarden der Deutschen Telekom für den Bund – aktien- und postverfassungsrechtliche Zweifel, K&R 2000, 473 ff.

Mailänder, K. Peter: Schranken für das Vertragsdiktat zu Lasten der Träger wesentlicher Einrichtungen, in: Jörn Kruse/Kurt Stockmann/Lothar Vollmer (Hrsg.), Wettbewerbspolitik im

Spannungsfeld nationaler und internationaler Kartellrechtsordnungen. Festschrift für Ingo Schmidt zum 65. Geburtstag, Baden-Baden 1997, S. 271 ff.

Mangoldt, Hermann von / Klein, Friedrich / Starck, Christian: Das Bonner Grundgesetz. Kommentar, Bd. 1, 4. Auflage, München 1999

Manssen, Gerrit (Hg.): Telekommunikations- und Multimediarecht, Berlin (Loseblatt)

ders.: Staatsrecht I. Grundrechtsdogmatik, München 1995

Märkl, Peter N.: Netzzusammenschaltung in der Telekommunikation, Baden-Baden 1998

Martina, Dietmar: Die Monopole der Deutschen Telekom AG und ihr rechtliches Umfeld nach dem Fernmeldeanlagengesetz, NJW 1995, 681 ff.

ders.: Das Fernmeldeanlagengesetz nach der Postreform II. Ergänzung/Fortsetzung meines Beitrags in der NJW 1995, 681 ff., ArchPT 1995, 105 ff.

Maser, Werner: Die Geltung der Grundrechte für juristische Personen und teilrechtsfähige Verbände, Bonn 1964

Maunz, Theodor / Dürig, Günter / Herdegen, Matthias / Herzog, Roman / Klein, Hans H.: Grundgesetz. Kommentar, München (Loseblatt)

Mayen, Thomas: Feststellung der Marktbeherrschung auf den märkten der Telekommunikation, MMR 2001, 648 ff.

ders.: Marktabgrenzung auf den Märkten der Telekommunikation, MMR 2001, 496 ff.

Meinhardt, Marcel: Die Beschränkung nationaler Immaterialgüterrechte durch Art. 86 EGV unter besonderer Berücksichtigung der Essential Facilities-Doktrin, Zürich 1998

Meßerschmidt, Klaus: Gesetzgebungsermessen, Berlin 2000

Mestmäcker, Ernst-Joachim: Gemeinschaftsrechtliche Schranken für die Begründung und Ausübung besonderer oder ausschließlicher Rechte nach Art. 90 Abs. 1 EWG-Vertrag, in: Ulrich Everling/Karl-Heinz Narjes/Joachim Sedemund (Hg.), Festschrift für Arved Deringer, Baden-Baden 1993, S. 79 ff.

ders. (Hg.): Kommunikation ohne Monopole II. Ein Symposium über Ordnungsprinzipien im Wirtschaftsrecht der Telekommunikation und der elektronischen Medien, Baden-Baden 1995

Mestmäcker, Ernst-Joachim / Schweizer, Heike: Netzwettbewerb, Netzzugang und „Roaming" im Mobilfunk. Eine Untersuchung nach TKG, GWB und dem Recht der EG, Baden-Baden 1999

Mette, Stefan: Die nationalen und europarechtlichen Bestimmungen zur Nutzung des BK-Netzes in der Bundesrepublik Deutschland, ArchPT 1998, 40 ff.

Michael, Lothar: Die drei Argumentationsstrukturen des Grundsatzes der Verhältnismäßigkeit - Zur Dogmatik des Über- und Untermaßverbotes und der Gleichheitssätze, JuS 2001, 148 ff.

Miert, Karel van: Probleme der wettbewerblichen Öffnung von Märkten mit Netzstrukturen aus europäischer Sicht, WuW 1998, 7 ff.

Monopolkommission: Wettbewerbspolitik in Netzstrukturen, XIII. Hauptgutachten der Monopolkommission 1998/1999, Baden-Baden 2000

dies.: Die Telekommunikation im Wettbewerb. Sondergutachten 24, Baden-Baden 1996

dies.: Wettbewerbspolitik in Zeiten des Umbruchs. XI. Hauptgutachten der Monopolkommission 1995/1996, BT-Drs. 13/5309

Montag, Frank: Gewerbliche Schutzrechte, wesentliche Einrichtungen und Normierung im Spannungsfeld zu Art. 86 EGV, EuZW 1997, 71 ff.

Moritz, Hans-Werner: Schwächen der Telekommunikations-Liberalisierung. Folgen der Übereignung des Festnetzes an die Deutsche Telekom AG, CR 1998, 13 ff.

Moritz, Hans-Werner / Neus, Hermann R.: Telekommunikationsgesetz und US Telecommunications Act. Ein Vergleich der rechtspolitischen Ansätze. CR 1997, 239 ff.

Möschel, Wernhard: Hat das Telekommunikationsgesetz seine Bewährungsprobe bestanden?, K&R 2002, 161 ff.

ders.: Das Verhältnis von Kartellbehörden und Sonderaufsichtsbehörden, WuW 2002, 683 ff.

Möstl, Markus: Problem der verfassungsrechtlichen Geltendmachung gesetzgeberischer Schutzpflichten. Die Verfassungsbeschwerde gegen legislatives Unterlassen, DÖV 1998, 1029 ff.

Müller, Jürgen: Telekommunikationsmärkte in Deutschland nach der Postreform I, ZögU 1992, 308 ff.

Müller, Matthias: Die „Essential Facilities"-Doktrin im Europäischen Kartellrecht, EuZW 1998, 232 ff.

Müller-Graff, Peter-Christian: Die Rechtsangleichung zur Verwirklichung des Binnenmarktes, EuR 1989, 107 ff.

Müller-Terpitz, Ralf: Verwaltungsrechtliche Aspekte des Vergabeverfahrens nach § 11 TKG, K&R 2002, 75 ff.

Müller-Using, Detlev: Nochmals – Zu den verfassungsrechtlichen Aspekten der Postreform II – Eine Erwiderung, ArchPT 1995, 46 f.

Münch, Ingo von: Staatsrecht, Bd. 1, 6. Aufl., 2000

ders.: DVBl. 1985, 445 ff.

Münch, Ingo von / Kunig, Philip (Hg.): Grundgesetz-Kommentar, Band 1, 5. Auflage, München 2000

Musgrave, Richard A.: Infrastruktur und die Theorie der öffentlichen Güter, in: Grundfragen der Infrastrukturplanung für wachsende Wirtschaften (Verhandlungen auf der Tagung des Vereins für Socialpolitik/Gesellschaft für Wirtschafts- und Sozialwissenschaften in Innsbruck 1970), Berlin 1971, S. 43 ff.

Münkler, Werner: Entwicklungsgeschichte, Verfassung und Verwaltung des Postregals in Hessen-Darmstadt bis 1806 und die Auseinandersetzung mit der taxischen Reichspost, ArchivPF 1976, S. 133 ff.

Neumaier, Sven-Uwe: Anmerkung zu VG Köln, 1 L 2317/97, 1 L 2318/97 und 1 L 2320/97, ArchPT 1998, 71 f.

Nipperdey, Hans Carl: Grundrechte und Privatrecht, Krefeld, 1961

ders.: Boykott und freie Meinungsäußerung, DVBl. 1958, 445 ff.

ders.: RdA 1950, 121 ff.

Ordemann, Klaus-Dieter: Schaffung der Rahmenbedingungen für einen liberalisierten Telekommunikationsmarkt in Europa ab 1998, ArchPT 1997, 109 ff.

Ossenbühl, Fritz: Verfassungsrechtliche Fragen des Stromeinspeisungsgesetzes, ET 1996, 94 ff.

Osterloh, Lerke: Privatisierung von Verwaltungsaufgaben, VVDStRL 54 (1995), S. 204 ff.

Papier, Hans-Jürgen: Die Regelung von Durchleitungsrechten, Köln u.a. 1997

ders.: Durchleitung und Eigentum, BB 1997, 1213 ff.

Pareto, Vilfredo: Cours d'économie politique professe à l'univ. de Lausanne, Lausanne 1897

Pautsch, Arne: Die beihilferechtliche Relevanz der UMTS-Vergabe im Ausschreibungsverfahren, MMR 2001, 423 ff.

Peters, Hans: Öffentliche und staatliche Aufgaben, in: Rolf Dietz/Heinz Hübner (Hg.), Festschrift für Carl Heinz Nipperdey zum 70. Geburtstag, Bd. II, München 1965 S. 877 ff.

Pielow, Johannes-Christian: Der Rechtsstatus von Stromversorgungsnetzen: "Öffentliche Einrichtung" oder Grundrechtsschutz des Betreibers?, RdE 2000, 45 ff.

Piepenbrock, Hermann-Josef: Anmerkung zu RegTP, BK 4d-99-009/Z 1.3.1999, BK 4-99-007/Z 23.2.1999 und BK 4c-99-008/Z 25.2.1999, MMR 1999, 435 ff.

Piepenbrock, Hermann-Josef / Schuster, Fabian (Hg.): UMTS-Lizenzvergabe. Rechtsfragen der staatlichen Versteigerung knapper Ressourcen, Baden-Baden 2001

Pieper, Siegmund: Staatsmonopole im Wandel, VR 1996, 12 ff.

Pilny, Karl H.: Missbräuchliche Marktbeherrschung gemäß Art. 86 EWGV durch Immaterialgüterrechte. Die Magill-Entscheidung des EuGH als Schnittstelle zwischen europäische, Wettbewerbs- und nationalem Urheberrecht, GRUR Int. 1995, 954 ff.

Pospischil, Rudolf: Regpositionierung von AT&T. Eine Analyse zur Entwicklung von 1983 bis 1998, Bad Honnef 1998

Püttner, Günter: Der verfassungsrechtliche Rahmen für die Energieversorgung in Deutschland, LKV 1991, 209 ff.

ders.: Die öffentlichen Unternehmen. Ein Handbuch zu Verfassungs- und Rechtsfragen der öffentlichen Wirtschaft, 2. Auflage, Stuttgart 1985

Ratner, James R.: Should there be an essential facility doctrine?, 21 U.C.D.L. Rev. 327 (1988), 327 ff.

Rawls, John: Eine Theorie der Gerechtigkeit, Frankfurt/Main (Suhrkamp-Ausgabe) 1979

Recknagel, Henning: Versorgungswirtschaft und Wettbewerb. Entdeckungsverfahren für den Gesetzgeber?, ET 1988, 385 ff.

Rixen, Stephan: Die Regelung des Transplantationsgesetzes zur postmortalen Organspende vor dem Bundesverfassungsgesetz

(Besprechung von BVerfG, NJW 1999, 3403), NJW 1999, 3389

Ress, Georg: Die richtlinienkonforme „Interpretation" innerstaatlichen Rechts, DÖV 1994, 489 ff.

Rieß, Joachim: Das europäische Telekommunikationsrecht, CR 1991, S. 559 ff.

Robbins, Lionel Charles: An essay on the nature and significance of economic science, 2. Auflage, London 1949

Roßnagel, Alexander / Wedde, Peter: Die Reform der Deutschen Bundespost im Licht des Demokratieprinzips, DVBl. 1988, 562 ff.

Rottmann, Michael: Zu den verfassungsrechtlichen Aspekten der Postreform II, ArchPT 1994, 193 ff.

Rudolf, Eva: Das Recht auf Netzzugang in der Telekommunikation. Europäisches Gemeinschaftsrecht und seine Anwendung in §§ 33 ff. TKG. Baden-Baden 2001

Rüfner: Grundrechtsträger, in: HdbStR V, § 116

Ruhle, Ernst-Olav / Schuster, Fabian: UMTS-Lizenzgebühren als Kosten der effizienten Leistungsbereitstellung bei einer angeordneten Zusammenschaltung, K&R 2001, 555 ff.

Rupp, Hans: Vom Wandel der Grundrechte, AöR 101 (1976), S. 161 ff.

Rütter, Peter M.: Die Telekommunikationsdienstleistungsfreiheit und ihre rechtlichen Rahmenbedingungen (Teil 1 und 2), JurPC 1991, 1306 ff., 1357 ff.

Sachs, Michael (Hg.): Grundgesetz. Kommentar, 3. Auflage, München 2002

Säcker, Franz-Jürgen / Calliess, Gralf-Peter: Billing und Inkasso fremder Telekommunikationsdienstleistungen (II), K&R 1999, 337 ff.

Saladin, Peter: Grundrechte im Wandel. Die Rechtsprechung des Schweizerischen Bundesgerichts zu den Grundrechten in einer sich ändernden Umwelt, 2. Aufl., Bern 1975

Salzwedel, Jürgen: Probleme der Umsetzung europäischen Gemeinschaftsrechts in das Umwelt- und Technikrecht der Mitgliedstaaten, UPR 1989, 41 ff.

Samuelson, Paul A.: Foundations of Economic Analysis, Faksimile der Erstausgabe 1947, Heidelberg 1997

ders.: The Problem of Integrability in Utility Theory, Economica 17 (1950), 355 ff.

Schäfer, Hans-Bernhard / Ott, Claus: Lehrbuch der ökonomischen Analyse des Zivilrechts, 3. Auflage, Berlin u.a. 2000

Scherer, Joachim: Telekommunikationsrecht und Telekommunikationspolitik, Baden-Baden 1985

ders.: Das Bronner-Urteil des EuGH und die Essential facilities-Doktrin im Telekommunikations-Sektor, MMR 1999, 315 ff.

ders.: Postreform II – Privatisierung ohne Liberalisierung, CR 1994, 418 ff.

ders.: Das neue Telekommunikationsgesetz, NJW 1996, 2953 ff.

ders. Die Umgestaltung des europäischen und deutschen Telekommunikationsrechts durch das EU-Richtlinienpaket (Teile 1 bis 3), K&R 2002, 273 ff., 329 ff., 385 ff.

ders. (Hg.): Telecommunications Laws in Europe, 3. Auflage, New York 1995

Scherzberg, Arno: Grundrechtsschutz und "Eingriffsintensität". Das Ausmaß individueller Grundrechtsbetroffenheit als materiellrechtliche und kompetenzielle Determinante der verfassungsgerichtlichen Kontrolle der Fachgerichtsbarkeit im Rahmen der Urteilsverfassungsbeschwerde, Berlin 1989

Schlesinger, Leonard A.: Chronicles of corporate change. Management Lessons From AT&T and its offspring, Lexington, Mass. 1987

Schmidt, Ingo: Wettbewerbspolitik und Kartellrecht, 7. Auflage, Stuttgart 2001

Schmidt, Reiner: Privatisierung und Gemeinschaftsrecht, Die Verwaltung 1995, S. 281 ff.

Schmidt-Aßmann, Eberhard: Der Grundrechtsschutz gemischt-wirtschaftlicher Unternehmungen nach Art. 19 Abs. 3 GG, BB 1990, Beilage 34 zu Heft 27

ders.: Zur Bedeutung der Privatrechtsform für den Grundrechtsstatus gemischtwirtschaftlicher Unternehmen, in: Erik Jayme (Hg.), Festschrift für Hubert Niederländer zum siebzigsten Geburtstag, Heidelberg 1991, S. 383 ff.

Schmidt-Aßmann, Eberhard / Röhl, Hans Chr.: Grundpositionen des neuen Eisenbahnverfassungsrechts (Art. 87e GG), DÖV 1994, 577 ff.

Schmidt-Aßmann, Eberhard / Schoch, Friedrich: Bergwerkseigentum und Grundeigentum im Betriebsplanverfahren. Zur verwaltungsrechtlichen Gestaltung vernetzter Grundrechtspositionen, Stuttgart u.a. 1994

Schmidt-Bleibtreu, Bruno / Klein, Franz: Kommentar zum Grundgesetz, 8. Auflage, Neuwied 1999

Schmidt-Preuß, Matthias: Verfassungskonflikt um die Durchleitung? Zum Streitstand nach dem VNG-Beschluss des BGH, RdE 1996, 1ff.

ders.: Die Gewährleistung des Privateigentums durch Art. 14 GG im Lichte aktueller Probleme. Der Mieter als Eigentümer der Wohnung? Der Arbeitnehmer als Eigentümer des Arbeitsplatzes? Erzwingung von Transport- und Lagerkapazität gegen den Willen des Eigentümers?, AG 1996, 1 ff.

ders.: Verwaltung und Verwaltungsrecht zwischen gesellschaftlicher Selbstregulierung und staatlicher Steuerung, VVDStRL 56 (1997), S. 160 ff.

Schneider, Peter: Pressefreiheit und Staatssicherheit, Mainz 1968

Scholz, Rupert / Aulehner, Josef: „Postreform II" und Verfassung - Zu Möglichkeiten und Grenzen einer materiellen oder formellen Privatisierung der Post, ArchPT 1993, 221 ff.

Scholz, Rupert / Langer, Stefan: Europäischer Binnenmarkt und Energiepolitik, Berlin 1992

Schreiter, Eva-Maria / Kind, Benedikt: Lehren aus den ersten Liberalisierungsjahren in der Telekommunikation? Positionsbestimmung im Vorfeld des parlamentarischen Gesetzgebungsprozesses für ein neues TKG, MMR 2002, 788 ff.

Schulz, Klaus-Peter: Grundzüge der Postreform II, JA 1995, 417 ff.

Schumacher, Kai: Versteigerungserlöse nach § 11 TKG als Verleihungsgebühr? Zur Rechtmäßigkeit der Bundeshaushaltssanierung mittels UMTS-Frequenzversteigerung, NJW 2000, 3096 ff.

Schuppert, Gunnar Folke: Rückzug des Staates? Zur Rolle des Staates zwischen Legitimationskrise und politischer Neubestimmung, DÖV 1995, 761 ff.

ders.: Verwaltungsrechtswissenschaft als Steuerungswissenschaft, in: Wolfgang Hoffmann-Riem / Eberhard Schmidt-Aßmann / Gunnar Folke Schuppert (Hg.), Reform des allgemeinen Verwaltungsrechts, Baden-Baden 1993, S. 65 ff.

Schütz, Raimund: Kommunikationsrecht - die Monatsschau. Top-Thema: Netzbegriff / Zusammenschaltungsanspruch, MMR aktuell 2/1999, IX

Schwarze, Jürgen (Hg.): EU-Kommentar, Baden-Baden 2000

Schwintowski, Hans Peter: Der Zugang zu wesentlichen Einrichtungen. Einige kritische Bemerkungen zu § 19 Abs. 4 Nr. 4

GWB unter Berücksichtigung der amerikanischen und europäischen Kartellrechtspraxis, WuW 1999, 842 ff.

Sen, Amartya Kumar: Collective Choice and Social Welfare, Amsterdam u.a. 1979

ders.: Personal Utilities and Public Judgements: or what's wrong with Welfare Economics?, Economic Journal 89 (1979), 537 ff.

Sidak, J. Gregory / Spulber, Daniel F.: The Tragedy of the Telecommons: Government Pricing of Unbundled Network Elements under the Telecommunications Act of 1996, Columbia Law Rev. 97 (1997), 1081 ff.

Smith, Adam: Wohlstand der Nationen, eine Untersuchung seiner Natur und seiner Ursachen, 1789 (Neuausgabe München 1974)

Sodan, Helge: Der Anspruch auf Rechtsetzung und seine prozessuale Durchsetzbarkeit, NVwZ 2000, 601 ff.

Sondhof, Harald: Telekommunikation nach der Privatisierung: Liberalisierung und Wettbewerb, in: Wirtschaftsdienst 1994, 527 ff.

Sondhof, Harald / Theurer, Michael: Wettbewerb in den lokalen Fernmeldemärkten – dargestellt am Beispiel der USA, WuW 1996, 177 ff.

Spelthahn, Sabine: Privatisierung natürlicher Monopole - Theorie und internationale Praxis am Beispiel Wasser und Abwasser, Wiesbaden 1994

Spies, Axel:USA: Bereitstellungsfristen für Carrier-Leistungen und deren Durchsetzung, MMR 2001, 501 ff.

Stammler, Dieter: Die Presse als soziale und verfassungsrechtliche Institution. Eine Untersuchung zur Pressefreiheit nach dem Bonner Grundgesetz, Tübingen 1970

Starck, Christian: Die Grundrechte des Grundgesetzes, JuS 1981, 237 ff.

ders.: Praxis der Verfassungsauslegung, Baden-Baden 1994

ders.: Der verfassungsrechtliche Schutz des ungeborenen menschlichen Lebens, JZ 1993, 816

Stern, Klaus: Das Staatsrecht der Bundesrepublik Deutschland, Bd. III: Allgemeine Lehren der Grundrechte, 1. Halbband, München 1988

ders.: Postreform zwischen Privatisierung und Infrastrukturgewährleistung, DVBl. 1997, 309 ff.

ders.: Rechtsgutachtliche Stellungsnahme zur Frage, ob es der Deutschen Post AG aus Rechtsgründen verwehrt ist, Anteile am Grundkapital der Deutschen Postbank zu erwerben, ArchPT 1996, 148 ff.

Stern, Klaus / Dietlein, Johannes: Netzzugang im Telekommunikationsrecht, ArchPT 1998, 309 ff.

Stewing, Clemens: Gasdurchleitung nach Europäischem Recht Köln u.a. 1989

Stolz, Dirk: Die neue ONP-Richtlinie der EG. Offener Netzzugang bei Sprachtelefon- und Universaldiensten, K&R 1998, 292 ff.

Storr, Stefan: Die Versteigerung von Telekommunikationslizenzen – sachgerechtes Verteilungsverfahren oder neue Einnahmequelle für den Staat?, K&R 2002, 67 ff.

Strassel, Kimberly A.: Wenn ein Goldesel zum Dämon wird. Das weitverbreitete Minitel-System hindert Frankreich am Start auf dem Informations-Highway, Tagesspiegel vom 23.3.1998, S. 20

Streinz, Rudolf: Europarecht, 5. Auflage, Heidelberg 2001

ders.: Der Einfluss der Verfassungsrechtsprechung auf die Pressefreiheit. Eine aktuelle Bestandsaufnahme, AfP 1997, 857 ff.

Stürmer, Susanne: Netzzugang und Eigentumsrecht in der Telekommunikation, Baden-Baden 1997

Sullivan, Lawrence A.: The US, the EU, the WTO and telecom competition, in: Bernhard Großfeld / Rolf Sack / Thomas Möllers

/ Josef Drexl / Andreas Heinemann (Hg.), Festschrift für Wolfgang Fikentscher, Tübingen 1998, S. 1062 ff.

Temple Lang, John: Defining Legitimate Competition: Companies' Duties to Supply Competitors and Access to Essential Facilities, 18 Fordham Int'l.L.J. (1994), 437 ff.

Tetens, Gönke / Voß, Axel: Der neue Ordnungsrahmen für die Telekommunikation, Wirtschaftsdienst 1995, 443 ff.

Tettinger, Peter J.: Zur Grundrechtsberechtigung von Energieversorgungsunternehmen im europäischen Gemeinschaftsrecht, in: Jürgen F. Baur (Hg.), Europarecht, Energierecht, Wirtschaftsrecht, Festschrift für Bodo Börner zum 70. Geburtstag, Köln 1992, S. 625 ff.

Teuteberg, Hans-Jürgen / Neutsch, Cornelius: Vom Flügeltelegraphen zum Internet. Geschichte der modernen Telekommunikation, VSWG-Beihefte 147, Stuttgart 1998

Thomson, John Michael: Grundlagen der Verkehrspolitik, Bern u.a. 1978

Thum, Marcel: Netzwerkeffekte, Standardisierung und staatlicher Regulierungsbedarf, Tübingen 1995

Trute, Hans-Heinrich: Die Verwaltung und das Verwaltungsrecht zwischen gesellschaftlicher Selbstregulierung und staatlicher Steuerung, DVBl. 1996, 950 ff.

ders.: Öffentlich-rechtliche Rahmenbedingungen einer Informationsordnung, VVDStRL 57 (1998), S. 216 ff.

Unruh, Peter: Zur Dogmatik der grundrechtlichen Schutzpflichten, Berlin 1996

Varadinek, Brigitta: Rechtmäßigkeit des UMTS-Lizenzvergabeverfahrens im Hinblick auf das TKG und Art. 12 GG, CR 2001, 17 ff.

Venit, James S. / Kallaugher, John J.: Essential Facilities: A Comparative Law Approach, in: Barry E. Hawk (Hg.), Annual

Proceedings of the Fordham Corporate Law Institute, International Antitrust Law & Policy 1994, New York 1995, S. 315 ff.

Voeth, Markus: Entmonopolisierung von Märkten – das Beispiel Telekommunikation, Baden-Baden 1996

Wagner, Florian: Die „Open Access Debate“ in den USA. Zugangsansprüche von Interne Service Providern zum Breitbandkabel, MMR 2001, 659 ff.

Wegmann, Winfried: Die neuen Telekommunikationsrichtlinien aus Unternehmenssicht, K&R 2003, 21 ff.

ders.: Multipolare Marktzugangskonflikte im telekommunikationsrecht. Zum Drittschutz bei der Lizenzierung von Telekommunikationsunternehmen, DVBl. 2002, 1446 ff.

Weiß, Axel: Das Lebensrecht ungeborener Kinder und ihr strafrechtlicher Schutz in der Schwangerschaft. Konsequenzen des Urteils des Bundesverfassungsgerichts, JR 1993, 449 ff.

Weisser, Ralf / Meinking, Olaf: Zugang zum digitalen Fernsehkabelnetz außerhalb von must-carry-Regelungen, WuW 1998, 831 ff.

Weitbrecht, Andreas: Die Entwicklung des Europäischen Kartellrechts im Jahr 1997, EuZW 1998, 677

Weizsäcker, Carl Christian von: Free Entry into Telecommunications?, in: Herbert Giersch (Hg.), New Opportunities for Entrepreneurship, Symposium 1983, Tübingen 1984, S. 107 ff.

ders.: Wettbewerb in Netzen, WuW 1997, 572 ff.

ders.: Wirtschaftliche Effizienz und gerechte Verteilung. Aspekte zentraler und dezentraler Stromerzeugung im europäischen Verbundsystem, Opladen 1999

Wellman, Barry: Computer Networks As Social Networks, Science 293 (2001), 2031 ff.

Wemmer, Benedikt: Marktstruktur und Wettbewerb im US-Medienrecht, K&R 1998, 137 ff.

Wessely, Karin / Etling-Ernst, Martina: Das neue deutsche Telekommunikationsgesetz, Medien und Recht 1996, Nr. 4, 135 ff.

Wey, Christian: Marktorganisation durch Standardisierung: Ein Beitrag zur Neuen Institutionenökonomik des Marktes, Berlin 1999

Wiechert, Eckart / Schmidt, Joachim / Königshofen, Thomas: Europäisches Telekommunikationsrecht, Heidelberg (Loseblatt)

Wieland, Bernhard: Die Entflechtung des amerikanischen Fernmeldemonopols, Berlin 1985

Wieland, Joachim / Enderle, Bettina: Rechtsprobleme der Netzzusammenschaltung. Zum Spannungsverhältnis zwischen Gemeinschaftsrecht und Verfassungsrecht, MMR 1999, 379 ff.

Williamson, Oliver E.: Transaction Cost Economics, in: Richard Schmalensee/Robert Willig (Hg.), Handbook of Industrial Organization, Vol. 1, Amsterdam u.a. 1989, S. 135 ff.

Wilmer, Cutler & Pickering (Hg.): Telekommunikations- und Medienrecht in den USA, Heidelberg 2000

Windisch, Rupert: Privatisierung natürlicher Monopole: theoretische Grundlagen und Kriterien, in: ders. (Hg.), Privatisierung natürlicher Monopole im Bereich der Bahn, Post und Telekommunikation, Tübingen 1987, S. 1 ff

Windthorst, Kay: Der Universaldienst im bereich der Telekommunikation. Eine öffentlichrechtliche Betrachtung unter Einbezug des amerikanischen Rechts, Berlin 2000

ders.: Regulierungsansätze im deutschen und US-amerikanischen Telekommunikationsrecht, CR 1998, 281 ff. und 340 ff.

Wissenschaftszentrum Berlin (WZB), Forschungsschwerpunkt Marktprozess und Unternehmensentwicklung: Standards und Märkte. Netzwerkexternalitäten und Wettbewerbspolitik, WZB-Mitteilungen 87 (3/2000), 14 ff.

Wolff, Martin: Reichsverfassung und Eigentum, in: Heinrich Triepel (Hg.), Streitigkeiten zwischen Reich und Ländern (Festschrift für Wilhelm Kahl), Tübingen 1923, S. 3 ff.

Woll, Artur (Hg.): Wirtschaftslexikon, 8. Auflage, München, Wien 1996

Wollenteit, Ulrich / Wenzel, Frank: Das Bundesverfassungsgericht und das "Ozongesetz", NuR 1997, 60 ff.

Zimmermann, Norbert: Der grundrechtliche Schutzanspruch juristischer Personen des öffentlichen Rechts. Ein Beitrag zur Auslegung des Art. 19 Abs. 3 GG - unter besonderer Berücksichtigung des Grundrechtsschutzes berufsständischer Einrichtungen, öffentlich-rechtlicher Stiftungen und gemischtwirtschaftlicher Unternehmen, München 1993

ders.: Zur Grundrechtssubjektivität kommunaler Energieversorgungsunternehmen, BVerfG, NJW 1990, 1783, JuS 1991, 294 ff.

Zuck, Rüdiger: Blick in die Zeit. Postreform, MDR 1989, 779 f.

Kolibri 360 GmbH
Ferdinand-Jühlke-Straße 7
99095 Erfurt, Deutschland
produktsicherheit@kolibri360.de

Druck:
CPI Druckdienstleistungen GmbH
im Auftrag der
Kolibri 360 GmbH
Ferdinand-Jühlke-Str. 7
99095 Erfurt